Zeitpsychologie

Antje Flade

Zeitpsychologie

Der Einfluss der Zeit auf das menschliche Erleben und Handeln

 Springer

Antje Flade
Angew. Wohn- und Mobilitätsforschung
AWMF
Hamburg, Deutschland

ISBN 978-3-658-43032-0   ISBN 978-3-658-43033-7 (eBook)
https://doi.org/10.1007/978-3-658-43033-7

Die Deutsche Nationalbibliothek verzeichnet diese Publikation in der Deutschen Nationalbibliografie; detaillierte bibliografische Daten sind im Internet über http://dnb.d-nb.de abrufbar.

Planung/Lektorat: Eva Brechtel-Wahl
Springer ist ein Imprint der eingetragenen Gesellschaft Springer Fachmedien Wiesbaden GmbH und ist ein Teil von Springer Nature.
Die Anschrift der Gesellschaft ist: Abraham-Lincoln-Str. 46, 65189 Wiesbaden, Germany

Das Papier dieses Produkts ist recyclebar.

Inhaltsverzeichnis

Einstimmung

1

Der gar nicht so seltene Ausspruch „Ich habe jetzt keine Zeit" kann vieles bedeuten. Es kann sich dahinter der Wunsch verbergen, sich zu entziehen und etwas, was man ungern tut, nicht zu machen, oder ein Abwehren von Ablenkungen von einer Tätigkeit, die einen voll in Anspruch nimmt. Doch was heißt überhaupt Zeit, die man haben oder nicht haben kann? Die Zeit ist nicht greifbar, hörbar und schaubar, aber dennoch allgegenwärtig. Man spürt, wie schnell sie vergeht, wenn man unter Zeitdruck ist, man erlebt aber auch, wie quälend langsam sie verstreicht, wenn man auf etwas wartet und sich langweilt. Die Zeit tritt ins Bewusstsein, wenn der Zug Verspätung hat, oder wenn man sich ärgert, weil man viel Zeit für nichts und wieder nichts vergeudet hat, oder wenn man eine zweiwöchige Reise so plant, dass man so viel wie möglich zu sehen bekommt. Allen diesen Situationen ist gemeinsam, dass sie mit Zeit zu tun haben. Sie unterscheiden sich dadurch, dass man entweder auferlegte Zeitvorgaben einhalten muss oder dass man selbst bestimmt, wie man seine Zeit einteilt und wofür man sie verwendet.

Das klingt vertraut, sodass man sich zunächst fragt, warum man sich überhaupt so viele Gedanken über die Zeit machen soll. Doch sobald man damit beginnt, entdeckt man, welch ein gewaltiger Komplex an Fragen sich hier auftut. Es beginnt mit der Feststellung, dass die Zeit im Unterschied zum umgebenden Raum etwas Abstraktes ist, eine mentale Konstruktion, die etwas bezeichnet, was nicht direkt zu greifen ist, sondern worauf geschlossen wird (Ornstein, 1997). Zeit entsteht erst durch die Ereignisse, die in ihr geschehen, es ist ein Konstrukt, das auf mindestens zwei Ereignissen beruht. Wenn es ein Früher und ein Später, ein Vorher und ein Nachher gibt, muss es so etwas wie Zeit geben. Zeit ist in

© Der/die Autor(en), exklusiv lizenziert an Springer Fachmedien Wiesbaden GmbH, ein Teil von Springer Nature 2023
A. Flade, *Zeitpsychologie*, https://doi.org/10.1007/978-3-658-43033-7_1

diesem Sinne ein Beziehungsmerkmal, das es nur gibt, wenn Dinge oder Ereignisse miteinander verbunden sind. Zeit ist vergleichbar der Gravitation, die sich in der gegenseitigen Anziehung von Massen ausdrückt. Ereignisse, aus denen auf Zeit geschlossen wird, können alles Mögliche sein, sie können von unterschiedlicher Größenordnung und unterschiedlicher Art sein. Ein Beispiel ist der Weg am Morgen von der Wohnung zur Arbeit und der Weg am Abend zurück. Beides ist miteinander durch die dazwischen liegende Arbeitszeit verbunden.

Gerade das nicht direkt Greifbare regt die Fantasie an. Mythen sind erdacht und Gestalten erfunden worden, die sich mit dem Phänomen Zeit befassen und die Zeit verkörpern. Der antike Gott Chronos ist eine Personifizierung der Zeit. Er hat zwei Gesichter, von denen das eine in die Vergangenheit, das andere in die Zukunft blickt. Der erste Monat eines Jahres ist ihm gewidmet: Mit dem Januar beginnt die Zukunft, die Vergangenheit wirkt noch nach. Welche Macht der Zeit beigemessen wird, spiegelt sich in seinem göttlichen Status wider. Begriffe wie chronologisch, chronisch und diachron führen vor Augen, wie weit der Einfluss des Chronos reicht.

Die Zeit tritt in vielfältigen Formen in Erscheinung. Allen ist gemeinsam, dass Veränderungen stattgefunden haben oder stattfinden. Sichtbare Veränderungen der physischen Umwelt, die auf Zeit schließen lassen, sind Abnutzungen, Verschmutzungen, brüchig werdende Materialien und das Altern von Pflanzen, Tieren und Menschen. Mit der Metapher „der Zahn der Zeit" sind Zeichen von Vergänglichkeit gemeint. Ruinen oder Reste von Säulen ehemals vollständiger Bauwerke und antiker Tempel verweisen auf ein „es war einmal". Doch es ist nicht nur die gebaute Umwelt, an der „der Zahn der Zeit nagt". Allein schon die Aufeinanderfolge der Jahreszeiten oder der jährlich wiederkehrenden Geburtstage bringt zum Ausdruck, dass sich fortwährend etwas verändert. Heraklit, ein Philosoph der Antike, soll gesagt haben, dass sich alles bewegt und nichts Bestand hat. Alles fließt und nichts bleibt; es gibt nur ein ewiges Werden und Wandeln. Wie der Fluss immerzu dahin fließt, so steht auch die Zeit nicht still. Je nach dem Gefälle fließt der Fluss schneller oder langsamer. Auch ein Wasserfall ist möglich.

Abgesehen von der physikalischen Zeit, die sich auf Veränderungen im Universum bezieht, und der geologischen Zeit, die Veränderungen der Erde ins Visier nimmt, gibt es viele andere Zeiten, darunter eine von Menschen gemachte öffentliche Zeit, von der Uhren und Kalender künden. Und es gibt eine biologische Zeit: die Aktivität verschiedener Organe und Organsysteme, die in tagesrhythmischen Schwankungen zutage tritt, die unter gleichbleibenden Umweltbedingungen ihren Rhythmus beibehalten. Sämtliche Zeitskalen sind miteinander verwoben, doch sie sind nicht immer synchron, was zu spüren ist, wenn der gewohnte Tagesrhythmus durch Nachtschichten oder einen abrupten Ortswechsel über verschiedene Zeitzonen hinweg unterbrochen wird.

Die Fragen, die das Phänomen Zeit aufwirft, sind so weitreichend und vielfältig, dass sie von einem Menschen allein – mag er auch so genial wie Einstein sein – nicht beantwortet werden können. Schon allein eine psychologische Betrachtung umfasst eine Fülle an Fragen. Wann wird etwas als gleichzeitig wahrgenommen, auch wenn es genau gemessen ungleichzeitig ist? Wie viele Millisekunden Abstand sind erforderlich, damit man zwei und nicht einen Ton hört? Antworten auf diese speziellen Fragen liefert die psychophysikalische Laborforschung. Weiter reichende Fragen, die sich, über die sensorischen Empfindungen hinaus reichend, in der realen Lebenswelt stellen, versucht die umwelt- und zeitpsychologische Forschung zu beantworten, z. B.: Wie wirken sich Beengtheit und chronischer Zeitdruck auf die Befindlichkeit, Leistungsfähigkeit, die Gesundheit und das soziale Verhalten aus? Der Raum bezieht sich auf das „Wo", die Zeit auf das „Wann". Die Wann-Frage macht keinen Sinn, wenn alles stillstünde, ebenso wenig die Wo-Frage, wenn es keine Orte gäbe, die sich von anderen Orten unterscheiden. Die Wann-Frage stellt sich, wenn sich etwas verändert, wenn es Zeitpunkte, Anfänge und Enden gibt.

Mit der Feststellung, dass Veränderungen (Ereignisse) die Voraussetzung und Basis von Zeit sind, tut sich ein weites Feld auf, denn es gibt kaum etwas oder nichts, was sich nicht verändert. Ereignisse können alles Mögliche sein, und sie können kaum spürbar oder möglicherweise sogar subliminal oder einschneidend und abrupt sein. Je nachdem, mit welcher Art von Veränderungen man sich befasst, ergeben sich unterschiedliche Zeiten und Perspektiven auf die Zeit. Ornstein (1997) hat sie charakterisiert: „The poet, philosopher and psychologist try to explore the dimensions of our experience of time; the biologist and psychologist seek ways in which time might be experienced; the philosopher and psychologist view the ways in which time experiences reflect our world views. The physicist studies two times, the relativistic time of the universe and the molecular time of quantum mechanics" (S. 15). Die Psychologie der Zeit widmet sich nach Ornstein den Fragen, welche Dimensionen unserem Zeiterleben zugrunde liegen, auf welche Art und Weise Zeit erfahren wird und wie Erfahrungen von Zeit unsere Sicht der Welt beeinflussen. Ornstein hat vor allem die Frage beschäftigt, wie Dauer, die er als zentrale Dimension des Zeiterlebens ansah, erfahren wird.

Um den Blickwinkel nicht von Anbeginn an auf die erlebte Zeit zu verengen, soll zur Einstimmung in ein komplexes Thema vorab noch ein Blick auf andere fachliche Perspektiven geworfen werden. Genau genommen haben sie alle etwas mit Psychologie zu tun, denn es sind Menschen, die sich als Fachleute oder aus

Interesse gedanklich und als Forschende mit dem Phänomen Zeit auseinandersetzen. Dass die Zeit ein faszinierendes Phänomen ist, erkennt man daran, dass sich
„alle Welt", darunter Philosophen, Physiker und Astronomen, Geistes- und Natur-
wissenschaftler, Psychologen, Soziologen, Theologen, Historiker, Archäologen,
Geologen, Ökonomen, Politiker sowie Schriftsteller, Dichter, Künstler und Komponisten damit befasst haben und es nach wie vor tun. Die jeweiligen Bereiche,
Perspektiven und Herangehensweisen unterscheiden sich, wie zu erwarten ist. So
ist die Zeit im Universum, mit der sich Astrophysik und Astronomie beschäftigen,
ein anderer Sachverhalt als die Zeit, die der Mensch erlebt. Geologen erforschen die Erdalter; Historiker und Archäologen sind mit der Rekonstruktion der
Vergangenheit der Menschheit befasst; Ökonomen sind bemüht, die Auswirkungen verschiedener Strategien und Entscheidungen durch eine Folgenabschätzung
vorher zu sagen; Politiker beschließen längere Kindergarten- und Ladenöffnungszeiten, um die Vereinbarkeit von Familie und Beruf zu erleichtern; Schriftsteller
und Dichter machen die Zeit direkt und indirekt zum Thema, und Künstler widmen sich dem Phänomen Zeit, indem sie mehr oder weniger verfremdend und
symbolisierend Sonnenaufgänge und Sonnenuntergänge, Bäume zu verschiedenen
Jahreszeiten oder Menschen unterschiedlichen Alters abbilden.

Die Fragen nach dem Anfang von Raum und Zeit beflügeln die Forschung
nach wie vor. Mindestens seit dem vermuteten Urknall, der vor etwa 13,8 Mrd.
Jahren stattgefunden haben soll, gibt es keinen Stillstand mehr, sondern eine
hohe Dichte an Ereignissen. Hochentwickelte Instrumente haben der Kosmolo-
gie „in atemberaubendem Tempo ein völlig neues Gesicht verliehen" (Hertog,
2023, S. 27). Mit immer größeren und leistungsfähigeren Teleskopen blicken
die Astronomen in den Weltraum, um an den Rand des Universums vor-
zustoßen, der zugleich über den Anfangspunkt der Entstehung von Materie,
Raum und Zeit Auskunft zu geben verspricht, da das Licht von dort solange
braucht, wie das Universum existiert. Unter der Raumzeit, einer Verschmelzung des Wann und des Wo, wird in der Astrophysik eine vierdimensionale
mathematische Struktur, bestehend aus dem dreidimensionalen Raum und der ein-
dimensionalen Zeit, verstanden. Vierdimensionalität übersteigt das menschliche
Vorstellungsvermögen.

Isaac Newton war der Ansicht gewesen, dass die Zeit aus sich selbst heraus
ohne Beziehung zu etwas Äußerem gleichförmig dahinfließt. Die *wahre* Zeit war
für Newton diejenige, die vergeht, ohne dass sich etwas verändern muss. Lange
zuvor hatte Aristoteles dieses Konzept einer absoluten Zeit infrage gestellt und
an dessen Stelle die Idee einer relativen Zeit gesetzt, dass nämlich Zeit nur dann
existiert, wenn sich etwas verändert. Zeit ohne jede Veränderung ist nichts. Das
Wann ist relativ, es ist stets ein Verorten in Bezug auf etwas sich Veränderndes.

Der Philosoph aus der Antike war offensichtlich „moderner" als Newton im 17./ 18. Jahrhundert, der gemeint hatte, dass die Zeit etwas Absolutes ist, die unabhängig davon ist, ob etwas geschieht. Der heutige Standpunkt ist, dass es ohne Ereignisse keine Zeit gibt. Jedes Ereignis hat einen Anfang und ein Ende. Die Zeit vergeht nicht gleichförmig, sondern jedes Ereignis hat seine Eigenzeit.

Die Zeit im Universum besteht aus einer Myriade von Eigenzeiten, einem Spinnennetz vieler Zeiten. Eine einheitliche oder *die eine* Zeit gibt es nicht, auch einen definitiven Anfang des Universums gibt es nach Ansicht des Astrophysikers Rovelli (2018) nicht. Es gibt demzufolge im Universum auch keine Vergangenheit, sondern nur ein Beziehungsgeflecht von Ereignissen. Es sind Wechselbeziehungen und keine kausalen Wenn-Dann Beziehungen mit einem Vorher und Nachher. Dieser Zeitbegriff ist weit entfernt von der Auffassung, dass Zeit durch eine Aufeinanderfolge von Ereignissen entsteht. Das Beziehungsgeflecht besteht aus komplexen Wechselwirkungen. Die Quantenphysik hat den Zeitbegriff nochmals grundlegend verändert. Die Zeit ist in der Weise „quantifiziert", dass sie statt aus einem Kontinuum aus einzelnen Körnchen aufgebaut ist. Für alle Phänomene, so auch die Zeit, gibt es eine kleinste Größenordnung. Die kleinste Zeiteinheit ist so kurz, dass sie von keiner Uhr mehr gemessen werden kann. „Die Welt ist auf feinste Weise diskret, aber kein Kontinuum" (Rovelli, 2018, S. 74). Sie ist granular aufgebaut. Das kleinste Zeitintervall ist die Planck-Länge, die bei 10^{-33} cm liegt, eine unvorstellbare Kleinheit. Auf diesen Skalen macht es keinen Sinn mehr, von Raum und Zeit zu reden. Wenn Hertog (2023) schreibt, dass die Zeit eine emergente Größe sein könnte, die erst dann eine Bedeutung bekommt, „wenn sich das ursprüngliche Quantum in eine ausreichend große Zahl von Quanten geteilt hat" (S. 328), dann ist das für Nicht-Fachleute kaum mehr zu verstehen. Gleiches gilt, wenn es heißt, dass es in einem riesigen Netz von quantenmechanischen Wechselwirkungen keine Zeit mehr gibt und dass sich Zeit in Raum umwandelt, wenn wir uns der Entstehung des Universums nähern. Hertog spricht an dieser Stelle von der „Zeit ohne Zeit". Ein Axiom der Quantenphysik ist, dass die Welt nicht aus Dingen, sondern aus Ereignissen besteht. Die Welt wird von den Quantenphysikern nicht beschrieben, wie sie ist, sondern wie sie geschieht, schreibt Rovelli (2018). Während der Mensch die Zeit in der Aufeinanderfolge von Ereignissen, mit dem Blick auf die Uhr und in den Kalender sowie in seinen Erinnerungen und Zukunftsplanungen erlebt, gibt es im Universum keine „geordnete" Zeit in diesem Sinne, sondern stattdessen ein Netzwerk aus miteinander verwobenen, sich unablässig wechselseitig beeinflussenden Ereignissen.

Die erlebte Zeit funktioniert anders. In der menschlichen Vorstellung gibt es einen Anfang, sei es die Schöpfung oder der Urknall. Das Zeiterleben eines Menschen hängt ab vom Standort und von der Geschwindigkeit, mit der er sich im Raum fortbewegt. Sie vergeht unterschiedlich schnell, je nachdem wo er sich befindet, ob in den Höhen des Gebirges oder in der Tiefebene, und mit welchem Tempo er unterwegs ist. Die jeweiligen Unterschiede sind für ihn nicht spürbar, doch sie sind messbar. Sie belegen abermals, dass es noch nicht einmal in der Lebenswelt des Menschen eine absolute Zeit gibt, die außerhalb der Erde und auch überall auf der Erde gleich ist. Statt der einen Zeit gibt es viele Zeiten, eben „Eigenzeiten". Jeder Körper verlangsamt das Vergehen der Zeit in seiner näheren Umgebung. Die Erde mit ihrer großen Masse bremst den Zeitablauf stärker im Tiefland und weniger im vom Erdmittelpunkt entfernteren Gebirge. Allgemein gilt: Objekte streben dorthin, wo die Zeit langsamer vergeht. Einstein hatte das schon längst erkannt, dass nämlich die Zeit nicht einzig, sondern ortsabhängig ist, als es noch keine hochpräzisen Laboruhren gab, mit denen seine Erkenntnis empirisch nachgewiesen werden konnte. Der Begriff „Relativität" besagt, dass Entfernung, Zeit und Gleichzeitigkeit keine objektiven Tatbestände sind, sondern immer von der Perspektive des Beobachters abhängen (Hertog, 2023, S. 72).

Der Soziologe Norbert Elias (2004) hat auf einer sehr allgemeinen Ebene Ähnlichkeiten zwischen der erlebten und der astrophysikalischen Zeit ausgemacht: Zeit bedeutet hier wie dort, Ereignisse in Beziehung zu setzen. Zeit ist ein abstrakter Begriff für ein hoch komplexes in Beziehung setzen verschiedenartiger Geschehensabläufe. Das Herstellen einer Beziehung zwischen Positionen oder Abschnitten mehrerer kontinuierlich bewegter Geschehensabläufe ist nach Elias das, was Zeit ausmacht. Zeit ist stets ein unvorstellbar riesiges Beziehungsgefüge aus verschiedenen Geschehensabläufen.

Der Philosoph Gadamer (1969) hat, bevor er seine eigenen Überlegungen kundgetan hat, erst einmal auf den heilige Augustinus verwiesen, der im elften Kapitel der „Bekenntnisse" geschrieben hat, dass er verstünde, was Zeit ist, wenn er nicht darüber nachdenkt. Doch wenn er sagen soll, was Zeit ist, dann weiß er es nicht. Man spürt die Zeit, kann sie aber nicht fassen oder definieren. Auch über die Zeitperspektive hatte sich Augustinus Gedanken gemacht, indem er über drei Gegenwarten gesprochen hat: die Gegenwart des Vergangenen, die Gegenwart des Gegenwärtigen und die Gegenwart des Zukünftigen. Vergangenheit und Zukunft existieren nur in der gegenwärtigen Vorstellung. Der Philosoph und Schriftsteller Safranski (2015) hat das poetisch ausgedrückt: Der Mensch bewohnt nur einen schmalen Streifen von Gegenwärtigkeit, von beiden Seiten umgeben von einem Nicht-Mehr Vergangenheit und Noch-Nicht Zukunft. Die Vergangenheit ist eine Erinnerung in der Gegenwart, und die Zukunft eine Erwartung in der Gegenwart, während die Gegenwart ein aus der Zukunft in die Vergangenheit an unserem Geiste vorüberziehender Moment ist. Die vergangene Zeit existiert nur mental. Augustinus hatte außerdem gemeint, dass die Zeit untrennbar mit den Dingen und der Welt verbunden ist. Wenn nichts vorüber ginge, gäbe es keine vergangene Zeit, und käme nichts auf uns zu, gäbe es keine zukünftige Zeit, und gäbe es keine gegenwärtige Zeit, dann wäre überhaupt nichts[1]. Daran anknüpfend hat sich Gadamer gefragt, ob die Zeit überhaupt „etwas" ist. Er stellte fest, dass sie etwas ist, denn sie wird direkt spürbar, wenn sie leer ist und wenn man sich langweilt. Um der quälenden Langeweile zu entkommen, sucht man nach einem Zeitvertreib. In dieser Situation wird nicht über die Zeit disponiert, man weiß nur gerade nicht, wozu man sie verwenden soll.

Zur Zeit gehört auch die Voraussicht dazu: etwas vorausnehmend sehen. Zeit ist also auch, was noch nicht ist. Auch das Durchmessen der Spanne zwischen dem Vorausgenommenen und dem Gegenwärtigen ist dazu zu rechnen. Gadamer geht so weit zu sagen, dass Sinn für Zeit primär Sinn für Zukünftiges ist. Es ist nicht die Zeit, auf die sich die Erwartung oder Voraussicht richtet, sondern es ist eine zukünftige Situation, etwas, das einmal sein wird. Diese Zeitspanne wird als Dauer erfahren. Sie ist, wie Gadamer gemeint hat, der Erfahrungsmodus der Vorausnahme. Langeweile entsteht, wenn es keine Vorhaben gibt, auf die sich die Vorausnahme richten kann.

Bereits im 17. Jahrhundert hatte Pascal auf die Bedeutung von Unterbrechungen hingewiesen. „Andauernde Rede langweilt. Fürsten und Könige belustigen sich mitunter, sie sitzen nicht ständig auf ihren Thronen. Dort langweilen sie sich, man muss die Größe mitunter aufgeben, damit man sie empfindet, ununterbrochenes Gleichmaß macht alles widerwärtig. Kälte ist angenehm, um sich (nachher) zu erwärmen... Die Gezeiten des Meeres sind so, selbst der Lauf der Sonne scheint so" (S. 90 f.). Es ist ein Lobgesang auf den Segen der Unterbrechung.

Geologen erforschen die Naturgeschichte der Erde. „Zeit wird zu geflossener, langsam in Stein erstarrter, in Sedimente und Ablagerungen eingeschriebenen Zeit, und sie setzt einen für die Geschichte der Erde und der Menschen datierbaren Anfang" (Nowotny, 1989, S. 85). Historiker unterteilen die Zeit in Epochen, als Beginn der Neuzeit setzen sie die Wende vom 15. zum 16. Jahrhundert an, die angesichts verschiedener Zäsuren wie der Entdeckung Amerikas 1492 und der 1517 von Martin Luther in Gang gesetzten Reformation als tiefer Einschnitt verstanden wird. Zäsuren sind deutlich hervortretende Veränderungen. Mit der Devise: Innovation statt Erhaltung des Bestehenden, beginnt das Zeitalter der

---

[1] https://de.wikipedia.org/wiki/Augustinus_von_Hippo#Zeitauffassung, abgerufen am 20.2.23.

Maschinen, in der die Zeit als Produktionsfaktor entdeckt und über Rationali-
sierungsmaßnahmen nachgedacht wurde (Heßler, 2012). Die Knappheit an Zeit
wurde zu einem Statussymbol (Nowotny, 1989). Ein hoher Status verweist auf
ein hohes Maß an Verantwortung, man muss wichtige Entscheidungen treffen,
und man hat kaum Zeit für irgendwelche Nichtigkeiten.

Demandt (2015) hat sich mit der Kulturgeschichte der Zeit befasst. Auf-
schlussreich ist seine Aufschlüsselung des Wortes „Zeit", dessen Wurzel das
Teilen ist. In den Wörtern time, temps und tempus usw. sind die Bedeutungen
Schneiden bzw. Schnitt enthalten. „Die Zeit zerlegen wir durch ‚Einschnitte' in
‚Abschnitte', die zählbar sind und Zeiten messbar machen" (S. 11).

Das Thema „Zeit" ist ein unerschöpfliches Motiv von Erzählern, Schrift-
stellern, Dichtern, Künstlern und Komponisten. Berühmt sind die zur Zeit des
römischen Kaisers Augustus entstandenen „Metamorphosen" von Ovid, den
Büchern der Verwandlungen, ein mythologisches Werk, in dem die Entstehung
und Geschichte der Welt beschrieben wird. Es wird darin von der Macht der Göt-
ter erzählt, die Dinge und Menschen verwandeln können und damit Zeit schaffen.
In einer dieser Geschichten wird von der Nymphe Daphne berichtet, in die sich
Apollon verliebt hat. Sie will nichts von ihm wissen und fleht ihren Flussgott-
Vater an, sie zu verwandeln, um so ihrem Verfolger zu entgehen. Er erfüllt ihre
Bitte: Sie wird zu einem Lorbeerbaum. Die Verwandlung ist eine klare Zäsur,
sie trennt ein Vorher (das Dasein als Nymphe) und ein Nachher (das Dasein als
Lorbeerbaum).

In der Heiligen Schrift wird im Genesis-Teil beschrieben, wie die Menschen
wegen ihrer Sündhaftigkeit aus einem paradiesischen Zustand vertrieben werden. Nachdem sie dem göttlichen Willen zuwidergehandelt hatten, war es mit
der beschaulichen Ruhe im Paradies vorbei. Adam und Eva wurden der Unruhe
der Welt ausgesetzt. Es war die erste Vertreibung, die den Menschen widerfuhr,
die zweite Vertreibung erlitt Kain (Konersmann, 2015). Kain gehörte als ein Ver-
triebener nicht mehr der Gemeinschaft an, er war nicht mehr zugehörig und zur
Ruhelosigkeit verdammt. Ähnlich wie Kain wird auch der Fliegende Holländer
in der Oper von Richard Wagner, der ewig die Meere befahren muss, umhergetrieben. Unruhe steht hier für Heimatlosigkeit, Umhergetrieben werden und
Ausgesetzt sein, Ruhe für Unveränderlichkeit, Geborgenheit und Zugehörigkeit.
Man will einmal Ruhe haben und nicht ständig Veränderungen verkraften müssen.
Es ist im Grunde der Wunsch nach Zeitlosigkeit.

Zu viel Unruhe: eine subjektiv zu hohe Ereignisdichte, schlägt sich in einem
erhöhten Erregungsniveau nieder. Wenn heute viele Menschen das Bedürfnis nach
Ruhe verspüren, kann das als ein Hinweis auf eine Gesellschaft verstanden werden, in der die Menge an Ereignissen überhand nimmt. Dementsprechend bedarf

es der Mittel wie Baldrian, Melisse oder Johanniskraut, um Gefühle der Unruhe zu dämpfen.

In den Mythen fehlt das Psychologische. So wird in der Bibel nichts über Kains Befindlichkeit berichtet, man erfährt nicht, wie er sich fühlt und wie sehr ihn die Rastlosigkeit quält. Ein Geschehen wird geschildert, ohne dass gesagt wird, wie der Mensch es erlebt und wie er darauf reagiert. Wie Konersmann schreibt, ist im Mythos der Mensch in eine festgefügte Ordnung eingebunden, die er nicht kontrollieren und ändern kann. Er ist höheren Mächten ausgeliefert. Veränderungen bewirkt nicht er selbst. Der Mensch ist ein Spielball höherer Mächte, kein aktiv Handelnder.

Von anderer Art als die antiken Mythen und die Geschichten aus der Heiligen Schrift, in denen es um Verwandlungen und Vertreibungen geht, die dem Menschen widerfahren, sind die literarischen Werke, die sich dem Thema „Zeit" widmen. Der Fantasie sind keine Grenzen gesetzt, wenn es um die ferne unbekannte Zukunft geht: Wie wird sich die Welt und wie werden sich die Menschen verändern? Viele Geschichten wurden dazu erdacht. Beispiele sind der 1895 erschienene Science-Fiction-Roman von Wells „The Time Machine", in dem der Protagonist eine Maschine konstruiert, mit der er in die Zukunft fliegen kann, und „Brave New World" von Huxley, ein 1932 erschienener dystopischer Roman, der eine Gesellschaft im Jahre 2540 n. Chr. beschreibt, in der Veränderungen unerwünscht sind und man die Zukunft abgeschafft hat, was man als Rückkehr ins Paradies deuten könnte. Die Zukunft, in die der Protagonist im Roman von Wells fliegt, ist eine schaurige Dystopie. Die gegenwärtige Welt, in die er schließlich zurückkehrt, ist dagegen ein optimaler Lebensraum. In der „schönen neuen Welt", die Huxley ausmalt, soll sich nichts verändern, alles soll bleiben wie es jetzt ist. Initiativen, die auf Veränderungen abzielen, werden unterdrückt. Damit hat man auch die Zeit abgeschafft.

Die Zukunft ist unbekannt und demzufolge voller Mystery, geheimnisvoll und rätselhaft. In der isländischen Mythologie wissen nur die Nornen, „wie das wird". Als das Seil, mit dem sie die Zukunft spinnen, reißt, ist das ein Zeichen, dass die bisherige Welt untergeht. Es gibt für die Götter keine Zukunft mehr. Etwas Neues wird beginnen.

Etliche Geschichten beziehen sich auf die Vergangenheit, die noch einmal aufgerollt und aus einer anderen Perspektive beleuchtet wird. Viele Märchen beginnen mit „Es war einmal". Es wird eine Geschichte erzählt, die sich in ferner Vergangenheit abgespielt hat. Es können schlimme Dinge passiert sein, aber das war einmal und ist nicht jetzt.

Oder es wird das gegenwärtige Erleben geschildert, dass die Zeit verstreicht, und das Erkennen, dass das eigene Leben endlich ist. Die Worte der Marschallin im Libretto von Hugo von Hofmannsthal zur Oper „Der Rosenkavalier", mit denen sie über die Zeit nachsinnt, bringen das zum Ausdruck:

„Manchmal hör' ich sie fließen unaufhaltsam.

Manchmal steh' ich auf mitten in der Nacht

Und lass' die Uhren alle stehen".

Doch Uhren sind nicht die Zeit, es nützt nichts, sie still sehen zu lassen.

In der Literatur taucht die Zeit in vielen Formen auf. Themen sind das schnelle Vergehen der Zeit, die lustvolle Gegenwart, das vergangene Geschehen, die ungewisse Zukunft, die Raum für die Fantasie lässt, die Kostbarkeit von Zeit und teuren Uhren, den Messgeräten von Zeit. Das Zitat „Eins zwei drei, im Sauseschritt läuft die Zeit, wir laufen mit" von Wilhelm Busch (1877) drückt aus, wie die Zeit davonrast. Oder wenn Goethes Faust, sich auf einen Augenblick beziehend, sagt: „Verweile doch, du bist so schön", möchte er die Zeit anhalten. Die Zeit kann den Menschen sogar gestohlen werden, was in dem Buch „Momo" von Michael Ende geschildert wird. Es ist die Geschichte von den Zeit-Dieben und von dem Kind, das den Menschen die gestohlene Zeit zurückbringt. Es sind blassgesichtige graue Herren mit steifen Hüten und grauen Aktentaschen, die als Agenten der Zeit-Sparkasse unterwegs sind. Sie stehlen den Menschen Zeit, ohne dass die Bestohlenen es sofort merken. Sogar, wenn sie immer noch glauben, dass sie über viel Zeit verfügen, haben die Zeitdiebe davon schon einiges eingeheimst. Die Zeit-Sparkasse könnte eine Metapher für eine zeitraubende bürokratische Institution sein. Man muss sich wehren und den Dieben Einhalt gebieten. Denn Zeit ist ein kostbares Gut, sodass es ein herber Verlust ist, wenn sie abhandenkommt.

Max Frisch hat in seinen Tagebüchern, die sich auf den Zeitraum 1946 bis 1949 beziehen, die Veränderung des Zeiterlebens literarisch ausgedrückt: „Wenn es stimmt, dass die Zeit nur scheinbar ist, ein bloßer Behelf für unsere Vorstellung, die in ein Nacheinander zerlegt, was wesentlich eine Allgegenwart ist; wenn alles das stimmt, was mir immer wieder durch den Kopf geht, und wenn es auch nur für das eigene Erleben stimmt: warum erschrickt man über jedem Sichtbarwerden der Zeit? " (Frisch, 1984, S, 172). Christoph Ransmayr geht in seinem Roman „Cox oder der Lauf der Zeit" einem anderen Zeitaspekt nach. Auch dem mächtigsten Menschen der Welt, dem Kaiser von China, der den kompetentesten Menschen der Welt, den Uhrmacher Cox aus England, beauftragt, ihm ein Uhrwerk zu bauen, das die Ewigkeit messen kann, wird es nicht gelingen, die Zeit zu beherrschen. In beiden Fällen, bei Frisch und Ransmayr, geht es direkt um

Abb 1.1 Kunst im
öffentlichen Raum – der
Ottenser Torbogen von
Doris Waschk-Balz (Foto
Doris Waschk-Balz)

die Zeit. Chamisso nimmt in der Erzählung „Peter Schlemihl" indirekt auf die
Zeit Bezug. Das Licht am Tag sorgt nicht nur für Helligkeit, es produziert auch
Schatten. Wer keinen Schatten wirft, ist kein wirklicher Mensch, sondern eher
ein (zeitloses) Geisterwesen. Der Schatten ist ein Zeichen, dass man körperlich
existiert. Schlemihl hat seinen Schatten verkauft. Fortan gehört er nicht mehr der
Gemeinschaft der Menschen an, die dem natürlichen Wechsel von Tag und Nacht
unterworfen sind.

Tag und Nacht sind zeitliche Einschnitte. Wände, die einen großen Raum in
kleinere Einheiten unterteilen, oder ein Tor, durch das man hindurch geht, oder
ein Kunstwerk auf einem öffentlichen Platz unterteilen den Raum, es sind Einschnitte. Ein Torbogen, der den Verlauf der Straßen unterbricht, ist ein Einschnitt;
er fügt dem Raum etwas hinzu und verändert ihn dadurch. Die Bildhauerin hat
den Torbogen „bevölkert". Eine junge Frau geht durch den Torbogen hindurch,
eine ältere Frau sitzt davor und scheint sich auszuruhen (Abb. 1.1).

Musik ist Zeitkunst. Grundelemente sind die Sukzession von Tönen und Klängen und deren Dauer. Aus den aufeinanderfolgenden Tönen und Klängen zeichnet
sich nach und nach eine Melodie ab. In manchen Kompositionen ist die Zeit
doppelt vertreten, wenn sie nämlich zum Thema wird. Berühmte Beispiele sind
die Songs „It's now or never" von Elvis Presley und „Yesterday" der Beatles,

des Weiteren das Violinkonzert „Die vier Jahreszeiten" von Antonio Vivaldi, in denen ein dramatisches Prestissimo den Herbst mit seinen Stürmen repräsentiert. In den Klavierstücken „Die Jahreszeiten" ordnet Tschaikowsky jedem Monat ein Thema zu. Den Januar hat er z. B. „Am Kamin" genannt. Genau das drückt das Klavierstück aus.

In Liedern, die sich auf die Zeit beziehen, ist die Zeit ebenfalls doppelt repräsentiert und zwar sowohl in der Melodie als auch im Liedtext. Es wird z. B. der Morgen besungen, der Sonnenaufgang und die Ruhe am Ende eines Tages:

Jeden Morgen geht die Sonne auf

in der Wälder wundersamer Runde

Und die hohe, heil'ge Schöpferstunde

jeden Morgen nimmt sie ihren Lauf.

Und:

Fahr' wohl, o goldne Sonne,

Du gehst zu deiner Ruh;

Und voll von deiner Wonne

Geh'n mir die Augen zu.

Quelle: www.volksliederarchiv.de.

Es verändert den Eindruck, wenn eine Melodie oder ein Lied wiederholt gehört wird. Man kann die folgenden Töne und Worte antizipieren, weil man sie erinnert. Wahrnehmung, Erinnerung und Vorwegnahme überlagern sich.

Zeitstrukturen beeinflussen den Lebensalltag der Menschen, worauf in den folgenden Kapiteln noch näher eingegangen wird. Wegen des immensen Einflusses vorgegebener Zeitstrukturen ist Zeit auch ein politisches Thema. Die Deutsche Gesellschaft für Zeitpolitik (DGfZP) wurde im Jahr 2002 gegründet mit der Absicht, die gesellschaftliche Bedeutung von auferlegten und selbst bestimmten Zeitstrukturen sowie die Allokation von Zeit zu bestimmten Lebensbereichen und Tätigkeiten in den Blickpunkt zu rücken. Arbeitszeitregelungen und Öffnungszeiten von Institutionen und Läden wurden unter die Lupe genommen. Dass es indessen schwer ist, Zeit als Politikfeld institutionell zu verankern, liegt nicht zuletzt auch daran, dass Zeit die nicht direkt greifbare „vierte Dimension" ist. Es gibt Bundesministerien, die mit Fragen des Wohnens, der Stadtentwicklung und des Bauwesens, d. h. mit Räumen befasst sind, aber keines für Zeitpolitik.

Während sich Zeitpolitik auf die gesellschaftliche Ebene bezieht, ist Zeitpsychologie auf die Individualebene gerichtet. Ziel ist, die Bedeutung von Zeit für den Menschen als Einzel- und als Sozialwesen zu analysieren, Zusammenhänge festzustellen sowie hier und da auch Empfehlungen auszusprechen.

Als Anknüpfungspunkt einer Psychologie der Zeit eignet sich die Feststellung von Fraisse (1985), dass ständige Wechsel das Normale sind: „Nächte folgen den Tagen, schönes Wetter folgt auf schlechtes Wetter, der Winter folgt auf den Sommer.… Nichts kann den Lauf des Flusses und die Erosion des Gesteins aufhalten. Alles ist in Veränderung begriffen, auch der Mensch" (S. 9). Der Mensch nimmt sowohl die Veränderungen in seiner Umwelt, denen er ausgesetzt ist und die er selbst herbeiführt, als auch die Veränderungen an sich selbst wahr. Beide bestimmen sein Zeiterleben. Er stellt sich die Frage nach der Zeit vor allem in den Momenten, in denen er sein Älterwerden spürt und sich der Endlichkeit seines Lebens bewusst wird.

Das verbreitete Interesse an der Frage, was überhaupt Zeit ist, lässt darauf schließen, dass das Phänomen Zeit etwas Faszinierendes an sich hat. Was ist es, das fasziniert? Die physisch-räumliche Umwelt mit all den Dingen darin ist begreifbar, die Zeit ist es nicht. Damit haftet ihr etwas an, was in der Umweltpsychologie als „Mystery" bezeichnet wird (Kaplan & Kaplan, 1989, Herzog, 1989, Stamps, 2000, 2007). Das Nicht-Fassbare, Geheimnisvolle und Rätselhafte weckt die Neugierde und motiviert dazu, es greifbar und verstehbarer zu machen und das Geheimnis zu lüften. Auf der anderen Seite sind die Zeit und der Umgang damit auch etwas Selbstverständliches, über das man nicht weiter nachdenkt. Der Wechsel von Tag und Nacht sowie Uhren, an denen man bis auf Sekunden oder zumindest Minuten genau die Zeit ablesen kann, gehören zum normalen Alltag. Ähnlich wie über automatisch ablaufende Verhaltensroutinen macht man sich über Selbstverständliches kaum Gedanken. Beides ist typisch für die Zeit: Sie zieht wegen ihrer Mystery die Aufmerksamkeit auf sich und sie ist gestaltpsychologisch gesprochen eine Art Hintergrund, den man nicht weiter beachtet, weil sich die Aufmerksamkeit auf die Figuren und nicht auf den Hintergrund richtet.

In ihrer Struktur ähnelt die Psychologie der Zeit der Umweltpsychologie, die den Einfluss der physisch-räumlichen Umwelt auf den Menschen und die Mensch-Umwelt-Beziehungen erforscht. Umwelten unterscheiden sich in ihrer Größenordnung und Art. Gleiches gilt für die Zeit. Etwas dauert kürzer oder länger. Einer hohen baulichen oder sozialen Dichte entspricht eine hohe Dichte an Ereignissen. Zum Wo gehört immer auch das Wann. Wann und wo trifft man sich? Warum Orte und Umgebungen gern aufgesucht werden oder warum man sie unbedingt vermeidet, hängt auch von der Tageszeit ab. So wird z. B. ein Stadtpark tagsüber als Ort zum Spazierengehen und zum Erholen geschätzt und gern besucht; in den Zeiten der Dunkelheit traut man sich nicht dorthin. Ein am Tage belebter öffentlicher Platz kann zur Nachtzeit zu einem Ort werden, an dem man sich unsicher und bedroht fühlt. Die Prospect-Refuge Theorie erklärt das damit, dass Orte bei Dunkelheit kaum mehr überblickt werden können. Wenn dann kein rettendes Refugium in der Nähe ist oder wenn man keine Möglichkeit sieht, einer bedrohlichen Situation zu entkommen, verstärkt das die Furcht (Nasar & Fisher, 1993, Nasar & Jones, 1997, Nasar & Bokharaei, 2017). Es müssen indessen nicht gleich Angstgefühle sein, die in Abhängigkeit von der Tageszeit auftauchen. Es sind auch unterschiedliche Gestimmtheiten. So wird z. B. eine Meereslandschaft mit untergehender Sonne gefühlsmäßig anders erlebt als ein und dieselbe Landschaft zur Mittagszeit, wenn die Sonne hoch am Himmel steht und alles in ein gleißendes Licht taucht. Es ist somit offensichtlich, dass der Eindruck, den eine Umgebung hervorruft, nicht nur von deren räumlichem Ambiente, sondern stets auch vom Zeitpunkt abhängt. Die Umweltwahrnehmung ist somit immer ein raumzeitliches Erleben. Die umgebenden Welten verändern sich, sei es im laufe eines Tages oder im laufe längerer Zeitabschnitte. Die der Erforschung des Erlebens und Verhaltens des Menschen zugrunde liegende Einheit kann demzufolge weder allein der Mensch und auch nicht die Mensch-Umwelt-Beziehung sein. Zutreffende Ergebnisse sind nur dann zu erwarten, wenn als Untersuchungseinheit die Mensch-Umwelt-*Zeit*-Beziehung zugrunde gelegt wird.

Die psychologische bzw. erlebte Zeit als mentaler Vorgang, bei dem Ereignisse miteinander verbunden und gedeutet, d. h. mit Sinn versehen werden, ist ein weites Themenfeld, sodass die Frage ist, wie man dieses Feld so beackert und untergliedert, dass ein maximaler Ertrag dabei herauskommt. Ideen für eine Kategorisierung liefert ein Blick in die Umweltpsychologie. Umwelten lassen sich nach ihrer Größenordnung und Art sowie nach den Mensch-Umwelt-Beziehungen kategorisieren. Man untersucht z. B. die ästhetische Wirkung von Gebäuden, das Image von Städten (Lalli, 1992), man erforscht die Qualität von Schulbauten und Bürogebäuden aus psychologischer Sicht (Walden, 2008, 2015), man prüft, welche Auswirkungen eine hohe soziale Dichte auf das Sozialverhalten hat (Altman, 1975, Dieckmann et al., 1998, Bell et al., 2001, Gifford, 2007). Analog können sich auf die Zeit beziehende Einteilungen nach der Größenordnung (kurzzeitig oder langzeitig), der Art der Zeitverwendung (Arbeits- oder Freizeit) sowie der Mensch-Zeit-Beziehung (Zeitstress oder Langeweile) erfolgen.

Ein weiterer Ansatz, der sich auf eine Äußerung von Ornstein stützt, in der es heißt, dass „all our perceptual, intellectual and emotional experiences are intertwined with time" (Ornstein, 1997, S. 15), ist eine Unterteilung in Wahrnehmungs-, kognitive und emotionale Prozesse. Was die *„perceptual experiences"* betrifft, wäre etwa festzustellen, dass die Zeit nicht wie die chronometrische Zeit als kontinuierlich, als eine Sekunde auf die andere folgend, wobei alle Sekunden gleich lang sind, sondern als schneller oder langsamer und als ungleichmäßig wahrgenommen wird. Wie Grondin (2020) es etwas pathetisch ausgedrückt hat: Die Zeitintervalle haben einen ungleichen Status. Weil die Informationsverarbeitung Zeit benötigt, sind die *„intellectual experiences"* automatisch mit Zeit verwoben. *„Emotional experiences"* können negative Gefühle wie Zeitdruck und oder das Gefühl der Leere sein, die entstehen, weil sich die Ereignisse überstürzen und *zu viel* innerhalb einer begrenzten Zeitspanne erledigt werden muss oder weil *zu wenig* geschieht. Die Zeitpsychologie ließe sich demzufolge untergliedern in Prozesse der Zeitwahrnehmung, der mentalen Verarbeitung und der Bewertung zeitbezogener Informationen. Wahrnehmung, Kognition und Emotion sind grundlegende Themen der Psychologie. Sensorische, kognitive und emotionale Prozesse sind indessen so eng miteinander verbunden, dass eine sich darauf beziehende Kategorisierung wenig Sinn machen würde.

Bei der visuellen Wahrnehmung geht es um Farben, Formen, Bewegungen, Entfernungen, optische Täuschungen usw., bei der auditiven Wahrnehmung um Töne, Klänge, Lautstärken, Richtungshören, Entfernungshören, Tempi und Rhythmen (Schönhammer, 2009). Die Kategorien des Zeiterlebens sind abstrakter (Fraisse, 1985, Miller, 1988, Ornstein, 1997). Hier geht es um das Erkennen von Aufeinanderfolgen, von Dauern und Gleichzeitigkeit sowie ein zeitliches Strukturieren und Verorten durch eine erinnerte Vergangenheit und eine vorgestellte Zukunft.

Kurzzeitig sind Zeiterfahrungen von wenigen Sekunden Dauer, längere Dauern beginnen nach Ornstein ab etwa 10 s. Die Unterscheidung von kurzzeitigen und länger andauernden Zeitintervallen macht Sinn, denn in einem Fall sind es sensorische, im anderen Fall kognitive Prozesse. Es gibt so eine „Sensory Process Metapher" und eine „Storage Size Metapher" (Ornstein, 1997).

Eine grundlegende Frage ist, wann etwas als gleichzeitig erscheint. Wenn etwas gleichzeitig ist, gibt es keine Aufeinanderfolge. Dann gibt es auch keine Zeit. Es hängt so von der Messgenauigkeit ab, ob Zeit entsteht. Je genauer gemessen wird, umso minimaler sind die Unterschiede, die ausreichen, um von Ungleichzeitigkeit zu reden. Im Sekundenbereich nimmt man eher etwas als gleichzeitig wahr, auch wenn ein Abstand von wenigen Millisekunden dazwischen liegt. Klar zu erkennen ist dagegen eine Aufeinanderfolge von Stunden. Ein Beispiel für das Stundenmaß ist das Lied des Nachtwächters, mit dem er zu jeder vollen Stunde in der Nacht die Zeit verkündet: „Hört ihr Herrn und lasst euch sagen, unsere Glock" hat zehn (oder elf, zwölf, eins, zwei, drei, vier) geschlagen".

Es gibt eine die Welt überspannende Gleichzeitigkeit, die dank technischer Erfindungen wie des Telegrafen und Telefons sowie vor allem des Internet Informationen und Nachrichten aus der ganzen Welt ohne nennenswerte zeitliche Verzögerungen transportieren (Heßler, 2012). Durch die Digitalisierung ist Gleichzeitigkeit über die Zeitzonen der Welt hinweg möglich geworden. Unabhängig davon, wo auf der Erde sich ein Mensch gerade befindet, kann er an allem, was an anderen Orten der Welt passiert, ohne Zeitverzögerung teilhaben (Nowotny, 1989). Er muss nicht mehr warten, bis die Postkutsche oder der reitende Bote kommt, der Nachrichten über Ereignisse überbringt, die sich irgendwo abgespielt haben. Das Internet ermöglicht Gleichzeitigkeit und bringt damit an dieser Stelle die Zeit zum Verschwinden. Außer der Gleichzeitigkeit gibt es noch eine weitere Konstellation, die an der Zeit rüttelt. Bei kausalen Zusammenhängen gibt es Ursache und Wirkung, ein „Wenn – dann", also eine Sukzession in einer Richtung. Diese Gerichtetheit geht verloren, wenn es sich um Wechselwirkungen handelt, bei denen nicht mehr auszumachen ist, was Ursache und was Wirkung ist bzw. was zuerst und was danach war. Bei transaktionalen Beziehungen ist eine solche Trennung überhaupt nicht mehr möglich, denn beide Seiten wirken fortwährend wechselseitig aufeinander ein.

Die Zeitwahrnehmung, die Zeitnutzung und die Zeitperspektive sind seit langem Themen der psychologischen Forschung. Man weiß vieles über die Wahrnehmung kurzer oder längerer Intervalle, über zeitliche Wahrnehmungsschwellen sowie die Zeitperspektive und deren Einfluss auf das Wohlbefinden, das Erleben und Handeln und die psychische Gesundheit.

Wozu also noch ein Buch über die Psychologie der Zeit?

Es sind vier Gründe, die für ein solches Buch sprechen:

- Außer Persönlichkeits- und Umweltmerkmalen sowie Mensch-Umwelt-Beziehungen beeinflussen zeitliche Strukturen und Vorgaben wesentlich das Erleben und Handeln des Menschen. Das soll hervorgehoben und unterstrichen werden, denn der Zeitfaktor wird nicht selten übersehen, indem Erleben und Verhalten ohne Bezug auf die Zeit erklärt werden, auch wenn offensichtlich ist, dass es z. B. kein Mangel an Empathie, sondern schlichtweg Zeitnot ist, was unsoziales Verhalten verursacht. Es geht mit anderen Worten um die Förderung von Zeitbewusstsein.
- Die Zeitpsychologie erstreckt sich von den psychophysikalischen Experimenten im Bereich der Grundlagenforschung im Forschungslabor, in dem mögliche Störeinflüsse ausgeschaltet werden, um Zusammenhänge deutlicher hervortreten zu lassen, bis hin zur Umweltpsychologie, in der das Erleben

und Verhalten des Menschen in realen Umwelten untersucht wird. Ausgehend von der Feststellung: „Der Mensch in seiner konkreten Umwelt .... hat wenig gemein mit der um ihre Sozialität und Historizität verkürzten ‚Versuchsperson'" (Graumann, 1975, S. 24), kann die Psychologie der Zeit eine Brücke sein, welche die psychologische Grundlagenforschung und die Umweltpsychologie miteinander verbindet. In dem vorliegenden Buch wurde dieser Brückenschlag versucht. Das Spektrum reicht von den Wahrnehmungsschwellen und der Wahrnehmung von Dauer bis hin zur transzendentalen Zukunft und Zeitperspektiventherapie.

- Die Umweltpsychologie erforscht die Beziehungen zwischen dem Menschen und der dreidimensionalen physisch-räumlichen Umwelt. Die Zeitpsychologie fügt dem eine vierte Dimension hinzu. Die Begründung ist, dass zu einem Wo immer auch ein Wann gehört, denn das Erleben eines Orts und die Aktivitäten, denen man dort nachgeht, sind zeitabhängig. Ebenso gehört zu einem Wann immer auch ein Wo.
- Ähnlich wie die Umweltpsychologie, die reale Umwelten im Blick hat, wobei sie wie zu erwarten auf andere Fachrichtungen wie die Architektur und Geografie trifft, kommt auch die Zeitpsychologie mit Bereichen wie den Natur- und Sozialwissenschaften in Berührung. Die Zeit ist also keinesfalls ein Thema, das die Psychologie „gepachtet" hat. Und es sind auch nicht nur die Wissenschaften, die sich mit dem Thema Zeit auseinandersetzen, sondern auch Literatur-, Kunst- und Musikschaffende sind damit befasst. Diese kommen in dem vorliegenden Buch hier und da zu Wort.

Zur Veranschaulichung des erstgenannten Punkts diene die Untersuchung von Darley und Batson (1973). Sie haben in einem Feldexperiment festgestellt, dass Zeitdruck dazu führt, dass sich Menschen unsozial verhalten. Versuchsteilnehmer waren Studierende der Theologie, die einen Vortrag über den barmherzigen Samariter halten sollten. Sie wurden in zwei Gruppen unterteilt. Der einen Gruppe wurde gesagt, dass sie sich beeilen müssen, weil man schon auf sie wartet, der anderen Gruppe, dass sie sich Zeit lassen können. Auf dem Weg zum Vortragsraum trafen sie auf einen offensichtlich hilfsbedürftigen Menschen. Die meisten aus der ersten Gruppe waren im Unterschied zu denen aus der zweiten Gruppe nicht hilfsbereit. Nicht entscheidend war dabei das Thema des Vortrags. Ob die Studierenden über das Gleichnis des barmherzigen Samariters oder über ein anderes Thema reden sollten, hatte keinen Einfluss auf ihr Sozialverhalten. Entscheidend war der Zeitdruck. Übertragen auf alltägliche Situationen bedeutet das, dass Menschen, die anderen nicht helfen, etwas vorschnell als unsozial kategorisiert werden, wenn man den Faktor Zeitknappheit übersieht. Wer es eilig hat, kann sich nicht als barmherziger Samariter betätigen, und auch dann nicht, wenn er sich gerade Gedanken über Hilfsbereitschaft macht. Das Fazit ist nicht, dass Menschen unsoziale Wesen sind, wenn sie es mit Fremden zu tun haben, sondern dass ihr Verhalten auch von den zeitlichen Bedingungen abhängt. Dass die Zeit als wesentlicher Einflussfaktor des Verhaltens oftmals unbeachtet bleibt, zeigt sich auch daran, dass in Büchern über Sozialpsychologie nicht davon die Rede ist. So wird z. B. bei Aronson et al. (2008) zu den Gründen, warum Menschen unsozial sind, die Zeitknappheit nicht erwähnt. Als Gründe werden angeführt:

- die Überstimulation in großen Städten (Urban-Overload-Hypothese),
- die Verantwortungsdiffusion, wenn mehrere Menschen anwesend sind,
- die Anonymität: man kennt die anderen nicht.

Die geringe Hilfsbereitschaft kommt dadurch zustande, dass Informationen aus der Umwelt als Reaktion auf eine zu hohe Reizzufuhr ausgeblendet werden. „Das Gewimmel in Großstädten kann so überwältigend werden, dass selbst hilfsbereite altruistische Menschen sich nach innen wenden und weniger auf die Menschen ihrer Umgebung reagieren" (Aronson et al., 2008, S. 365). Je mehr Menschen anwesend sind, umso geringer ist die Bereitschaft jedes einzelnen, einem anderen zu helfen. Jeder fragt sich: Warum soll ausgerechnet ich das machen, warum nicht die anderen? Im öffentlichen Raum sind die meisten Menschen, denen man begegnet, Fremde. Es existieren keine sozialen Beziehungen. Die Zeit als Einflussfaktor in unterschiedlichen Formen wie der Tageszeit oder des Zeitdrucks taucht hier nicht auf.

Lässt man die individuelle Zeitperspektive außer Acht, lassen sich manche Verhaltensweisen nicht erklären, z. B. warum ein Mensch alles dem Zufall überlässt statt so zu handeln, wie es das Sprichwort besagt: „Jeder ist seines Glückes Schmied". Geplantes Verhalten und Folgenabschätzungen sind zukunftsorientiert. Jedoch wird nur derjenige, der davon überzeugt ist, dass er etwas bewirken kann, planen und seine Absichten realisieren wollen. Wenn er davon überzeugt ist, dass er die Ereignisse und Zustände seiner Umwelt nicht beeinflussen kann, wird er zum „Spielball äußerer Mächte", der den Veränderungen in seiner Umwelt unterworfen und nicht fähig ist, selbst etwas zu bewirken und zu verändern.

Ein weiteres Beispiel, in dem die Zeit eine Hauptrolle spielt, ist die „Rushhour", die berufsbedingte Hauptverkehrszeit im Straßen- und öffentlichen Verkehr. Das hohe Verkehrsaufkommen in diesen Stunden wird, auch wenn der Zeitbezug offensichtlich ist, dennoch überwiegend räumlich interpretiert. Es wird vor allem die hohe soziale Dichte gesehen, die vollen Straßen und Bahnen. Die eigentliche Ursache ist die zeitliche Verdichtung, ein Übermaß an Ereignissen (Verkehrsteilnehmern) in einem Zeitintervall.

Im zweiten Kapitel wird über die Wahrnehmung und Allokation von Zeit auf verschiedene Lebensbereiche und Aktivitäten berichtet. Nicht nur bei den Sinneswahrnehmungen, auch beim Erleben von Zeit gibt es Grenzen, jenseits derer die Wahrnehmbarkeit endet und das Unterscheidungsvermögen aufhört. Es geht um Wahrnehmungsschwellen, um zeitliche Integration, um das Verhältnis von Raum und Zeit, um Zeiteinsparung und um das Warten. Die Menschen sind äußeren Einflüssen nicht nur passiv ausgesetzt, sie nutzen die Zeit auch, um sich die Umwelt anzueignen und ihre Lebenswelt zu gestalten. Eine gängige Methode zur Erfassung der Zeitverwendung sind Zeitbudget-Studien. Man erhält mit den empirisch ermittelten und errechneten Durchschnittswerten einen allgemeinen Überblick darüber, wie Menschen ihre Zeit nutzen. Die Art der Zeitverwendung ist jedoch individuell sehr unterschiedlich, sodass die Durchschnittswerte nur Trendangaben sind. Eine klassische Einteilung ist diejenige in Arbeits- und Freizeit, wobei Arbeitszeit eng gefasst Erwerbsarbeit meint, während unter Freizeit alles subsumiert wird, was nicht Erwerbsarbeit ist. Geeigneter ist eine Einteilung in drei Kategorien: der persönlichen, der sozialen bzw. an andere Personen gebundenen und der öffentlichen Zeit.

Im dritten Kapitel geht es um die Erfassung und Messung der Zeit. Hier trifft man auf unterschiedliche Zeitskalen. Grundlage der biologischen Zeit sind physiologische Prozesse sowie die zyklisch wiederkehrenden existentiellen Bedürfnisse nach Schlaf und Nahrung. Die psychologische Zeit ist die erlebte Zeit, die von den Informationen aus der Umwelt, die der Mensch aufnimmt, abhängt. Wenn sich viel ereignet, wird die Zeit als gefüllt erlebt. Angesichts der Notwendigkeit, eine öffentliche Zeit zu schaffen, die gemeinschaftliches Handeln ermöglicht, was Grundlage jeder Gesellschaft ist, taucht die Frage der Synchronisation auf. Uhren sind ein Mittel, um allgemein verbindliche Zeitstrukturen zu schaffen. Pünktlichkeit gibt es nur in Bezug auf eine soziale Zeitskala. Die ökologische Zeit bezieht sich auf die Synchronisation von Mensch und physisch-räumlicher Umwelt über die Zeit hinweg.

Das vierte Kapitel ist der Zeitperspektive, unterteilt in die Vergangenheits-, Gegenwarts- und Zukunftsperspektive, gewidmet. Je nach Gewichtung und Bewertung der Teile ergeben sich unterschiedliche Konstellationen. Nicht nur die Gegenwart zählt und macht den Menschen zu dem, was er ist. Vielmehr prägen ihn vergangene Erfahrungen. Die Zeitperspektiventherapie kann ein wirkungsvolles psychotherapeutisches Verfahren sein, um psychische Erkrankungen, die auf früheren traumatischen Erfahrungen beruhen, zu heilen. Die Bedeutung der

Zukunftsperspektive kommt in der Charakterisierung der Zukunft als *Motivations-raum* zum Ausdruck sowie in der Feststellung, dass geplantes Verhalten immer zukunftsgerichtet ist. Irrational erscheinende Handlungen werden durch Einbeziehung einer über den Tod hinaus reichenden transzendentalen Zukunftsperspektive verstehbar.

Im fünften Kapitel geht es um den sich im Laufe seines Lebens verändernden Menschen in einer Umwelt, die sich ebenfalls, jedoch weniger schnell, verändert. Es wird ein kurzer Blick in die Entwicklungspsychologie geworfen, die im wahrsten Sinne des Wortes eine Zeitpsychologie ist, denn ihr Grundthema sind Veränderungen. Eine seit Jahrhunderten beliebte bildliche Darstellungsform der Lebensalter ist die Lebenstreppe mit zumeist zehn Stufen, die erst hinauf und dann hinabführen. Die Stufen symbolisieren den in Lebensalter unterteilten Prozess des Heranwachsens und Älterwerdens. Daran anknüpfend wird der Frage nachgegangen, inwieweit Zeit linear oder zyklisch ist und wie beides zusammenhängt.

Das abschließende sechste Kapitel ist ein Plädoyer für eine aus ihrem Schattendasein zu befreiende Zeitpsychologie. Das Ziel ist, die Bedeutung der zeitlichen Dimension im Leben des Menschen stärker ins Blickfeld zu rücken und – ähnlich wie das Umweltbewusstsein in der Nachhaltigkeitsdiskussion – das Zeitbewusstsein zu stärken.

Zeit wahrnehmen und nutzen

Ereignisse unterscheiden sich in ihrer Art und Intensität. Die Psychophysik erforscht die Wahrnehmung von Sinnesreizen geringer Intensität. Die psychophysikalischen Experimente liefern Erkenntnisse über die Relationen zwischen den Gegebenheiten der physikalischen Umwelt, den Reizen, und deren psychischen Abbild, den Empfindungen (Hofstätter, 1972). So wird z. B. untersucht, inwieweit schnell aufeinanderfolgende Reize als ungleichzeitig oder gleichzeitig wahrgenommen werden. Es gibt kein Sinnesorgan, mit dem Menschen die Zeit wahrnehmen. Zeitwahrnehmung ist ein kognitiver Prozess, weil aus der Aufeinanderfolge und Dauer von Ereignissen auf Zeit geschlossen wird. Wie die Zeit erlebt wird, ob man sich gehetzt fühlt oder langweilt, sagt noch nichts darüber aus, für welche Tätigkeiten die Zeit genutzt wird. Repräsentative Zeitbudgetstudien, wie sie etwa alle zehn Jahre das Statistische Bundesamt durchführt, vermitteln einen Überblick, für welche Tätigkeiten Zeit verwendet wird und in welche Lebensbereiche Zeit „investiert" wird. Die individuellen Unterschiede sind erheblich. Wie viel Zeit wofür verwendet wird, hängt entscheidend vom Lebensstil ab.

2.1 Zeit wahrnehmen

Auch wenn der Mensch davon überzeugt ist, dass er Umgebungen und die anderen Menschen so wahrnimmt, wie sie wirklich sind, ist das eine Illusion, ein „naiver Realismus". „Individuals tend to be naïve realists, believing their own understandings of the world are direct, unmediated perceptions of the way things are" (Ehrlinger et al., 2005. S. 681). Was wir wahrnehmen, ist stets nur ein Ausschnitt, was wir im Gedächtnis speichern, ist wiederum ein Ausschnitt davon, und was wir erinnern, ist ein Ausschnitt aus dem Ausschnitt aus dem Ausschnitt. Das Modell in Abb. 2.1 zeigt diese fortgesetzte Selektion, die mit jedem Schritt zu immer unterschiedlicheren individuellen Weltbildern führt. Jeder Mensch hat so seinen höchst persönlichen „world view" (Altman & Rogoff, 1987).

Erwartungen sind Annahmen über künftige Zustände, sie beeinflussen die Informationsaufnahme, indem sie bestimmen, worauf man sein Augenmerk richtet und wie die aufgenommenen Informationen verarbeitet und gedeutet werden (Greitemeyer et al., 2005). Es wird dadurch wahrscheinlicher, dass Annahmen verifiziert werden, und damit unwahrscheinlicher, dass sie als nicht zutreffend verworfen werden. Eine Prognose über ein künftiges Geschehen beeinflusst damit die Zukunft auch tatsächlich. Die Rede ist von einer „self-fulfilling prophecy", einer Vorhersage, die ihre Erfüllung selbst bewirkt (Aronson et al., 2008). Es kommt zu einer positiven Rückkopplung zwischen Erwartung und Verhalten. Zu erwähnen ist an dieser Stelle das „Rashomon-Prinzip", das Nebeneinander stellen unterschiedlicher Perspektiven und Erzählweisen. Bezeichnet wird

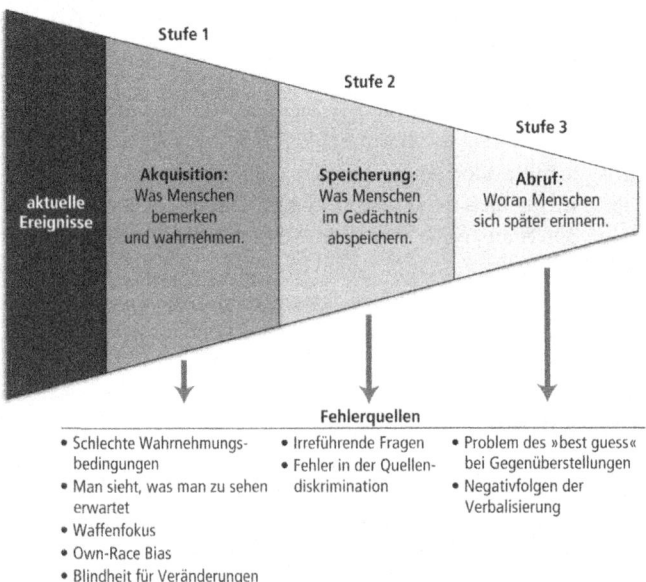

Abb. 2.1 Stufen der Informationsaufnahme und Informationsverarbeitung (Aronson et al., 2008, S. 523)

damit das Phänomen der Unzuverlässigkeit von Augenzeugen. Das „Rashomon-Prinzip" bezieht sich auf einem japanischen Film aus dem Jahr 1950, in dem vier Augenzeugen auftreten, die ein Geschehen unterschiedlich wahrgenommen und unterschiedlich erinnert haben, sodass sie es unterschiedlich beschreiben und interpretieren. Der Vergleich offenbart, dass die objektive Wirklichkeit subjektiv unterschiedlich gesehen und gedeutet wird. Es entstehen individuell unterschiedliche „world views" (Altman & Rogoff, 1987). Ebenso wenig stimmt die individuell erlebte Zeit mit einer allgemein gültigen Zeit überein.

Wahrnehmungsschwellen und zeitliche Integration

Verringert sich der Zeitunterschied, wenn Reize bzw. Ereignisse sehr schnell aufeinanderfolgen, wird es zunehmend schwieriger, eine Aufeinanderfolge zu erkennen. Man stößt an die Grenzen der Wahrnehmbarkeit. So wie Sinnesreize von geringer Intensität nicht immer oder gar nicht wahrgenommen werden – es also nur die physikalische Welt aber keine dadurch ausgelöste Empfindung gibt –, so können zeitliche Abstände so minimal sein, dass sie nicht mehr erkennbar sind. Zum Beispiel werden Töne, die sehr schnell aufeinanderfolgen, nicht mehr als einzeln, sondern als Klang gehört. Wo jeweils die Wahrnehmungsschwelle liegt, lässt sich nicht genau fixieren, denn die individuelle Empfindlichkeit ist unterschiedlich. Des Weiteren spielen Aufmerksamkeit, Übung, Ermüdung und Umgebungsbedingungen eine Rolle (Hofstätter, 1972).

Die empirische Zeitforschung begann unter dem Einfluss der Psychophysik Mitte des 19. Jahrhunderts. Die objektive Wirklichkeit in der Psychophysik besteht aus Reizen (stimuli) und nicht aus multisensorischen, den Menschen umgebenden Umwelten mitsamt den Ereignissen darin. Registriert werden die Reaktionen (responses) auf die Reize. Diese Reaktionen sind nicht vergleichbar mit geplanten, auf die Zukunft ausgerichteten Handlungen. Sie sind reine Gegenwart. Das Stimulus–Response-Modell liefert deshalb nur ein stark vereinfachtes Abbild der Mensch-Umwelt-Beziehungen. Es sagt jedoch etwas über die Sensibilität der Sinnesorgane aus. Für jede Sinnesmodalität lassen sich Wahrnehmungsschwellen feststellen. Folgen Bilder in schneller Folge aufeinander, werden sie nicht mehr als einzeln, sondern als Film wahrgenommen.

Wie groß der Unterschied der Zeitdauern sein muss, um sie als unterschiedlich lang erkennen zu können, lässt sich experimentell feststellen Ein Augenblick ist ein sehr kurzer Zeitabschnitt. Doch die Welt, die wir wahrnehmen, besteht nicht nur aus Augenblicken und kleinen Teilchen, denn andernfalls könnten wir keine Sequenzen und Bewegungen erkennen. Wahrgenommen werden aus mehreren bis vielen Elementen bestehende Einheiten wie Szenarien, Umweltausschnitte, Bewegungen, Filme, Melodien usw. Die Frage der zeitlichen Integration (temporal integration) stellt sich bei allen Wahrnehmungen, die über eine einfache Stimulus–Response Beziehung hinausgehen.

White (2017) hat den gegenwärtigen Moment mit einer Kurzzeitfotografie verglichen, die eine Szene zu einem bestimmten Zeitpunkt zeigt, die jedoch nichts über das Davor aussagt. Es wäre so, als ob in jedem aufeinanderfolgenden Moment das Davor ausgelöscht würde. Das entspricht nicht der Art und Weise, wie wir die Welt wahrnehmen. Vielmehr werden Informationen über das gerade Vergangene gespeichert und mit dem soeben Geschehenen verschmolzen, sodass wir die Welt nicht nur als räumlich, sondern auch als zeitlich kohärent wahrnehmen. Wenn jemand spricht, hören wir nicht nur das letzte Wort, sondern sind in die Lage, die letzten Worte mit dem zuvor Gesagten zu integrieren. Wie White berichtet hat, findet die zeitliche Integration auf Millisekunden-Zeitskalen statt. Nach seiner Aussage können aufeinanderfolgende visuelle Reize zeitlich zusammengefasst werden, wenn sie weniger als eine Viertelsekunde auseinander liegen. Eine Folge einzelner Lichtreize wird als kontinuierliches Licht wahrgenommen, wenn das Zeitintervall zwischen den einzelnen Reizen sehr kurz ist. Die „critical flicker frequency" (CFF) markiert den Übergangsbereich, es flimmert, die Verschmelzung ist noch nicht vollständig.

Mit der Frage der zeitlichen Integration hat sich schon vor mehr als einem Jahrhundert Edmund Husserl auseinandergesetzt, worüber Anderson und Grush (2009) berichtet haben. In Husserls Modell weist das zeitliche Bewusstsein eine dreiteilige Struktur auf. Es besteht aus

- der Ur-Impression
- der Retention
- der Protention.

Der gegenwärtige Eindruck (die Ur-Impression) ist ein winziger Ausschnitt aus der weit umfassenderen Zeitperspektive, denn die erlebte Vergangenheit und die erlebte Zukunft sind darin nur soweit enthalten, als sie direkt an den gegenwärtigen Moment angrenzen. Retention ist ein Prozess, durch den Inhalte im Bewusstsein gehalten und als gerade vergangen erlebt werden. Dadurch bleibt das soeben Erlebte bewusst. Ein Beispiel: Beim Anhören einer Melodie wird zu jedem Zeitpunkt ein bestimmter Ton gespielt. Dieser gegenwärtige Ton ist die Ur-Impression. Diese wird nicht als ein isoliertes Element, sondern als Teil eines zeitlich ausgedehnten Ganzen wahrgenommen, vorausgesetzt, dass die gerade gehörten Töne im Bewusstsein bleiben. Ohne den Prozess der Retention würden wir keine Melodie, sondern immer nur einen einzelnen Ton hören. Husserl hat die Retention als primäre Erinnerung bezeichnet und dabei den Kometenschweif als Metapher verwendet, der sich an den Kern, die Ur-Impression, anschließt. Während Erinnerungen an schon länger Vergangenes auf Gedächtnisprozessen beruhen, ist die Retention ein sensorischer Vorgang. Das dritte Element in der dreiteiligen Struktur ist die Protention, ein Antizipieren von dem, was in der allernächsten Zeit geschehen wird. Wenn nach mehrmaligem Hören eine Komposition anders wahrgenommen wird, liegt das daran, dass sie vertraut ist, d. h. vorweggenommen werden kann. Außer der Protention trägt auch das Gedächtnis dazu bei. Ohne Retention und Protention ist auch eine sprachliche Kommunikation nicht möglich.

Die zeitliche Wahrnehmungsschwelle wird experimentell bestimmt, indem man zwei Reize wie etwa unterschiedlich hohe Töne kurz hintereinander präsentiert. Ist der zeitliche Abstand ausreichend groß, hört man, ob der hohe oder niedrigere Ton zuerst erklungen ist. Um die Schwelle für die zeitliche Auflösungsfähigkeit zu ermitteln, wird der Abstand immer mehr verringert, bis sich die Aufeinanderfolge nicht mehr zutreffend bestimmen lässt. Die Schwelle hängt auch vom Lebensalter ab. Bei jungen Menschen liegt sie zwischen 20 und 60 Millisekunden. „Alles, was innerhalb einer solchen Periode eines Gehirnzustands mit der Dauer von ungefähr 30 Millisekunden verarbeitet wird, gilt als gleichzeitig auftretend" (Wittmann, 2012, S. 38).

Eine Bestätigung haben die Experimente geliefert, die sich mit der Wahrnehmung von Gleich- und Ungleichzeitigkeit befasst haben. Darin wurden in variierenden Abständen akustische Reize (Klicks) von jeweils einer Millisekunde Dauer einmal links und einmal rechts präsentiert. Wurden die Klicks gleichzeitig dargeboten, hörten die Versuchspersonen sie als einen einzigen Klick in der Mitte des Kopfes. Bei einem Abstand von zwei bis drei Millisekunden nahmen sie den Klick im rechten bzw. linken Ohr wahr, ohne jedoch die Reihenfolge ausmachen zu können. Wahrgenommen wird hier nur die Ungleichzeitigkeit. Erst bei einem Zeitintervall von etwa 30 Millisekunden konnten die Versuchspersonen auch die Reihenfolge erkennen (Kasten, 2001).

Eine Frage, die an dieser Stelle auftaucht, ist, inwieweit auch subliminale Veränderungen einen Einfluss auf die Zeitwahrnehmung haben können. Zieht man die Ergebnisse der Untersuchungen über mögliche Effekte unterschwelliger Werbung heran, kann man die Frage verneinen. Lediglich in kontrollierten Laborexperimenten, in denen alle möglichen „Störeffekte" ferngehalten werden, deutet sich ein Effekt an. So zeigte sich in einem Experiment, dass vier Millisekunden lang gezeigte Bilder die Rezeption und Bewertung von zwei Sekunden lang gezeigten neutralen Zeichen beeinflussen können. Im Alltagsleben ist dagegen mit solchen Effekten nicht oder kaum zu rechnen. Hier fehlen die empirischen Belege dafür, dass subliminale Botschaften das Verhalten in alltäglichen Umwelten zu beeinflussen vermögen (Aronson et al., 2008). Nicht bewusst werdende Veränderungen erzeugen keine Zeit, weil es weder eine Sukzession noch eine Dauer gibt.

Dauer, Zeitdruck und das Verstreichen der Zeit

Aktivitäten und Ereignisse benötigen Zeit. Sie haben eine bestimmte Dauer. „Wie lange dauert das?", ist eine oft gestellte Frage. Dieses „das" kann alles Mögliche sein, z. B. der Weg ins Büro, eine Theateraufführung, eine Bahnfahrt, ein Schachspiel. Eine nächste Frage ist, inwieweit wahrgenommene und objektive Dauer übereinstimmen. Die Antwort lautet: Es hängt von der Länge der Intervalle, von der Informationsmenge und vom Zeitpunkt ab (Kasten, 2001). So hat man festgestellt:

• Die Dauer relativ kurzer Intervalle wird eher überschätzt, die Dauer längerer Intervalle eher unterschätzt.
• Die Dauer längerer Intervalle wird genauer geschätzt, wenn man in den darin enthaltenen Informationen einen Sinn erkennt.

Bei sinnlosen Silben, wie sie in vielen Experimenten zur Untersuchung von Gedächtnisleistungen verwendet wurden, sind die Schätzungen ungenauer. Sie lassen sich mit keinerlei Erfahrungen verknüpfen, die Anhaltspunkte zur Dauer liefern würden.

Kasten (2001) hat die Ur-Impression Husserls als Drei-Sekunden-Zeitfenster beschrieben. Durch Verknüpfung von Drei-Sekunden-Abschnitten wird der Eindruck einer kontinuierlich verstreichenden Zeit erzeugt. Wenn wir uns langweilen, liegt das daran, dass zu wenig Information in das Drei-Sekunden-Zeitfenster gelangt ist. Umgekehrt verhält es sich, wenn sehr viele Informationen darin enthalten sind, dann vergeht die Zeit wie im Fluge.

Wie der Mensch die Dauer eines Ereignisses einschätzt, hängt auch davon ab, ob diese rückblickend, bezogen auf ein bereits geschehenes Ereignis, oder gegenwärtig, bezogen auf etwas, was gerade geschieht, beurteilt werden soll. Bei retrospektiven Beurteilungen handelt es sich um eine erinnerte Dauer. Erinnerungen beruhen auf den im Langzeitgedächtnis gespeicherten Informationen. Hier sind es Gedächtnisinhalte und keine aktuellen Geschehnisse, die das Zeiterleben bestimmen. Ornstein (1997) hat angenommen, dass die erinnerte Dauer ein

Abbild des Speicherumfangs im Langzeitgedächtnis ist, was er als „Storage Size -Metapher" bezeichnet hat. „As storage size increases the experience of duration lengthens" (S. 41). Entscheidend ist aber auch die Form, in der Informationen gespeichert sind, denn durch Bildung größerer Einheiten verringert sich der erforderliche Speicherplatz. Das „Chunking" ist deshalb sehr vorteilhaft. Das zeigt sich z. B., wenn eine Zahlenreihe wie die folgende behalten und wieder gegeben werden soll:

142117762023

Ohne Bildung von Chunks fällt es schwer, die 12 Zahlen zu behalten und zu reproduzieren. Sobald man sie zu größeren Einheiten zusammenfasst, ist es leichter. Die Gedächtnisspanne umfasst zwischen fünf und neun Chunks.

Unterteilt man die Zahlenreihe in drei Gruppen:

1421 1776 2023,

dann sind es statt der 12 nur noch drei Einheiten. Das Behalten und Reproduzieren fällt noch leichter, wenn man die Chunks mit Sinn erfüllt. In dem obigen Beispiel geschieht das durch den Hinweis, dass Columbus 1421 Amerika entdeckt hat, und 1776 das Jahr der Unabhängigkeitserklärung gewesen ist und dass wir uns derzeit im Jahr 2023 befinden. Wie nicht anders zu erwarten, wird die erinnerte Dauer einer Folge von drei Einheiten als kürzer empfunden als die Dauer einer Folge von zwölf Einheiten. Auch die Genauigkeit der Wiedergabe durch Chunking erhöht sich; so werden bei der Angabe von Kontonummern weniger Fehler gemacht, wenn jeweils vier Ziffern zu einer Einheit zusammengefasst werden.

Ein mit Verhaltensroutinen gefülltes Zeitintervall erscheint im Rückblick als kürzer als ein objektiv gleich langes Zeitintervall ohne solche automatisierten Verhaltensmuster (Avni-Babad & Ritov, 2003). Das Zeitintervall, in dem man Tätigkeiten verrichtet hat, die keine oder nur wenig Aufmerksamkeit erfordert hatten, schrumpft in der Erinnerung zusammen. Verhaltensroutinen benötigen keine Aufmerksamkeit. Hat man z. B. viele Stunden am Fließband gestanden, werden diese Stunden als weniger lange erinnert als sie es tatsächlich gewesen sind. Das Gegenteil ist der Fall, wenn für die ausgeübten Tätigkeiten die volle Aufmerksamkeit erforderlich gewesen war. Die erinnerte Dauer ist dann vergleichsweise lang. Dieses Ergebnis bestätigt die Ornstein'sche „Storage Size" Metapher: Verhaltensroutinen nehmen im Gedächtnis weniger Platz weg als kognitiv anspruchsvollere Tätigkeiten.

Die Aufmerksamkeit, die man auf die Zeit richtet oder gerichtet hat, ist somit ein entscheidender Faktor der Zeitwahrnehmung. Das zeigt sich auch daran, dass Intervalle als länger dauernd empfunden werden, wenn man seine Aufmerksamkeit darauf richtet. Hier gilt: „Prospective estimation involves attention to time" (Avni-Babad & Ritov, 2003, S. 546). Um voraussagen zu können, wie lange etwas in der Zukunft Liegendes ungefähr dauern wird, greift man auf Erfahrungen zurück. Darüber hinaus hängt die Genauigkeit, mit der Zeitdauern geschätzt werden, vom Wachheitsgrad bzw. dem Aktivationsniveau ab. Es gelingt besser, wenn man fit und aufnahmefähig statt müde und abgespannt ist.

Entscheidend für die Wahrnehmung von Dauer ist die Menge an Ereignissen. Eine ereignisreiche Zeit mit vielerlei Anregungen vergeht wie im Fluge. Wenn sich nichts ereignet, schleicht die Zeit dahin. Ein Ereignis kann dabei auch ein Gefühlszustand sein. So heißt es in einer Erzählung von Josef Roth: „Der Tag ist lang, denn es gibt keine Wehmut, ihn auszufüllen" (Roth, 1972, S. 17). Das unpersönliche Hotelzimmer, in dem der Protagonist den letzten Tag vor seiner Abreise verbringt, weckt keinerlei Gefühle in ihm, sodass nichts den leeren Tag füllt.

Es kann aber auch ein Zuviel sein. Zu viele Ereignisse in einem begrenzten Zeitraum können Stress hervorrufen, der umso mehr zu Buche schlägt, über je weniger Möglichkeiten man verfügt, sich gegen die Ereignisfülle und Informationsflut oder ein Übermaß an Anforderungen abzuschirmen, d. h. je weniger man das Geschehen kontrollieren kann, oder je größer der Ehrgeiz ist, sämtlichen Anforderungen gerecht zu werden und perfekt zu sein.

Die Neigung älterer Menschen, relativ oft in die Vergangenheit zu blicken, hat Kasten (2001) darauf zurückgeführt, dass sich in den früheren Lebensjahren vergleichsweise mehr ereignet hat als jetzt im Alter. Man schöpft aus der Vergangenheit. Das Viele, was man erlebt hat, verlängert die wahrgenommene Dauer. Sie wird indessen auch wieder verkürzt dadurch, dass vieles vergessen wird und Gedächtnisspuren verloren gehen. Die geschätzte Dauer beruht so auf der Menge an Erinnerungen, die noch abgerufen werden können.

Zeitknappheit, die durch ein Zuviel an Informationen, die zu verarbeiten sind, und vielerlei Anforderungen entsteht, weist direkt darauf hin, dass Zeit nur eine begrenzte Ressource ist, die man nicht „aufstocken" kann. Wie Safranski (2015) dazu bemerkt hat, kann die Zeit selbst nicht knapp werden, sie wird nur knapp im Verhältnis zur Menge der Vorhaben. Das Gefühl, enorm beschäftigt zu sein, zu hetzen und keine Zeit zu haben, führt zwangsläufig zu dem Eindruck, dass die Zeit schnell vergeht.

Länger dauernder Zeitdruck, der sich zu Zeitstress steigert, kann zu psychosomatischen Beschwerden und zu Verspannungen führen, die man durch Entspannungstechniken zu therapieren versucht. Inwieweit diese Techniken erfolgreich sind, lässt sich daran ablesen, dass der Zeitdruck nachlässt und dass man weniger Versagensängste und nicht mehr das Gefühl hat, den Anforderungen nicht gewachsen zu sein (Kasten 2001).

Zeitdruck wirkt sich nicht nur auf das persönliche Befinden, sondern auch auf das Sozialverhalten aus. Hier sei nochmals auf das Ergebnis von Darley und Batson (1973) hingewiesen: Zeitdruck und Hilfsbereitschaft korrelieren negativ. Dieses Ergebnis gibt zu denken: Inwieweit schwindet die Bereitschaft, andern zu helfen, dahin, wenn die Menschen es immer eiliger haben, weil sie vieles machen und erledigen müssen oder weil sie glauben, dass es nicht anders geht? Der Weg in die unsoziale Gesellschaft wäre damit vorgezeichnet. Im Zuge der Digitalisierung könnte der Zeitdruck noch zunehmen, denn die Fülle an Informationen aus dem weltweiten Internet ist immens und die Anforderungen, damit fertig zu werden, sind hoch. Auch wenn der Mensch die Informationsaufnahme radikal einschränkt, bleibt noch vieles, was ihn unter Zeitdruck setzt und sein Verhalten negativ beeinflusst.

Etliche Experimente wurden zu der Frage durchgeführt, wie die Geschwindigkeit der vergehenden Zeit erlebt wird (Boltz, 1995, Grondin, 2010, 2020). Die Zeit kann als bleiern und quälend langsam, aber auch als davonrasend erlebt werden. Langeweile ist der Zustand, in dem die Zeit auf der Stelle zu treten scheint, weil so gut wie nichts geschieht, Zeitdruck ist das Gegenteil. Negative Gestimmtheit, Niedergeschlagenheit, Traurigkeit und Depressionen dehnen die Zeit. „Umgekehrt verkürzen positive Stimmung, Freude, Begeisterung, Euphorie (bis hin zu den manischen klinischen Zuständen) das Zeiterleben und führen so zu Unterschätzungen der Dauer von Ereignissen" (Kasten, 2001, S. 40).

Die Geschwindigkeit lässt sich experimentell variieren, indem man einen Film sehr schnell im „Zeitraffer" oder verlangsamt im Zeitlupentempo ablaufen lässt. „Die Zeit wird gerafft" meint, dass man die Ereignisse unnatürlich schnell aufeinander folgen lässt. Nimmt man sie unter die Lupe, ist die Sukzession verlangsamt, was ebenfalls nicht mit dem erwarteten Tempo übereinstimmt. Beides weicht von der Erwartung ab, was als komisch erlebt wird (Bachmaier, 2005). Man lacht über Szenen und Situationen, die man aus dem Alltag kennt, die sich durch ein ungewohntes Tempo der Aufeinanderfolge unterscheiden. Starres, wie ein unbeweglicher Gesichtsausdruck im Zeitlupentempo, ebenso eckige Bewegungsmuster, die sich beim Raffen der Zeit ergeben, finde man komisch. Automatismus, Wiederholung und Erstarrung sowie auch übertriebene Gestik wie in den Filmen von Jacques Tati oder in den Charlie Chaplin Filmen sind unerwartet. Mit dem Faktor Zeit: einer schnelleren oder langsameren Abfolge von Ereignissen als üblich, lassen sich Affekte erzeugen, sie reizen zum Lachen.

Dass Wahrnehmen kein bloßes Abbilden der Wirklichkeit und der objektiven Bedingungen und Gegebenheiten ist, sondern dass sich je nach Blickwinkel, Erfahrungen und Erwartungen unterschiedliche Weltbilder ergeben, ist lange bekannt, weniger jedoch, dass das auch für die Zeitwahrnehmung zutrifft. Es gibt nicht nur optische Täuschungen, sondern auch „temporal illusions" (Block et al., 2018). Wenn die wahrgenommene Dauer eines Zeitintervalls von der mit der Uhr gemessenen Dauer abweicht, handelt es sich um eine zeitliche Täuschung. Intervalle, in denen man nur auf etwas wartet, was dann irgendwann eintritt, werden als länger wahrgenommen als gleiche Zeitintervalle ohne Warten. Weiter heißt es bei Block et al. (2018): „It is often said that time flies when a person is having fun. The reason is that while having fun, attention is focused on the "fun" aspects … and not on time. Thus, the same clock-time interval will be perceived as longer when a person suffers instead of having fun. This is, of course, another illusion" (S. 43). Ein großer Teil der zeitlichen Erfahrungen dürften „temporal illusions" sein, denn die wahrgenommene und die objektive Dauer stimmen selten überein.

Experimente im von Störeinflüssen gereinigten Forschungslabor führen zu Ergebnissen, die in der alltäglichen Umwelt, in der etliche „Störeinflüsse" am Werk sind, ganz anders ausfallen können. Es ist die Frage der ökologischen Validität, die sich hier stellt, d. h. wie gültig die Ergebnisse von Experimenten im alltäglichen Leben sind. Dass die Einschätzung der Dauer im Alltagsleben sehr wichtig sein kann, zeigen die folgenden Beispiele:

- Der Autofahrer wird je nach der Geschwindigkeit, mit der er unterwegs ist, einen bestimmten Abstand zu den Autofahrern vor ihm einhalten. Ihm ist bewusst, dass es bei einer höheren Geschwindigkeit länger dauern würde, zum Halten zu kommen.
- Eine Fußgängerin möchte es vermeiden, im Dunkeln unterwegs zu sein. „Wenn ich mich jetzt spute, bin ich zuhause, bevor es dunkel wird".
- Kleine Kinder können die Zeitdauer noch nicht einschätzen, die ein mit einer bestimmten Geschwindigkeit herannahendes Auto braucht, um zu bremsen. Sie laufen ohne Bedenken über die Straße.

Die geschätzte Zeitdauer beeinflusst das Verhalten. Man hält einen bestimmten Abstand ein und man geht schneller. Ein Verkehrsunfall kann die Folge sein, wenn man die Dauer nicht einzuschätzen vermag.

Wittmann und Lehnhoff (2005) haben die Annahme überprüft, dass ältere Menschen öfter als jüngere den Eindruck haben, dass ihnen die Zeit davonrast. Sie haben dazu knapp 500 Personen aus Deutschland und Österreich im Alter zwischen 14 und 94 Jahren befragt. Ihre „speed-of-time"- Skala enthält eine Reihe von Fragen, darunter die folgenden:

Wie schnell vergeht für Sie normalerweise die Zeit?

Was glauben Sie, wie schnell die nächste Stunde vergehen wird?

Wie schnell ist die letzte Woche für Sie vergangen?

Wie schnell verging für Sie der letzte Monat?

Wie schnell ist für Sie das vergangene Jahr vergangen?

Wie schnell sind für Sie die letzten zehn Jahre vergangen?

Die Zeitintervalle werden mit jeder Frage länger, sie reichen von einer Stunde bis zu zehn Jahren. In allen Altersgruppen war der Eindruck, dass die Zeit schnell vergeht. Lediglich bei der Frage: „Wie schnell sind die letzten zehn Jahre vergangen?" deutete sich eine „temporal acceleration" an, erkennbar an der signifikanten Korrelation von $r = 0.30$ zwischen dem Alter und dem Eindruck, dass die Zeit in den letzten zehn Jahren schnell vergangen ist. Diesen Eindruck haben indessen nicht erst die deutlich Älteren, sondern bereits die ab 50-Jährigen. Das Lebensalter scheint hier eine weitaus geringere Rolle zu spielen, als man erwartet hatte. Friedman und Janssen (2010) haben eine ähnliche Untersuchung in Neuseeland und den Niederlanden durchgeführt. In der sie ebenfalls die „speed-of-time"- Skala verwendet haben. Sie sind zu sehr ähnlichen Ergebnissen gelangt. Der weit überwiegende Teil der Befragten in allen Altersgruppen fand, dass die Zeit schnell vergeht. Wie aus Abb. 2.2 zu entnehmen ist, lagen sämtliche Mittelwerte deutlich über dem Mittelwert der Skala. Lediglich 3 % der Befragten hatten gemeint, dass die Zeit langsam vergeht. Allein bei der Frage, wie schnell die letzten zehn Jahre vergangen sind, zeichnete sich wie bereits zuvor in der Untersuchung von Wittmann und Lehnhoff ein Unterschied zwischen den Altersgruppen ab. Die erwartete „temporal acceleration" tritt demnach erst zutage, wenn man sich auf einen längeren Lebensabschnitt bzw. eine andere Zeiteinheit bezieht.

Die „temporal acceleration" im Alter hat Grondin (2020) definiert als „the impression that time seems to pass more rapidly as we get older" (S. 167).

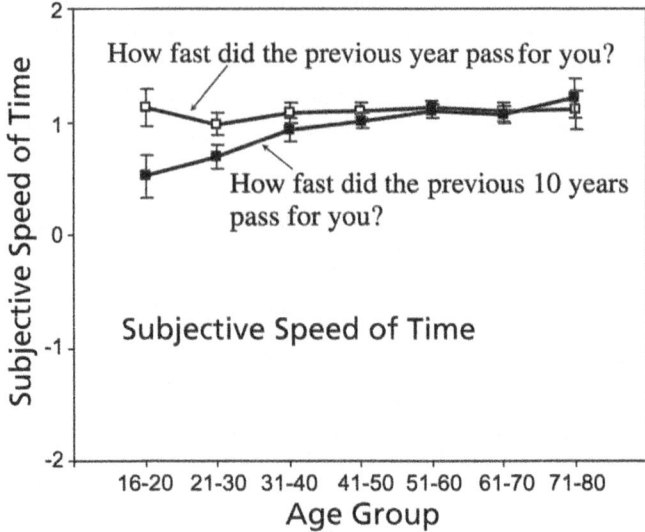

Abb. 2.2 Wahrgenommene Geschwindigkeit der Zeit nach Altersgruppen (Friedman & Janssen, 2010, S. 137)

Er präsentiert etliche Erklärungen. Als „klassische Hypothese" hat Grondin die Verhältnis-Theorie (ratio theory) angeführt: Jeder Zeitabschnitt stellt, je älter der Mensch ist, einen immer kleiner werdenden Teil seines bisherigen Lebens dar. Zum Beispiel macht ein Jahr im Alter von zehn Jahren 10 % des Lebens aus, ein Jahr im Alter von 50 Jahren nur noch 2 %. Es wäre somit die Veränderung dieses Verhältnisses für den Eindruck maßgeblich, wie schnell die Zeit vergeht. Es gibt noch weitere Hypothesen, die Grondin ziemlich ausführlich schildert. Man kann daraus schließen, dass hier viele Einflussfaktoren am Werk sind. Eine deutlich erkennbare „temporal acceleration", die sich nicht nur bei einem längeren Lebensabschnitt findet, kann sich nur abzeichnen, wenn die vielen möglichen Einflussfaktoren in eine Richtung wirken und sich deren Effekte nicht gegenseitig aufheben. So gibt es auch eine Begründung für das Gegenteil, dass die Zeit langsamer zu vergehen scheint, je älter man ist, weil sich nämlich weniger ereignet. Dann würde die Zeit eher im Schneckentempo davonschleichen als „wie im Fluge" davonrasen. Das ist jedoch nicht der Fall.

Zeitkognition statt Zeitwahrnehmung

Wahrnehmen beginnt mit der Reizung der Sinnesorgane. Wir sehen, hören, riechen, schmecken und fühlen, wenn die Sinneszellen des Auges, des Ohrs, der Nase, der Zunge und der Haut gereizt werden (Schönhammer, 2009). Die Außenwelt erschließt sich dem Menschen über seine Sinnesorgane. „Environmental perception is the initial gathering of information. ... environmental perception includes the ways and means by which we collect information through all our senses" (Gifford, 2007, S. 23). Die kognitive Phase setzt ein, wenn die aufgenommenen Informationen verarbeitet und gedeutet werden. Die Zeit wird anders erfahren als die mit sensorischen Prozessen beginnenden Sinneswahrnehmungen. Davon ausgehend kann von einer *Zeitwahrnehmung* eher nicht die Rede sein, denn es gibt kein Sinnesorgan, mit dem die Zeit wahrgenommen wird. Damit stellt sich die Frage, ob Zeit*wahrnehmung* überhaupt der passende Begriff für das Zeiterleben ist. Er passt zumindest partiell. Das Zeiterleben ist keine reine Kognition, denn es ist körpergebunden („embodied"), was zu spüren ist, wenn wir die Aufmerksamkeit auf uns selbst richten, auf unseren Körper und unsere Emotionen (Kübel & Wittmann, 2020). Vor allem in Situationen, in denen es nichts anderes gibt, was die Aufmerksamkeit auf sich ziehen und von uns selbst ablenken würde, ist man auf den eigenen Körper und das Erleben von Zeit fokussiert.

Der Zeitsinn, wie ihn William James (1890) beschrieben hat, ist vor allem Zeit*kognition*. Eines der Merkmale des Zeitsinns ist nach James die vergleichsweise kurze Reichweite:

„Das Auge sieht mit einem einzigen Blick mehrere Meter, Hektare, sogar Meilen, und diese Ganzheiten kann es im Nachhinein unterteilen in eine beinahe unendliche Anzahl von eindeutig identifizierbaren Teilen. Auf der anderen Seite sind die Einheiten der Dauer, die der Zeitsinn mit einem Mal zu erfassen in der Lage ist, Gruppen von einigen Sekunden... Die Zeiträume, mit denen wir in der Praxis am häufigsten umgehen müssen – Minuten, Stunden und Tage –, müssen symbolisch gedacht und durch Addition im Geist konstruiert werden..." (S. 36 f.).

Wahrnehmen ist stets mit kognitiven Prozessen, dem „how we acquire, store, organize, and recall information" (Gifford, 2007, S. 34) verbunden, sodass es wenig Sinn macht, zwischen Wahrnehmungs- und kognitiven Prozessen zu trennen. Wahrnehmen umfasst sensorische *und* kognitive Prozesse, denn andernfalls würde man keine Dinge, Personen, Melodien, Orte und Umgebungen erkennen können. Kognitive Prozesse wie Lernen, Denken, Problemlösen, Erinnern, Vorstellen, Planen, Abwägen und Entscheiden beruhen dagegen nicht auf einem unmittelbaren sensorischen Input.

Im Zusammenhang mit der Frage: Wahrnehmung oder Kognition?, sind die Experimente von Piaget (1955, 1972) zur Intelligenzentwicklung im Kindesalter aufschlussreich. Sie liefern den Nachweis, dass das Zeitverständnis auf kognitiven Prozessen beruht. Im Unterschied zu den sensorischen Fähigkeiten, über die bereits Kleinkinder verfügen, hinkt die kognitive Entwicklung hinterher (Lohaus und Vierhaus 2019). Sofern die Zeitwahrnehmung ein kognitiver Prozess ist, werden Kleinkinder noch kein Zeitbewusstsein haben. Wie Piaget feststellte, sind Kinder erst im Schulalter in der Lage, aus beobachteten Veränderungen auf Zeit zu schließen. Kinder im Vorschulalter können einen zurück gelegten Weg noch nicht ins Verhältnis zu der benötigten Zeit setzen, sie haben noch keine Vorstellung von Geschwindigkeit. Mit sieben Jahren ist die Vorstellungsfähigkeit schon relativ weit entwickelt, was Kinder in die Lage versetzt, sich Gegenstände vorzustellen, die nicht direkt sichtbar sind. Die Zusammenhänge zwischen Zeitdauer, Geschwindigkeit und Entfernung begreifen Kinder mit etwa acht Jahren. Dann ist ihnen z. B. klar, dass ein Autofahrer, der kürzere Zeit unterwegs war, um eine bestimmte Strecke zurück zu legen, schneller gefahren sein muss als ein Autofahrer, der für die gleiche Strecke länger gebraucht hat. Erst ab etwa zehn Jahren sind Kinder imstande, die Zeitdauer für eine dichtere Handlungsabfolge wie dem schnellen Zeichnen von Strichen mit der Zeitdauer für eine geringere Zahl langsamer aufeinanderfolgender Handlungen wie dem bedächtigen Zeichnen von Strichen als gleich lang zu erkennen. Das Vorhandensein eines operativen Zeitbegriffs drückt sich darin aus, dass die Geschwindigkeit der Fortbewegung als Faktor bei der Beurteilung der Zeitdauer einbezogen wird. Schnelles Fortbewegen bedeutet von da an, ein rascheres Aufeinanderfolgen von Veränderungen.

Zeitkognition mag der passende Begriff sein, doch da das Wahrnehmen immer auch kognitive Prozesse einschließt, ist der Begriff „Zeitwahrnehmung" nicht verkehrt.

Ein weiterer Begriff ist „Zeitbewusstsein". Dazu heißt es bei Miller (1988): „In der Zeit leben heißt, eingebunden zu sein in eine Vielzahl von Veränderungen in der Umwelt und im Organismus selbst. Das Erleben dieser Veränderungen setzt ihre Wahrnehmung voraus und bedeutet demnach, dass diese Veränderungen bewusst werden" (S. 869). Kasten (2001) hat unter Zeitbewusstsein dreierlei subsumiert: die Zeitperspektive, das Zeitempfinden und den Umgang mit Zeit. Seiner Ansicht nach sind es die allgegenwärtigen Komponenten von Zeit.

Zeit einteilen

Das Zusammenfügen aufeinanderfolgender Reize oder Ereignisse zu einer umfassenderen Einheit ist fundamental für die Wahrnehmung. Aus einzelnen Elementen werden Figuren bzw. Gestalten gebildet. Es gibt „Gestaltgesetze", die nicht vorgeben, wie man etwas gestalten sollte, sie beschreiben vielmehr, dass sich beim Wahrnehmen Gestalten bzw. Figuren herausbilden (Schönhammer, 2009, Zimbardo & Ruch, 1975). Inwieweit sich Figuren abzeichnen, hängt ab von

- der Nähe. Elemente mit geringen Abständen zueinander werden eher als zusammengehörig wahrgenommen als solche, die weiter voneinander entfernt sind.
- der Ähnlichkeit: Einander ähnliche Elemente werden eher zu einer Figur zusammengefügt als einander unähnliche.
- der guten Gestalt: Einprägsame und einfache Strukturen werden eher als Einheiten wahrgenommen als inkohärente und überkomplexe Strukturen.
- der Geschlossenheit: Die Gestaltbildung wird gefördert durch Strukturen, die eher geschlossen als offen wirken.

Figuren sind nicht nur größere Einheiten als die einzelnen Elemente, aus denen sie sich zusammensetzen, sie sind auch einprägsamer. Auch bei der Zeit bleibt man nicht bei Sekunden und Minuten stehen, sondern bildet größere Einheiten wie Stunden und Tagesabschnitte wie morgens, mittags, abends und nachts.

Dank der Integrationsfähigkeit des Gehirns entsteht aus räumlichen, farblichen oder klanglichen Elementen ein sinnvolles Ganzes. So ist die Atmosphäre eines Raums ein ganzheitlicher Eindruck, der sich aus verschiedenen Elementen wie der Raumhöhe, der Belichtung und Ausdehnung ergibt. Oder aus Farbtupfern wird ein Bild. Anders als bei einem Bild, dessen Elemente auf einen Blick wahrgenommen werden, gibt es in der Sprache und der Musik eine Aufeinanderfolge bzw. Sequenzen. Einzelne Wörter, die Elemente, werden zu Sätzen zusammengefasst.

Weil aus Veränderungen auf Zeit geschlossen wird, kommt das Gehör dem Zeitsinn am nächsten. Wir neigen dazu, aufeinanderfolgende Geräusche zu rhythmisieren, d. h. Einheiten zu bilden. Die Rhythmik – man denke an die Herzschläge und die Atmung – ist fundamental, sie schafft einen ständigen verlässlichen Wechsel. „Bewusstsein von *Veränderung* ist mithin die Bedingung, von der unsere Wahrnehmung des Fließens der Zeit abhängt" (James, 1890, S. 45). Bei der Lokalisation einer Geräuschquelle hängt es davon ab, ob das Geräusch zuerst am linken oder am rechten Ohr eintrifft. Eine Millisekunde Unterschied reicht aus, um es lokalisieren zu können (Grondin, 2020). Die Reihenfolge ergibt sich aus der Zeitdifferenz, die eine Lokalisation der Geräuschquelle ermöglicht.

Wittmann (2012) hat die Bedeutung des „Drei- Sekunden-Takts" für die Bildung von Einheiten aus aufeinanderfolgenden Elementen hervorgehoben. Dass auch der Faktor der guten Gestalt bei der Verschmelzung einzelner Elemente zu einer mentalen Figur eine Rolle spielt, zeigt sich am Beispiel der Neuen Musik, die vergleichsweise arm ist an einprägsamen Strukturen. Auch bei der Sprache gilt, dass man das Gesagte erst dann versteht, wenn die einzelnen Laute und Silben zu Worten und Sätzen werden. Ohne die kognitive Fähigkeit des Gehirns, Einheiten aus aufeinanderfolgenden Elementen zu bilden, gäbe es keine Musik und keine Sprache. Der Drei-Sekunden-Takt ist dabei die kleinste Einheit, die in größerer Zahl zu größeren „Paketen" verschmolzen werden. Gelingt es nicht, die Drei-Sekunden Segmente inhaltlich zu verklammern, funktioniert die semantische Verknüpfung nicht, Informationen werden nicht verstanden, ihr Sinn erschließt sich nicht (Kasten, 2001). Die Schätzung der Dauer wird ungenauer, wenn drei Sekunden überschritten werden, „weil dann das Intervall nicht mehr zeitlich als Ganzes präsent ist und die Dauer über die Leistung des Kurzzeitgedächtnisses konstruiert werden muss" (Wittmann, 2012, S. 86).

Bei der Bildung von Einheiten spielen Zwischenräume eine große Rolle. Lücken sind wichtig, um Einheiten voneinander abzugrenzen (Fraisse, 1985). Das Tick-Tack- Geräusch einer Standuhr ist eine Einheit, deren beide Teile, das Tick und das Tack, durch eine kurze Pause getrennt sind. Sie werden samt Lücke zu einer Einheit verschmolzen. Genau dies geschieht durch die Rhythmik in der Musik, in der der Takt zur Einheit wird. Hierzu passt auch als Metapher der Lattenzaun, der Christian Morgenstern zu einem Gedicht inspiriert hat:

Es war einmal ein Lattenzaun, mit Zwischenraum, hindurch zu schau'n.

Ein Architekt, der dieses sah, stand eines Abends plötzlich da –

und nahm den Zwischenraum heraus und baute draus ein großes Haus...

Der Zaun indessen stand ganz dumm

mit Latten ohne was herum,

ein Anblick gräßlich und gemein.

Drum zog ihn der Senat auch ein.

Der Architekt jedoch entfloh

nach Afri – od – Ameriko.

Quelle: Christian Morgenstern (1913). Galgenlieder nebst dem ‚Gingganz‘, 11. Auflage, Berlin: Bruno Cassirer, S. 33.

Die einzelnen Elemente sind die Latten. Zusammen mit den Lücken dazwischen werden sie zu einer Figur: dem Zaun. Hier gibt es viele Beispiele, eines davon zeigt Abb. 2.3. Würde man, wie es der Architekt im Gedicht von Morgenstern gemacht hat, die Zwischenräume herausnehmen, würde aus dem Zaun ein unstrukturiertes langes Brett: ein Anblick grässlich und gemein.

Der Zaun wird zu einer Metapher der Zeit, wenn man die Latten als Ereignisse versteht, die aufeinanderfolgen, wenn man daran vorbei geht oder fährt. Ihre Breite verkörpert die Dauer, indem sie schmaler oder breiter sind. Blickt man den Lattenzaun nicht wie ein Bild an, sondern geht oder fährt an ihm entlang, tritt die Aufeinanderfolge der Latten (Ereignisse) deutlich hervor. Der Betrachter sieht nicht die einzelnen Latten, sondern den ganzen Zaun. Die einzelnen Elemente werden zu einer größeren Einheit zusammengefasst.

Auch der Aufgang und der Untergang der Sonne lassen sich als Elemente verstehen, die samt der Lücke dazwischen zur Einheit „Tag" verschmolzen werden. Es sind sichtbare Einschnitte und damit geeignete Zeitgeber. Der Lauf der Sonne hat neben dieser instrumentellen auch noch eine spirituelle Funktion (Stokols, 1990). Sonnenuntergang und Sonnenaufgang sind Symbole für das Eintauchen in eine dunkle geheimnisvolle Welt und eine Wiederkehr ans Licht. Der Sonnenaufgang symbolisiert einen Neubeginn, der Sonnenuntergang einen Abschied.

Abb. 2.3 Der Lattenzaun als Metapher (eigenes Foto)

Die Menschen beobachten, wie die Sonne auf- und unter geht, sie sehen Licht und Schatten, doch sie nehmen nicht wahr, dass sich die Erde dreht. Sie sehen, wie der Wasserspiegel steigt und sinkt, aber nicht, dass die Ge*zeiten* durch die Gravitation des Mondes erzeugte Wasserbewegungen der Ozeane sind. Diese natürlichen Erscheinungen unterteilen die Zeit, die sich aus der Aufeinanderfolge von Ereignissen ergibt.

Markante Ereignisse sind die Jahreszeiten mit ihrer unterschiedlichen Wärme, Helligkeit und Farbigkeit. Der Jahresrhythmus, der durch Veränderung der Lichtmenge und Temperatur über das Jahr hinweg bestimmt wird, beeinflusst nicht nur die Menschen, deren Emotionen und Stimmungen, sondern auch Pflanzen und Tiere. Die „Herbstzeitlose" blüht erst im Herbst, der Igel hält wie manche anderen Tiere einen Winterschlaf.

Zeitmarken wie Tag und Nacht sowie Sommer und Winter sind analog den natürlichen Landmarken (landmarks) wie Flüssen und Bergen Mittel, um den Lebensalltag räumlich und zeitlich zu strukturieren. Es bilden sich zeitliche Strukturen heraus, die ähnlich wie automatisch ablaufende Verhaltensroutinen keine Aufmerksamkeit mehr erfordern. Man macht Tag für Tag etwas zu einer bestimmten Zeit. Wie wirkungsvoll und mental entlastend Verhaltensroutinen sind, tritt zutage, wenn man sich in einer nicht alltäglichen Situation, in der sie nicht gelten, befindet. In diesem Sinne ist auch das Home Office in Corona-Zeiten eine ungewohnte Situation gewesen. Die gewohnte feste zeitliche Struktur ging verloren. Es fällt plötzlich schwer, die Wochentage Sonntag und Montag zu unterscheiden, sie verschwimmen zu einem „Blursday" (Wortmann, 2022).

Die Einteilung des Jahres in Jahreszeiten oder Monate ist nicht lediglich ein formales Strukturieren mit annähernd gleichen Einheiten wie bei einem Metermaß; die Einheiten unterscheiden sich auch inhaltlich. Der Januar wird in den Klavierstücken von Tschaikowsky assoziiert mit „Am Kamin", der Juli mit „Lied des Schnitters". Die Zeitskala wird so mit typischen Bildern und Motiven angereichert. So ist das bekannte, dem Herbst gewidmete Gedicht von Rainer Maria Rilke eine poetische Schilderung, die eine Herbst typische Gestimmtheit zum Ausdruck bringt:

Herr: es ist Zeit. Der Sommer war sehr groß.

Leg deinen Schatten auf die Sonnenuhren,

und auf den Fluren lass die Winde los.

Befiehl den letzten Früchten voll zu sein;

gib ihnen noch zwei südlichere Tage,

dränge sie zur Vollendung hin und jage

die letzte Süße in den schweren Wein.

Wer jetzt kein Haus hat, baut sich keines mehr.

Wer jetzt allein ist, wird es lange bleiben,

wird wachen, lesen, lange Briefe schreiben

und wird in den Alleen hin und her

unruhig wandern, wenn die Blätter treiben.

Quelle: https://de.wikisource.org/wiki/Herbsttag.

„Wenn die Blätter treiben" verweist auf Laubbäume als Sinnbilder für ein Erblühen und Vergehen, d. h. von Zeit. Sie ergrünen im Frühling, im Herbst fallen die nicht mehr grünen Blätter ab, im Winter stehen sie ohne Blätter da.

Der Kalender, wie er heute gebräuchlich ist, hat eine lange Geschichte, er wurde mehrfach reformiert und verbessert. Seine weit in die Vergangenheit zurück reichende Geschichte lässt sich an den Bezeichnungen der Monate ablesen. Der Monat Juli erinnert an Julius Cäsar, der sich um eine Reform des damaligen römischen Kalenders bemüht hatte und sich dabei von einem ägyptischen Gelehrten hatte beraten lassen, der Monat August verdankt seinen Namen dem römischen Kaiser Augustus, der Monat Januar dem römischen Gott des Anfangs und des Endes, nämlich Janus, der auf das alte Jahr zurück und auf das neue Jahr vorausblickt (Elias, 2004). Alle Jahre wieder erscheinen frühzeitig Kalender für das kommende Jahr in unterschiedlichsten Formaten zu unterschiedlichen Themen (Abb. 2.4). Kalender erleichtern das Planen und das zeitliche Strukturieren und sie entlasten das Gedächtnis, denn die Termine sind notiert, man muss sie nicht im Kopf haben.

Wie unerträglich eine endlose Zeit ohne Einschnitte bzw. Veränderungen sein würde, wird in dem Theaterstück „Geschlossene Gesellschaft" von Jean Paul Sartre anschaulich vorgeführt. Die darin auftretende „Gesellschaft" besteht aus drei Personen, die alle ein Verbrechen begangen haben. Sie werden von einem Diener in einen Raum gebracht, wobei ziemlich schnell klar wird, dass es die Hölle ist. Die Hölle ist ein endloses Fortleben ohne Zukunft. „Wir schlagen die Lider auf und nieder… ein Vorhang, der niedergeht und wieder hoch geht: der Einschnitt ist da. …. Ich werde nicht mehr schlafen. Wie werde ich mich ertragen?" fragt sich der Protagonist, der gerade den fensterlosen, vollkommen abgeschirmten Raum betreten hat. Vorgeführt wird eine zur Ewigkeit gedehnte strukturlose Gegenwart, in denen die Einschnitte nichts weiter sind als ein reflexartiger Lidschlag. Zu dem Zeitgefängnis kommt ein räumliches Gefangensein ohne Privatheit dazu. Die drei

Abb. 2.4 Kalender in vielfältigen Formen (eigenes Foto)

Menschen sind fortgesetzt zusammen, sie können nie allein und für sich sein. Es gibt nur sich endlos wiederholende Szenen. Isoliert von der Außenwelt gibt es keine Anregungen aus der Umwelt mehr.

Raum und Zeit

Wenige Jahre später, nachdem Einstein Raum und Zeit in eine feste Beziehung gebracht hat, hat Hermann Minkowski das Konzept der Raumzeit vorgestellt, dessen zentraler Gedanke war, dass Raum und Zeit nichts Getrenntes sind, sondern eine Einheit bilden (Hertog, 2023, S. 73). Nicht nur im Weltall, auch in der Lebenswelt des Menschen hängen Zeit und Raum eng zusammen. So sind es nicht nur Landmarken (*land*marks), die es dem Menschen erleichtern, sich räumlich zu orientieren und den richtigen Weg zu finden (Lynch, 1960) und eine kognitive Karte zu entwickeln (Kitchin, 1994), sondern immer auch Zeitmarken (*time* marks), die dem Menschen dazu verhelfen, sich zugleich zeitlich zu orientieren. Beides hängt untrennbar miteinander zusammen, denn zu einem Wo gehört immer auch ein Wann. Dieser enge Zusammenhang spiegelt sich in den Begriffen „Zeitraum" und „Raumzeit" direkt wider. Zwei Effekte, in denen die enge Wechselbeziehung von Raum und Zeit direkt zum Ausdruck kommt, sind (Grondin, 2010, 2020):

- der Tau-Effekt: Reize, die in ungleichen zeitlichen Abständen aufeinanderfolgen, werden räumlich als unterschiedlich entfernt wahrgenommen.

• der Kappa-Effekt: Reize, die räumlich ungleich verteilt sind, werden zeitlich als unterschiedlich entfernt wahrgenommen.

Lässt man in einem Experiment drei Lichtreize aufeinanderfolgen und dabei den dritten schneller auf den zweiten als den zweiten auf den ersten, so scheint der zweite Reiz räumlich dichter am dritten zu liegen. Umgekehrt gilt, dass ungleiche Zeitabstände ins Räumliche transformiert werden. Erklärt werden diese Effekte damit, dass die wahrnehmende Person annimmt, dass die Geschwindigkeit der Aufeinanderfolge konstant ist, sodass, was schneller aufeinanderfolgt, dichter beieinander liegen muss bzw. das, was weniger weit entfernt ist, in kürzerer Zeit überbrückt wird.

Es die Bewegung, über die der Zusammenhang zwischen Raum und Zeit hergestellt wird (Demandt, 2015). Fortbewegungen benötigen Raum und Zeit. Die Frage ist jetzt nicht mehr allein „wo" und „wann", sondern auch noch „wohin" und „wie lange".

Würde sich ein Mensch immer am gleichen Ort aufhalten und sich nicht fortbewegen, würden Orts- und Zeitangaben überflüssig sein, denn er wäre jederzeit immer nur dort. Auch die Frage nach dem „Wie lange" und „Wohin" entfiele. Doch der Mensch ist beweglich. Das eigenständige Fortbewegen beginnt mit dem Krabbeln zwischen dem fünften und elften Lebensmonat. Erstmals aus eigener Kraft werden Standorte gewechselt und Dinge, die bisher unerreichbar waren, werden jetzt greifbar. Bezogen auf das Zeitbewusstsein ist es ein entscheidender Schritt, denn jetzt können Veränderungen nicht nur von Objekten, die man dreht und wendet, sondern auch Veränderungen der wahrgenommenen Umwelt eigenständig herbeigeführt werden. Im Alter zwischen 9 und 17 Monaten können fast alle Kinder gehen (Rossmann, 2004). Der Drang, die noch unbekannte Umwelt zu erkunden, treibt sie an. Auch wenn ihr Bewegungsdrang gebremst wird (Abb. 2.5), dehnt sich ihr Aktionsradius mit zunehmendem Alter mehr und mehr aus (Flade, 2013). Es gibt immer mehr Orte im Lebensraum und immer mehr Zeit wird gebraucht, um sie zu erreichen. Mit der Erkundung des Raums wird die Zeit zu einem wichtigen Faktor. Mit den vielen Ereignissen in dem zunehmend ausgedehnteren Erfahrungs- und Handlungsraum entwickelt sich das Zeitbewusstsein.

Mit den Interdependenzen von Raum und Zeit befasst sich die Zeitgeographie, als deren Begründer Torsten Hägerstrand gilt. Sein Mitarbeiter Ellegård (2019) hat seine Ideen aufgegriffen und das Konzept weiterentwickelt. Grundfragen der Zeitgeographie sind, inwieweit die raumzeitlichen Strukturen im Alltagsleben der Menschen zu den an sie gestellten Anforderungen und zu ihren Bedürfnissen passen und welche Hindernisse sich dem in den Weg stellen. Es gibt

Abb. 2.5 Gebremster
Bewegungsdrang (eigenes
Foto)

verschiedenartige Hindernisse (constraints), die es den Menschen erschweren, ihre Bedürfnisse zu befriedigen, den Verpflichtungen und Anforderungen nachzukommen und ihre Handlungsabsichten zu verwirklichen. Hindernisse können Kapazitätsengpässe, Beschränkungen durch Regeln, Normen, Gesetze, Vereinbarungen und Vorschriften und „coupling constraints" sein, die schlichtweg besagen, dass man nicht gleichzeitig an verschiedenen Orten sein kann. Im Rahmen des Themas „Soziale Zeit" im dritten Kapitel wird auf die verschiedenen Arten von zeitbedingten Hindernissen noch ausführlicher eingegangen werden.

Die Geschwindigkeit bestimmt den Raumeindruck. Wenn Zeit als kostbare Ressource gilt, wird das „Schneckentempo" automatisch negativ konnotiert, denn es wird mit Zeitvergeudung assoziiert. Das Gegenteil verkörpert der Gepard, das schnellste Landtier auf der Erde, das viel schneller als der schnellste Mensch der Welt laufen kann. Der Weltrekord liegt derzeit bei 9,58 s für eine Strecke von 100 m. Der Gepard schafft 100 m in 5,95 s. Der Gepard ist effektiv im Beutefang und in der Flucht. Schnelligkeit ist von Vorteil. Und sie erschließt Räume.

Der Mensch kann seine Geschwindigkeit mithilfe natürlicher Kräfte steigern, indem er sich auf den Rücken eines Pferdes schwingt. In Mythen und Märchen gibt es noch ungewöhnlichere Reittiere, zum Beispiel reist Nils Holgersson mit den Wildgänsen auf dem Rücken des Gänserich Martin in den Norden Skandinaviens, was möglich ist, weil er sich in einen winzig kleinen Jungen hat verwandeln können. Das Pferd, ein gewöhnliches Reittier, hatte in der Frühzeit der Menschheit zugleich als Trag- und Zugtier gedient. Schon in der Steinzeit nutzten die Menschen die Eigenschaft des Rades, auf dem Untergrund zu rollen statt zu schleifen oder zu gleiten. So sind Fahrzeuge mit Rädern bereits seit Urzeiten ein wichtiges Transportmittel für Lasten gewesen. Werden noch Zugtiere vor das Gefährt gespannt, werden zwei Effekte gleichzeitig genutzt: die Eigenschaft des Rades und die natürliche Kraft von Tieren. So ausgestattet konnten Handelsbeziehungen angeknüpft und Nachrichten übermittelt werden. Im Vergleich zu heutigen Maßstäben war der Zeitaufwand gewaltig. Er wurde durch weitere Erschwernisse noch vermehrt. Jäckel (2012) hat das anschauliche geschildert:

„Während die reitenden Boten noch geografische Hindernisse, natürliche Einflüsse wie Sturm und Regen, Faktoren wie Müdigkeit von Ross und Reiter, beachten mussten …, wird heute jede Unterbrechung des kontinuierlichen Nachrichtenflusses als ein Defizit erlebt" (S. 128 f.).

Der vermeintliche Zeitgewinn durch den Zuwachs an Schnelligkeit ermöglicht mehr Aktivitäten und eine Erweiterung des Aktionsradius. Der Zeitgewinn wird auf diese Weise „aufgefressen". Die technologische Entwicklung hat den Menschen zu enormen Geschwindigkeiten verholfen, die das Raum-Zeit-Verhältnis verändert und es ermöglicht haben, noch mehr Zeit zu gewinnen, die dann umgehend investiert wird. Schnelligkeit, Zeitverdichtung und Effizienz wurden zu wichtigen gesellschaftlichen Leitvorstellungen (Dobler & Riedl, 2017). Die Eisenbahn stand am Anfang einer Entwicklung in Richtung eines „immer weiter, immer schneller". Dabei war nicht nur das schnelle Durchmessen des Raums faszinierend, sondern auch der rasche Wechsel der Eindrücke, was die Fahrt kurzweilig und attraktiv machte (Schivelbusch, 2015).

Indem sich der Mensch die Umwelt aneignet, verändert er sie oder sich selbst. Beides erzeugt Zeit, denn beides führt zu Veränderungen. Faktische Umweltaneignung hinterlässt sichtbare Spuren, kognitive Umweltaneignung verändert die Umweltwahrnehmung (Graumann, 1996). Zum Beispiel entsteht durch kognitives Aneignen, dem Erkunden der Umwelt, eine kognitive Karte, ein innerer Stadt- und Wegeplan, der es leicht macht, sich räumlich zu orientieren (Kitchin, 1994). Veränderungen ergeben sich nicht nur während der räumlichen Fortbewegung und durch die Umwelt verändernden Aktivitäten des Menschen, sondern auch durch Ereignisse wie Naturkatastrophen, die der Mensch nicht kontrollieren kann. „Environments change. A sudden disaster may destroy a city, farms will be made from wilderness… slower natural processes may transform an ancient landscape" (Lynch, 1972, S. 3).

Die Einheiten, um Raum und Zeit zu messen, sind bei konstanter Geschwindigkeit austauschbar. Mitunter ist es übersichtlicher oder ratsamer, Entfernungen in Stunden statt in Kilometern anzugeben, zumal Reisende eher wissen wollen, wie lange sie voraussichtlich unterwegs sein werden, als wie viele Kilometer sie zu überbrücken haben. Die Auskunft, dass der ICE von Frankfurt nach Hamburg drei Stunden und 38 min braucht, nützt dem Fahrgast mehr als die Angabe, dass er in dieser Zeit 491,33 km hinter sich bringt. Oder für die Strecke von Frankfurt nach Jakarta braucht man mit dem Flugzeug rund 15 h. Diese Information ist verständlicher als die Auskunft, dass die Entfernung 11.172 km beträgt. Vor alle bei langen Strecken bietet sich eine Angabe in Zeiteinheiten an. Auch die weit über das irdische Maß hinaus reichenden Entfernungen im Weltall werden in Zeiteinheiten gemessen. Das Lichtjahr, die höchste mögliche Geschwindigkeit im Universum, ist die Entfernung, die das Licht in einem Jahr zurücklegt. Für 299.792 km braucht das Licht nur eine Sekunde. Acht Minuten, die das Licht benötigt, um die Entfernung zwischen Sonne und Erde zu überbrücken, sind leichter vorstellbar als 149,6 Mio. Kilometer, dem mittleren Abstand zwischen Sonne und Erde. Voraussetzung für die Verwendung von Zeit- statt räumlicher Einheiten ist eine konstante Geschwindigkeit. Das Maß, das zweckmäßiger zu sein scheint, wird bevorzugt (Abb. 2.6).

Die Zielgruppe von Leopold Fröhlich's Universal- Reise-Taschenbuch, das Leopold Langner Mitte des 19. Jahrhunderts verfasst hat, sind Fußreisende, insbesondere Handwerker und technische Künstler. Die Entfernungen sind in Stunden angegeben, wobei vorausgesetzt wird, dass die Fußreisenden in einer Stunde fünf Kilometer zurücklegen. Das Maß ist eine Wegstunde. Dass Zeitangaben trotz der Unanschaulichkeit von Zeit im Unterschied zur Anschaulichkeit von Raum bevorzugt werden, liegt am verfügbaren Maßstab. Ein Tag ist begrenzt, der Raum,

Reiserouten in der Schweiz.

Die Entfernungen sind, mit alleiniger Ausnahme der Route von Chur nach Bellinzona, überall in Schweizerstunden angegeben, von denen 5 so viel als 3 deutsche Meilen sind.

Altorf, Hauptort des Cantons Uri, am Schächenbach, mit 2000 Einw. — Die Stelle, wo Tell seinem Sohn den Apfel vom Kopfe schoß, ist durch einen Thurm bezeichnet.

579. Von Altorf nach Bellinzona.

Bis	Stunden
Amsteg	2¼
Wasen (Straße n. Brienz, Berner Oberland)	2
Andermatt (v. hier Straße nach Chur und nach	
Bis	Stunden
Sitten, Brienz)	2½
Hospital	¾
Ueber den St. Gotthard n. Airola (Mineralien, Granaten)	3½
Faïdo	3¾
Giornico (zwei merkwürd. Kirchen)	2

Abb. 2.6 Zeit- anstelle von Kilometerangaben (Langner, 1854, S. 348 und Frontispiz)

der im Prinzip durchmessen werden kann, ist es nicht. Drei Wegstunden sind ein bestimmter Anteil des Zeitbudgets, während 15 km in Abhängigkeit von der Gesamtlänge einer Strecke viel oder wenig sein können.

Der Mensch ist ein lernendes Lebewesen, er speichert das Gelernte und zieht Schlüsse daraus. Er sieht seine Umwelt mit anderen Augen, wenn sie ihm zunehmend vertrauter und bekannter wird. Das Beispiel: der Erwerb einer kognitiven Karte, wurde bereits genannt. Wie sich die veränderte Raumwahrnehmung auf die Zeitwahrnehmung auswirkt, hat Crompton (2006) in einem Feldexperiment demonstriert. Er hat drei Gruppen von insgesamt 140 studentischen Versuchsteilnehmern: Erst-, Zweit- und Drittsemestern, die Länge bestimmter Strecken schätzen lassen, die den Studierenden je nach ihrer bisherigen Studiendauer am selben Ort unterschiedlich vertraut waren. Alle drei Gruppen überschätzten die Länge der Strecke. Bei den Erst-Semestern lag die mittlere Schätzung bezogen auf eine Meile bei 1,24, bei den Zweit-Semestern bei 1,33 und bei den Dritt-Semestern bei 1,45 Meilen. Die Interpretation von Crompton lautete: „ Journeys will seem to get longer over time if their perceived length is related to their complexity, and the more time we spend in a place, the more we notice about it. From this, it follows that the more often we take a journey, the longer it becomes" (S. 181). In einer vertrauten Umgebung kennt man „jeden Grashalm", man sieht viele Details, die einem beim ersten Blick nicht aufgefallen sind. Zeitpsychologisch formuliert heißt das, dass sich die Zahl der Ereignisse erhöht.

Raum- und Zeitwahrnehmung hängen in vielfältiger Art und Weise zusammen. Das trifft auch für die Orte zu, die ein Mensch am liebsten mag. Ob ein Ort ein „favourite place" ist, hängt auch von der Zeit ab. In einer online-Studie in Finnland, an der sich 234 erwachsene Personen beteiligten, haben Ratcliffe und Korpela (2018) deren bevorzugte Orte mitsamt den Zeiten ermittelt. In den Beschreibungen trat der enge Zusammenhang zwischen Raum und Zeit zutage. Positive Erinnerungen (positive memory) an frühere Momente können einen Ort zu einem Lieblingsort machen. Aussagen dazu waren zum Beispiel (S. 702 f.):

- „ I have actually a lot of pleasant memories about this place".
- „It is the tranquility, memories, and family, that makes the place special".

„Favourite times" können sich auf bestimmte Tageszeiten, Wochentage oder Jahreszeiten beziehen. Sie sind meistens mit bestimmten Orten und Szenen verknüpft wie z. B. der Nebel am Morgen über den Feldern und dem Fluss (S. 703):

- „The morning mist looks beautiful on the fields and the river, and you could easily hear the sounds of nature".

Auf der anderen Seite gibt es auch Orte, die man nicht mag und zu meiden trachtet. Auch hier gibt es einen Zeitbezug. Ein literarisches Beispiel einer „unfavourite time" ist im Roman „Mein Name sei Gantenbein" von Max Frisch zu finden: „Drei Uhr nachmittags ist eine fürchterliche Stunde, die Stunde ohne Gefälle, flach und aussichtslos..." (Frisch, 1987, S. 69). Es wird eine ereignislose Zeit geschildert, in der die Zeit, weil nichts geschieht, nicht vergehen will. Es fragt sich sogleich, an welchem Ort diese Stunde ohne Gefälle erlebt wird. Wie im Roman zu lesen ist, handelt es sich um einen Ort der Kindheit: Man hat krank im Bett gelegen. Man konnte nicht weg und sich Anregungen verschaffen, es war eine leere ereignislose Zeit.

2.2   Zeit verwenden

Die Zeit verstreicht nicht nur, indem sich in der Welt etwas ereignet. Sie wird auch aktiv genutzt. Die Allokation von Zeit zu bestimmten Tätigkeiten und Lebensbereichen hängt von den persönlichen Bedürfnissen und Motiven, den zu erfüllenden Pflichten und Anforderungen und auch von den bestehenden Handlungsmöglichkeiten ab. Zeitbudgetstudien liefern einen Überblick über die Zeitverwendung der Bevölkerung und bestimmter Bevölkerungsgruppen, ohne die bestehenden Bedingungen in Betracht zu ziehen. Wie viel Zeit für die Erwerbsarbeit aufzubringen ist und wie viel Zeit übrigbleibt, über die selbst bestimmt verfügt werden kann, ist eine über die Psychologie hinausgehende, bis in die Politik reichende Frage. Aus diesem Grund werden etwa alle zehn Jahre vom Statistischen Bundesamt Zeitbudgetstudien durchgeführt um zu ermitteln, wie die Bewohner in Deutschland ihre Zeit verwenden. Diese repräsentativen Erhebungen zeigen auf, wie private Haushalte in den unterschiedlichen Lebenslagen und Haushaltskonstellationen ihre Zeit nutzen. Die erste Zeitbudgeterhebung fand 1991/1992 statt (Statistisches Bundesamt, 2017).

Das Zeitbudget

Zeitbudgeterhebungen liefern einen Überblick über die Häufigkeit verschiedener Aktivitäten über die Bedeutung der verschiedenen Lebensbereiche, gemessen an der dafür aufgewendeten Zeit. Sie gehören zu den ältesten Methoden der Sozialwissenschaften (Jäckel, 2012), was auf ein seit langem bestehendes gesellschaftliches Interesse schließen lässt, über die Zeitverwendung der Bevölkerung eines Landes Bescheid zu wissen. Aus der Beschreibung des Aktivitäten

Spektrums und der dafür aufgewendeten Zeitanteile geht hervor, für welche Aktivitäten und Lebensbereiche besonders viel Zeit aufgewendet wird und wo möglicherweise Zeit eingespart werden könnte. Eine der Fragen ist z. B., wie zeitaufwendige Arbeitswege reduziert werden könnten. Es sind Fernpendler, Personen, die für den Hin- und Rückweg zwischen Wohn- und Arbeitsort täglich mehr als zwei Stunden benötigen (Ruppenthal 2010), deren freie Zeit dadurch spürbar zusammenschrumpft. Stellt sich heraus, dass der Anteil der Fernpendler in einer Region ziemlich hoch ist und seit der letzten Erhebung noch weiter angestiegen ist, sind Überlegungen angebracht, welche Möglichkeiten wie z. B. die Einrichtung eines Schnellbusses, eines Sprinters oder einer Weiterführung der U-Bahn- oder Tram- Linie am sinnvollsten wären, um die Arbeitswege der vielen Pendler zeitlich zu verkürzen.

In der bislang letzten Zeitbudgeterhebung des Statistischen Bundesamts sind insgesamt 11.000 Personen ab einem Alter von 10 Jahren befragt worden. Die Daten wurden mit standardisierten Fragebögen und Tagesablaufprotokollen gewonnen. Sie liefern konkrete Daten, wie die Bewohner und Bewohnergruppen die Zeit nutzen, z. B. wie viel Zeit Erwerbstätige durchschnittlich für den Weg zur Arbeit brauchen oder inwieweit sich die Zeitverwendung von Frauen und Männern oder verschiedener Altersgruppen unterscheidet. Die Aktivitäten werden neun Kategorien zugeordnet (Statistisches Bundesamt, 2017):

- Persönlicher Bereich, Regeneration
- Erwerbstätigkeit
- Bildung, Weiterbildung
- Haushalt und Familie
- Ehrenamt, Freiwilligenarbeit
- Soziales Leben, Unterhaltung
- Sport, Hobbys
- Mediennutzung
- Wegezeiten.

Diese Kategorien sind sehr umfassend. Zusätzlich gibt es noch eine Liste, in der die Kategorien weiter aufgeschlüsselt sind. So umfasst z. B. die Kategorie „Mediennutzung" Lesen, Fernsehen, Radio, Tonaufnahmen hören, Computer und Smartphone nutzen; die Kategorie „Wegezeiten" wird unterteilt in die Wegezeiten, die für Erwerbstätigkeit, Bildung und Fortbildung, Haushalt und Familie, ehrenamtliche Tätigkeiten, soziale Kontakte und Unterhaltung sowie Sport und Hobbies anfallen.

Tab. 2.1 Verwendung von Zeit für kulturelle Aktivitäten (Statistisches Bundesamt, 2017, S. 383)

Aktivität	Stunden pro Woche
Besuch kultureller Veranstaltungen und Einrichtungen	1:32
Künstlerische Tätigkeiten	0:21
Spiele (Gesellschaftsspiele, Computerspiele)	1:50
Lesen (Zeitungen, Bücher)	3:46
Fernsehen und Video	14:27
Radio und Tonaufnahmen hören	0:31
Insgesamt	22.26

Die Zeit, um Entfernungen zurückzulegen, ist individuell sehr unterschiedlich. Besonders hoch ist, wie bereits erwähnt, dieser Zeitanteil bei den Fernpendlern. Im Bereich der Verkehrsplanung gibt es dafür ein Maß: die Verkehrsbeteiligungsdauer bzw. das Mobilitätszeitbudget, die für die Wege benötigte Zeit pro Person pro Tag (Flade, 2013). Dass der Zeitaufwand für den Weg zur Arbeit und zur Ausbildungsstätte in den letzten Jahren weiter zugenommen hat, belegt die Verkehrsstatistik (Bundesministerium für Digitales und Verkehr, 2022).

Wie füllen die Menschen ihre freie Zeit? Wie viel Zeit verwenden sie für kulturelle Aktivitäten? Tab. 2.1 liefert einen Überblick.

Die ermittelte Gesamtdauer von durchschnittlich drei Stunden pro Tag sagt nur wenig über die Zeitverwendung im Einzelnen aus, denn die Kategorie „kulturelle Aktivitäten" umfasst sehr Verschiedenes. Ausflüge in Vergnügungsparks sind darin ebenso enthalten wie Theater- und Konzertbesuche, aktives Musizieren, Spiele und Fernsehen. Eine Detailauswertung zeigt, dass die Mediennutzung einen großen Teil der freien Zeit ausfüllt. Rund zwei Drittel der kulturellen Aktivitäten sind dem Fernsehen und dem Anschauen von Videos und DVDs gewidmet.

Zeitsparen

Der kleine Prinz, den sich de Saint Exupery ausgedacht hat, trifft einen Händler, der Durst stillende Pillen verkauft. Man schluckt jede Woche eine Pille und hat dann in dieser Zeit kein Bedürfnis zu trinken. Der kleine Prinz fragt den Händler, warum er das macht. „Das ist eine große Zeitersparnis, sagt der Händler und erklärt, dass man, wie die Sachverständigen herausgefunden haben, dreiundfünfzig Minuten pro Woche spart. „Und was macht man mit diesen dreiundfünfzig Minuten?" fragt der kleine Prinz. Der Händler antwortet ihm, dass man damit machen kann, was man will. „Wenn ich dreiundfünfzig Minuten übrighätte, würde ich ganz gemächlich zu einem Brunnen laufen...", meint daraufhin der kleine Prinz (de Saint-Exupery, 1996, S. 73 f.).

Die Geschichte wäre trivial, wenn man ihr nur entnehmen würde, was man schon weiß, dass nämlich gesparte Zeit für andere Aktivitäten eingesetzt werden kann. Doch in der Geschichte ist noch mehr enthalten: dass Zeit sparen wenig Sinn macht, wenn man mit der ersparten Zeit nichts anfangen kann oder wenn man in der gewonnenen Zeit genau das macht, was man ohnehin hat machen wollen. Wozu also sollte man Zeit sparen?

Die Antwort ist, dass Zeit – wenn auch nicht für den kleinen Prinzen – eine begrenzte Ressource ist, sodass man sie möglichst nicht verschwenden sollte, um den Handlungsspielraum nicht zu verengen und nicht andere Aktivitäten hintan stellen zu müssen. Darauf beruht die Geschäftsidee des Händlers: das Stillen des Durstes soll keine Zeit wegnehmen. Für den kleinen Prinzen ist indessen der Spaziergang zum Brunnen eine sinnvolle Zeitnutzung. Er hat genügend Zeit und nichts weiter vor, sodass ihm als Verwendungsmöglichkeit nur der Weg zum Brunnen einfällt, den er ohnehin hat machen wollen.

Ressourcen sind umso wertvoller, je knapper und gefragter sie sind und je vielfältiger ihre Verwendungsmöglichkeiten sind. Der kleine Prinz hat viel Zeit und wenig Ideen, was er damit machen kann, außer zum Brunnen zu spazieren. Für ihn ist Zeit kein wertvolles Gut, er hat genug davon. Zeit kann jedoch wertvoller sein als Geld, denn Zeit ist nicht vermehrbar und kann auch nicht wie Geld gehortet werden. Zeit und Geld sind so nur bedingt substituierbar. Zum Teil sind sie es: Man spart z. B. Geld, indem man eine Reparatur selbst ausführt, was Zeit kostet, oder man beauftragt einen Handwerker damit, was Geld kostet aber Zeit spart.

Zeitsparen beinhaltet eine Reallokation der Zeit von einer Aktivität auf andere Aktivitäten. Es sind „Opportunitätskosten", die den entgangenen Gewinn oder Nutzen beziffern, der sich ergibt, wenn etwas nicht getan wird oder getan werden kann, weil man gerade etwas anderes macht. Zeitsparen ist insbesondere im Mobilitätsbereich ein zentrales Motiv. Wie kann man die Zeit, um von einem Ort zu einem zu gelangen, minimieren, d. h. das Mobilitätszeitbudget entlasten? Dieser Zeitanteil ist nicht gering: Im Jahr 2014 betrug die Verkehrsbeteiligungsdauer im Mittel 83 min pro Person und Tag (Bundesministerium für Verkehr und digitale Infrastruktur, 2016). Wie neuere Daten belegen, hat der Zeitaufwand für alltägliche Wege in den letzten Jahren noch zugenommen (Bundesministerium für Digitales und Verkehr, 2022).

Die Verkehrsbeteiligungsdauer hängt von den Entfernungen zu den Zielorten und von der Geschwindigkeit ab, mit der man dort hingelangt. Die Erwartung, mit dem Auto schneller voran zu kommen als mit öffentlichen Verkehrsmitteln, bestimmt zu einem wesentlichen Teil die Verkehrsmittelwahl, was Bamberg (1996) bestätigt hat. Er hat die Gesamtkosten verglichen, die anfallen, wenn man entweder mit dem Auto oder mit öffentlichen Verkehrsmitteln zur Arbeit fährt. Er hat dabei auch die Opportunitätskosten berücksichtigt.

Aus dem Beispiel in Tab. 2.2 ist zu entnehmen, dass der Pkw bezogen auf den Verbrauch an Zeit das günstigere Verkehrsmittel ist. Für das Zurücklegen eines Weges von 15 km benötigt eine Person mit dem Bus 50 min, mit dem Pkw 20 min, für Hin- und Rückweg jeweils die doppelte Zeit. Die Kosten für die Busnutzung belaufen sich auf 35 Cents/km, beim Auto auf 72 Cents/km. Bei einem Netto-Lohn von 20 Euro/Stunde ergeben sich an Gesamtkosten für eine Hin- und Rückfahrt mit dem Bus 44 €, mit dem Pkw 35 €, auch wenn die Fahrt mit dem Pkw doppelt so teuer ist wie die Fahrt mit dem Bus. Differenziert man bei den Gesamtkosten zwischen einer monetären und einer Zeitkostenkomponente, bekommt man eine Erklärung, warum die Höhe des Fahrpreises die Verkehrsmittelwahl weitaus weniger beeinflusst als die veranschlagte Fahrtzeit. Es ist offensichtlich: Zeit ist kostbar. Man möchte sie sparen und gibt lieber mehr Geld aus, um die Fahrtdauer zu verkürzen als Geld zu sparen und dafür umso länger unterwegs zu sein. So wird bei längeren Strecken der schnellere ICE und nicht der preiswertere Regionalzug bevorzugt, der deutlich länger braucht.

Lange et al. (1995) haben noch einen weiteren Faktor einbezogen, indem sie die Gründe der Verkehrsmittelnutzung der in der Automobilindustrie Beschäftigten unter die Lupe genommen haben. Sie stellten fest, dass für die Beschäftigten nicht die Identifikation mit der Automobilindustrie ausschlaggebend war, sondern die für den Arbeitsweg erforderliche Zeit.

Tab. 2.2 Kostenkalkulation bei einem Arbeitsweg von 15 km und einem Verdienst von 20 € Nettolohn pro Stunde (Bamberg, 1996, eigene Tabelle)

Kosten	Pkw	Bus
Zeitbedarf Hin- und Rückweg	40 min	100 min
monetäre Kosten Hin- und Rückweg	21,60 EUR	10,50 EUR
Transport- und Zeitkosten	35 EUR	44 EUR

Nun ist es jedoch nicht die tatsächliche Zeitdauer, die für die Wahl des Verkehrsmittels entscheidend ist, sondern der vermutete Zeitaufwand, der von der objektiven Zeitdauer ganz erheblich abweichen kann. Fehleinschätzungen des Zeitbedarfs können so leicht die Entscheidung rechtfertigen, das Auto anstelle öffentlicher Verkehrsmittel zu bevorzugen. Dieser Frage sind Brüderl und Preisendörfer (1995) nachgegangen. Sie haben zwei Gruppen von Erwerbstätigen: Autofahrer und Nutzer des Münchner Verkehrsverbunds (MVV) gebildet. Die an der Untersuchung Beteiligten sollten sagen, wie viel Zeit sie für den Weg von der Wohnung zur Arbeitsstelle benötigen würden. Parallel dazu wurden von Brüderl und Preisendörfer die objektiven Dauern ermittelt (Abb. 2.7).

Autofahrer überschätzen die Zeit, die sie mit öffentlichen Verkehrsmitteln bräuchten, sie halten diese für deutlich langsamer als sie wirklich sind. Der angenommene Zeitgewinn ist für Autofahrer das entscheidende Argument, mit dem Auto zu fahren. Die Nutzer öffentlicher Verkehrsmittel schätzen dagegen die Zeit, die sie mit dem Auto brauchen würden, ziemlich realistisch ein. Auch sie finden, dass die Fahrt mit dem Auto weniger lange dauern würde, doch der vermutete Unterschied ist viel geringer, sodass aus ihrer Sicht der Zeitgewinn kaum zu Buche schlägt. Ein Gewinn für die Nicht-Autofahrer ist moralischer Art: sie können sich als umweltbewusste Menschen ausgeben.

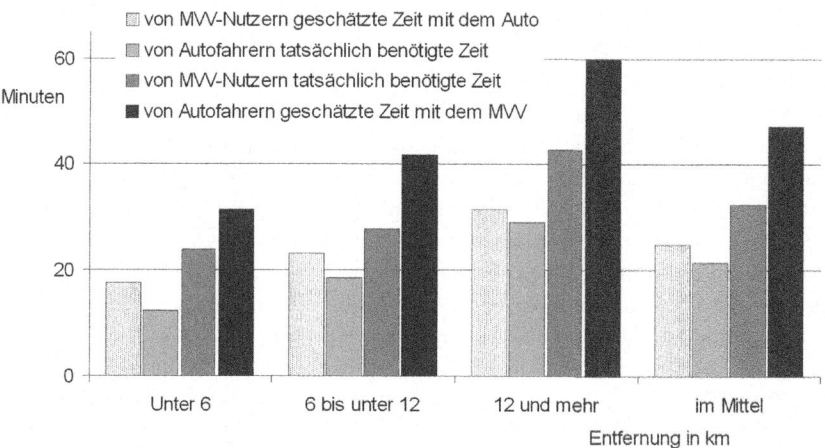

Abb. 2.7 Tatsächliche und geschätzte Zeiten für den Arbeitsweg nach der Verkehrsmittelnutzung (Brüderl & Preisendörfer, 1995; eigene Grafik)

Wie wichtig insgesamt gesehen die erwartete Zeitersparnis ist, haben Deubel et al. (1999) bestätigt. Sie verglichen das Erleben von Fahrten mit dem Auto und mit öffentlichen Verkehrsmitteln, indem sie den befragten Personen ein Semantisches Differential, bestehend aus einer Reihe 5-stufiger bipolarer Adjektivskalen, vorgaben. Der größte Unterschied trat bei der Skala:

zeitlich gebunden 1 – 2 – 3 – 4 – 5 flexibel

zutage. Der mittlere Skalenwert betrug bei den vorgestellten Fahrten mit dem Auto 4,7, mit öffentlichen Verkehrsmitteln 1,6. Der Unterschied ist deutlich: Eine selbst bestimmte Zeitnutzung und keinem äußeren Zeitregime wie den Fahrplänen im öffentlichen Verkehr unterworfen zu sein, ist ein großer Vorteil. Ein vorrangiger Aspekt bei der Wahl des Verkehrsmittels ist somit auch die Zeitsouveränität, das Unabhängigsein in Bezug auf das „Wann" (Flade, 2013). Die Zeitersparnis ist ein weiterer Vorteil: die Fahrt dauert weniger lange. Doch die Zeitersparnis wird aufgezehrt, wenn die gewonnene Zeit investiert wird, um weiter entfernte Ziele zu erreichen. Auf diese Weise kann Zeitersparnis sogar zu einer „Zeitfalle" werden: Man legt weitere Entfernungen zurück als man es tun würde, wenn dafür keine Zeit wäre.

Eine Verringerung des Zeitaufwands lässt sich außer durch höhere Geschwindigkeiten im Prinzip auch mit planerischen Mitteln und zwar durch kürzere Wege erreichen. Es ist der zentrale Gedanke des Leitbilds „Stadt der kurzen Wege": Wohnung, Arbeitsort, Schule, Läden und weitere alltäglich wichtige Zielorte liegen nicht weit auseinander. Dieses Leitbild lässt sich in den längst gebauten großen Städten kaum verwirklichen. Leichter zu bewerkstelligen ist eine Erhöhung der Geschwindigkeit durch Einsatz schnellerer Verkehrsmittel. Die erhöhte Effizienz von Verkehrsmitteln in der Weise, dass sie ein zeitsparendes schnelleres und dann auch noch komfortableres Vorankommen ermöglichen, ist ausschlaggebend, wenn man nichts weiter will, als so rasch wie möglich von einem Ort zu einem anderen zu gelangen. Neben diesem „Transportmotiv" gibt es jedoch noch weitere Mobilitätsmotive, bei denen es weniger oder nicht den Zeitbedarf ankommt. Sie werden als „Extra-Motive" bezeichnet (Flade, 2013). Junge Menschen fahren z. B. mit hoher Geschwindigkeit zur Disco, um während der Fahrt eine lustvolle Spannung, die sich zum Thrill steigern kann, zu erleben. In dieser Situation geht es weitaus weniger um Zeit sparen als um ein „Sensation Seeking" (Zuckerman, 1994). Oder man fährt mit dem Rennrad nicht, weil man so schnell wie möglich irgendwohin will, sondern um sich fit zu halten. Hier geht es nicht darum, mithilfe hoher Geschwindigkeiten Zeit zu sparen – im Gegenteil:

eine hohe Geschwindigkeit ist hier nicht Mittel, sondern Zweck. Genau dafür wird Zeit investiert.

Zeitersparnis ist auch für Unternehmen ein zentrales Motiv. Deren Interesse sind effiziente Mitarbeiter, wobei effizient heißt, dass sie keine Zeit vergeuden. Der Amerikaner Frederick Winslow Taylor wollte Anfang des 20. Jahrhunderts die Produktivität in den Fabriken steigern, was durch Optimierung der Arbeitsabläufe geschehen sollte. Die Fabrikarbeit sollte effizienter werden, was für ihn hieß: zeitsparender werden. Die detaillierte Analyse der Arbeitsabläufe, die er mit der Stoppuhr erfasst, nutzte er, um Zeitsparpotentiale aufzuspüren (Jäckel, 2012).

Warten

Die Dauer eines Intervalls bezieht sich auf die Ereignisse mitsamt den Lücken dazwischen (Fraisse, 1985). Diese Lücken, ohne die sich die Ereignisse nicht voneinander abgrenzen ließen, können kürzer oder länger sein. Beim Tick und dem Tack der Uhr sind sie kurz, beim Warten auf etwas können sie sehr lang sein. Sind die Abstände unerwartet groß, z. B. wenn man auf einen verspäteten Zug wartet, wird die Zeit lang. Wartezeiten sind Lücken, es sind Zwischenzeiten, in denen nichts geschieht. Nur die Ereignisse, auf die gewartet wird, sind von Belang. Längere Phasen leerer Zeiten rufen Langeweile hervor, die Zeit dehnt sich (Safranski, 2015, Wittmann, 2022). Man kann sie nicht füllen, denn das erwartete Ereignis kann jederzeit stattfinden. Warten ist eine durch äußere Umstände auferlegte, nicht selbst bestimmte Zeitnutzung. Ob man jedoch wartet, hängt davon ab, ob man fest damit rechnen kann, dass das, worauf man wartet, eintreten wird. Man wartet an der Haltestelle auf den Bus nur dann, wenn man weiß, dass er irgendwann kommen wird. Die Bereitschaft zu warten hängt des Weiteren von der sozialen Situation ab. Berühmte Personen, Könige, Manager, Minister, Prominente, Vorgesetzte und fachkundige Experten, deren Wissen gefragt ist, lassen warten. Niemand käme auf die Idee, sie warten zu lassen. Kaum akzeptiert würde z. B., wenn ein Angestellter den Chef oder der Student den Professor warten lässt.

Noch ein dritter Faktor beeinflusst die Bereitschaft zu warten: Ein angenehmes Ambiente des Orts, an dem man warten muss, macht das Warten erträglicher. Im Regen an einer nicht überdachten Bushaltestelle zu stehen, ist deprimierend, während das Warten in einem atmosphärisch ansprechenden Raum mit Sitzgelegenheiten und der Möglichkeit zu lesen oder einen Espresso zu trinken, d. h. die leere Zeit zu füllen, gut zu ertragen ist. Auch Hintergrundmusik kann zu einer ansprechenden Atmosphäre beitragen. Wie North und Hargreaves (1999) in einer ihrer Untersuchungen über die Effekte von Musik festgestellt haben, ist man eher bereit, auf den Beginn des angekündigten Experiments, an dem man teilnimmt, zu warten, wenn in dem Warteraum Musik erklingt. Musik kann einen Raum atmosphärisch aufwerten und, wenn man zuhört, die leere Zeit des Wartens füllen.

Gibt es an dem Ort, an dem man wartet, nichts, was die Aufmerksamkeit auf sich zieht, wird die leere Zeit meistens mit eigenen Gedanken und Fantasien bereichert. Wenn man sie verträumt, vergeht sie schneller. Hier sind es die eigenen Gedanken, die als fiktive Ereignisse fungieren. Albert Camus schildert in dem Buch „Der Fremde", wie man mit eigenen Gedanken die leere Zeit des Wartens füllen kann. Der Protagonist sitzt im Gefängnis. Er stellt fest, dass es ihm nicht gerade schlecht geht. „Die Hauptsache war immer, die Zeit totzuschlagen. Sobald ich lernte, mich zu erinnern, kannte ich keine Langeweile mehr" (Camus, 1961, S. 79).

Wie wichtig die eigene Gedankenwelt sein kann, um der Qual einer nicht vergehen wollenden Zeit zu entkommen, hat Christian Morgenstern in einem der Palmström- Gedichte mit den Titel „Die Zeit" beschrieben. Es beginnt damit, dass die Zeit nicht vergehen will:

„Es gibt ein sehr probates Mittel,

die Zeit zu halten am Schlawittel:

Man nimmt die Taschenuhr zur Hand.

und folgt dem Zeiger unverwandt.,

Sie geht so langsam dann, so brav.

..... ".

Doch in dem Moment, wo die Zeit mit eigenen Gedanken gefüllt wird, geht es flott voran:

„Jedoch verträumst du dich ein Weilchen,

so rückt das züchtigliche Veilchen.

mit Beinen wie der Vogel Strauß.

und heimlich wie ein Puma aus. "

Quelle: Christian Morgenstern. Palmström. Berlin: (Bruno Cassierer, 1922, S. 69).

Warten ist das zentrale Thema im Theaterstück „Warten auf Godot" von Samuel Beckett. Zwei Männer, Wladimir und Estragon, warten auf den mysteriösen Godot, der durch einen Boten mitteilen lässt, dass er am nächsten Tag kommen wird. Das Warten ist die „Handlung" in dem Stück. Godot wird wahrscheinlich nie kommen. Die beiden Männer vertreiben sich die Zeit, indem sie sich Geschichten und Witze erzählen, indem sie sich gegenseitig trösten und sich auf den Weg machen, um eine Unterkunft für die Nacht zu finden– ohne sich von der Stelle zu bewegen. Die Zeit vergeht ereignislos. Sie wird in dem Stück nicht gefüllt mit Träumereien und Erinnerungen, sondern – sie warten zu zweit – durch Kommunikation. Wladimir und Estragon verbringen ihr Leben mit Warten auf ein künftiges Ereignis. Das absurde Theaterstück kann als Metapher für ein menschliches Leben gesehen werden, das mit Belanglosigkeiten gefüllt wird.

Im Alltagsleben sind Situationen des Wartens von absehbarer Dauer. Typische Situationen sind das Warten auf den Fluren von Behörden und Ämtern, auf Bahnsteigen und an Bushaltestellen, in Wartezimmern, beim Schlange stehen vor Schaltern, das Anstehen vor Kassen, vor Eingängen oder Marktständen und Geschäften.

Milgram et al. (1986) haben in einem Feldexperiment die Reaktionen der in einer Warteschlange stehenden Personen untersucht, wenn sich jemand vordrängelt. Es zeigte sich, dass ein Platz umso energischer verteidigt wird, je weiter vorn man sich befindet. Wenn man weiter hinten bzw. am Ende der Schlange steht und sich jemand vor einem hinein drängelt, sind Empörung und Protest weniger stark. Die Erklärung ist: Man hat noch nicht so viel Zeit investiert wie diejenigen, die schon vorne angekommen sind. Wer sich dagegen schon in der Nähe der Kasse befindet hat schon einen erheblichen Zeit-Beitrag geleistet. Hinzu kommt noch, dass sich während des Wartens sekundäre Territorien herausbilden, die man besetzt hält und deren Einhaltung man einfordert und zwar umso mehr, je weiter vorn man steht. Jemand, der sich vordrängelt, ist ein Eindringling in ein Territorium, in dem er nichts zu suchen hat. Um solche territorialen Übergriffe zu vermeiden, die frustrieren und Aggressionen erzeugen, hat man in Ämtern die Vergabe von Nummern eingeführt. Die Gesamtwartezeit wird auf diese Weise gerecht verteilt und die jeweiligen Territorien werden gesichert.

Wartesituationen, die je nach Kontext und persönlichem Zeitdruck sehr unterschiedlich sind, lassen sich anhand von fünf Merkmalen charakterisieren (Jäckel, 2012):

- Bewusstes Erleben der Zeit: Man blickt z. B. voller Ungeduld fortgesetzt auf die Uhr.
- Zielgerichtetheit: Man wartet auf etwas Bestimmtes.

- Ungewollte Passivität: Das Warten wird als unproduktive Zeit erlebt, in der man, weil man nichts anderes machen kann, zum Nichtstun verdammt ist.
- Isolation und Selbstbezogenheit: Es gibt kein gemeinsames Anliegen, man wartet allein und zwar auch dann, wenn andere ebenfalls warten.
- Abhängigkeit: Man hat keine Kontrolle über die Situation und fühlt sich hilflos und ausgeliefert.

Das Warten in dem Stück „Warten auf Godot" ist untypisch. Wladimir und Estragon warten zwar auf etwas Bestimmtes, nämlich das Erscheinen von Godot, aber sie sind nicht ungeduldig und empfinden die Zeit des Wartens auch nicht als unproduktiv. Und sie sind nicht selbstbezogen, sondern warten gemeinsam. Sie haben keine Kontrolle über die Situation, doch sie fühlen sich deshalb nicht hilflos. Offensichtlich weicht ihr „Zeitstil" von dem von Jäckel geschilderten ab.

Dass es vom Zeitstil abhängt, wie man reagiert, wenn man warten muss, haben Durrande-Moreau und Usunier (1999) in einem Feldexperiment nachgewiesen. Was sie unter dem Zeitstil (time style) verstehen, haben sie folgendermaßen umschrieben: „Individuals exhibit different levels of sensitivity to time-related issues. Some individuals are in a hurry and plan long in advance, whereas others are relaxed and show little concern and commitment for respecting dates and deadlines" (S. 175). Sie haben den Zeitstil lediglich auf zwei Kategorien: passiver und aktiver Ungeduld, reduziert. Das „Feld" in ihrer Untersuchung war der öffentliche Verkehr in Grenoble. Von einer Stichprobe von 320 Fahrgästen wurden der Zeitstil (passive oder aktive Ungeduld) und die Reaktionen auf das Warten auf den Bus bzw. die Straßenbahn ermittelt. Ein Beispiel für eine passive Haltung ist: „Ich langweile mich. Die Zeit wird mir lang". Die aktiv Ungeduldigen halten dagegen ständig Ausschau nach dem Bus und fragen sich unablässig, wann er denn nun endlich kommt. Aktive Ungeduld korreliert wie zu erwarten mit dem subjektiven Zeitdruck.

Wartezeiten sind in manchen Situationen nicht zu vermeiden, sodass man Warteräume geschaffen hat, in denen man sie verbringen kann. Das Spektrum reicht von der Bushaltestelle mit Überdachung mit oder ohne Sitzgelegenheiten über Warteräume in Bahnhöfen und Arztpraxen bis hin zur Lounge, exklusiven Aufenthaltsräumen für Reisende vor allem in Flughäfen.

Das Warten ist erträglicher und wird als weniger vergeudete und leere Zeit empfunden, wenn der Warteraum angenehm und anregend wirkt. Das Ergebnis von North und Hargreaves (1999), dass Musik einen Raum anregender machen kann, wurde bereits erwähnt. Arneill und Devlin (2002) haben sich mit der Atmosphäre von Wartezimmern in Arztpraxen befasst, wobei sie nicht nur den emotionalen Aspekt des Wohlbefindens, sondern auch den instrumentellen Aspekt, inwieweit ein Warteraum den Therapieerfolg beeinflusst, untersucht haben. In ihrem Experiment zeigten sie den Versuchsteilnehmern Fotos von realen Wartezimmern, die hinsichtlich ihrer Größe, Gestaltung, Beleuchtung, Möblierung und Dekoration variierten. Sie sollten die Wartezimmer beurteilen:

- Im Hinblick auf die vermutete Qualität der medizinischen Behandlung,
- hinsichtlich des Wohlbefindens, wenn man sich in diesem Raum aufhalten müsste.

Die Kompetenz des Arztes wird als hoch eingeschätzt, wenn das Wartezimmer eine angenehme Beleuchtung aufweist und wenn es gepflegt und farblich gelungen wirkt. Ein ungewöhnlich aussehendes Wartezimmer ruft dagegen Misstrauen hervor mit der Folge, dass man den Arzt für weniger kompetent hält. Das schlichte und das anheimelnde Wartezimmer lag, was die Einschätzung der zu erwartenden Behandlungsqualität betrifft, im Mittelbereich. Bei den Urteilen zum Wohlbefinden ergaben sich ebenfalls signifikante Zusammenhänge. Die Atmosphäre von Wartezimmern beeinflusst das Wohlbefinden, das davon abhängt, inwieweit die Wartezimmer als dunkel, spartanisch, fremdartig, wenig komfortabel, dekorativ, anregend, institutionell, kalt, offen, geschmack- und stilvoll wahrgenommen werden.

In Wartezimmern, die dunkel und spartanisch, fremdartig und unkomfortabel wirken, fühlen sich die Wartenden nicht wohl, anders in Wartezimmern, die dekorativ, anregend, geschmack- und stilvoll eingerichtet sind. Anregend sind auch Bücher im Raum. Institutionell und kalt wirkende Räume nimmt man als gegeben hin.

Arneill und Devlin sind der Ansicht, dass die Therapie im Prinzip bereits im Wartezimmer beginnt. Es fördert den Gesundungsprozess, wenn man den Arzt für qualifiziert hält und wenn man sich während des Wartens einigermaßen wohl fühlt. Das Ergebnis bestätigt die Erkenntnisse von Mehrabian und Russell (1974), die sich mit der Erforschung der Grunddimensionen der Gestimmtheit bzw. Atmosphäre von Räumen befasst haben. In Räumen, die als lustvoll und anregend erlebt werden, verweilt man gerne. Es macht dann nichts, wenn man eine Weile warten muss, denn man hat es – sofern man nicht unter Zeitdruck steht, was zu aktiver Ungeduld führt, nicht eilig wegzukommen.

Wie bereits erwähnt kann ein Warten lassen Zeichen eines hohen gesellschaftlichen Status sein. Darüber hinaus kann Warten auch ein Machtmittel sein, um Forderungen durchzusetzen. Streiks sind geplante Aktionen, bei denen die Zeit, in der normalerweise gearbeitet wird, mit Warten zugebracht wird. So kann erreicht werden, dass die Mächtigen einlenken und Zugeständnisse machen, weil ihr Unternehmen auf die Arbeitsleistungen der Streikenden angewiesen ist. Auch Klimaaktivisten nutzen das Warten als Machtmittel, wenn sie in öffentlichen Räumen Blockaden errichten, die andere Menschen zum Warten zwingt.

Arbeit und Freizeit

Einen erheblichen Teil ihrer Zeit müssen die Menschen für die Sicherung ihrer Existenz aufwenden. In den früheren agrarischen Gesellschaften war der Tag fast zur Gänze mit Arbeit ausgefüllt. Arbeit und Nicht-Arbeit gingen ineinander über. Man sprach in vorindustriellen Zeiten auch nicht von Freizeit, sondern von Mußestunden. Es gab kaum eine freie Zeit, in der man noch die Kraft gehabt hätte, sich in andere Aktivitäten zu stürzen. Die arbeitsfreie Zeit waren Pausen, die vor Erschöpfung und Erkrankung bewahren sollten. Die Jahreszeiten gaben vor, wann gesät und wann geerntet wurde. Die Religion bestimmte Feiertage und verlangte arbeitsfreie Sonntage für den Kirchgang. Die „heiligen" Tage (holy days) entwickelten sich später zu „holidays". Dieses „Später" war die Zeit der Industrialisierung. Bereits in der Antike und in der Frühzeit war es üblich gewesen, an bestimmten Tagen im Jahr nicht zu arbeiten. Besondere Tage sind der Jahresanfang, die Sonnenwenden, der Beginn des Frühlings und der Ernte gewesen (Demandt, 2015). Erst im Zuge der im 19. Jahrhundert einsetzenden Industrialisierung wurde zwischen Arbeits- und arbeitsfreier Zeit strikt getrennt. Die natürlichen Wechsel waren nicht mehr die maßgeblichen Zeitgeber, denn jetzt konnte in den Fabrikhallen bei künstlichem Licht gearbeitet werden, was eine gesteigerte Produktion ermöglichte. In einigen Produktionsbereichen wie etwa in den Glasbläsereien war die Nachtarbeit zwingend erforderlich gewesen, denn die Masse im Glasturm musste ständig am Glühen gehalten werden.

In den Fabriken galt eine von natürlichen Rhythmen unabhängige Zeiteinteilung. Die Fabriksirenen verkündeten Schichtanfang und –ende und Pausenzeiten. Anfang und Ende der Arbeitszeit waren genauestens geregelt, was mit Stechuhren kontrolliert wurde (Abb. 2.8). Die Notwendigkeit zur Arbeitszeiterfassung wird heute vor allem auf Arbeitsschutz rechtliche Gründe zurückgeführt.

Im 19. Jahrhundert wurden den Arbeitenden extrem lange Arbeitszeiten abverlangt.

Um das Jahr 1800 war in Deutschland ein zehn- bis zwölfstündiger Arbeitstag üblich, um 1820 herum waren es elf bis vierzehn Stunden. Einen großen bis hin zum größten Teil ihres Lebens arbeiteten die Menschen für den Lebensunterhalt für sich und ihre Familie. Infolge der Kämpfe der Arbeiterbewegungen

Abb. 2.8   Stechuhr im 19. Jahrhundert (eigenes Foto, Exponat aus dem Museum Tuch +
Technik Neumünster, mit freundlicher Genehmigung des Museums)

wurden die Arbeitszeiten allmählich auf kürzere und gesetzlich geregelte sowie
vertraglich abgesicherte Zeiten reduziert. Ein Wendepunkt war die Sozialgesetz-
gebung im Jahr 1870, die kürzere Arbeitszeiten festschrieb (Nowotny, 1989). In
der von Arbeit dominierten Industriegesellschaft musste Freizeit erkämpft werden. Im 20. Jahrhundert setzte sich der Kampf fort. „Mitte der 1950er Jahre
wurde in Deutschland mit einem Wert von ca. 50 Wochenstunden Arbeitszeit
ein Höchststand erreicht, die 5-Tage Woche wurde erst in den 1970er Jahren
für ca. 90 % der abhängig Beschäftigten Realität....erst 1990 überholte die
Freizeit – durchschnittlich betrachtet– die Arbeitszeit" (Jäckel, 2012, S. 36 f.).

Freizeit und Muße sind nicht synonym. Nach Ansicht von Jäckel repräsentiert
der Begriff „Muße" den vorindustriellen Freizeitbegriff: Muße war die Freiheit,
nicht arbeiten zu müssen. Dobler und Riedl (2017) haben Muße definiert als
abgegrenzte Perioden einer Freiheit von zeitlichen Festlegungen, die mit der
Abwesenheit einer unmittelbaren, die Zeit beschränkenden Leistungserwartung
verbunden sind. Muße braucht Freiheit von zeitlichen Zwängen und ein Freisein
von Leistungserwartungen. Muße ist kein bloßes Nichtstun. In den Stunden der
Muße können neue Ideen auftauchen und heranreifen. Muße ist in diesem Sinne
kreatives Nichtstun, eine positiv bewertete Zeitverwendung, die einer „Vita contemplativa" ähnelt, dem Gegenteil einer „Vita activa", dem unermüdlichem Tun.

Beide Haltungen haben ihre Berechtigung, was im Lukas- Evangelium geschrieben steht. Darin ist die Rede den Schwestern Martha und Maria, zu denen Jesus spricht. Während Martha unermüdlich tätig ist, hört Maria ihm zu. Martha ärgert sich, doch Jesus erklärt, dass das Innehalten – in diesem Fall das Zuhören – gleichwertig ist (Riedl, 2017). Muße kann auch ein einfaches Nichtstun sein, ein Ausruhen zwischen durch. Wie kostbar die seltenen Mußestunden am Ende des 19. Jahrhunderts waren, zeigt die folgende Schilderung:

Zum Haus, in dem Anna und ihr Ehemann mit vier Kindern wohnen, gehört außer dem Garten mit Obstbäumen und Stachelbeersträuchern ein kleiner Stall, in dem einige Hühner gehalten werden. Auch die Waschküche, die Vorräte und die Werkstatt befinden sich dort. Ein größerer gepachteter Acker liegt nicht direkt am Haus. Anna ist von Frühjahr bis Herbst eine halbe Stunde mit dem Handwagen dorthin unterwegs, um zu säen, zu pflanzen und Gemüse, Obst und Kartoffeln zu ernten. Es gibt für sie keine Ferien und auch keine Freizeit, sondern nur selten einmal eine Mußestunde, meistens am Sonntagnachmittag.

(Quelle: Privatarchiv).

Uhren waren für die Festlegung des Beginns und des Endes der Arbeitszeit und der Pausen zwischendurch unverzichtbar. Regelungen, wann und wie lange man zu arbeiten hat, sowie Einteilungen in eine Früh-, Spät- und Nachtschicht wurden mit Uhren geregelt (Jäckel, 2012). Ein Teil der arbeitsfreien Zeit musste jetzt für den Arbeitsweg aufgewendet werden, denn der Arbeitsort lag nicht mehr nebenan wie einstmals der Acker, den man bewirtschaftet hatte. Der Weg zur Arbeit konnte jetzt sogar sehr weit sein. Der Maler Oskar Nerlinger hat 1930 auf dem Bild „An die Arbeit" den Weg in die Fabrik auf beklemmende Weise dargestellt (Abb. 2.9). Immer noch arbeiten viele Menschen nicht im Home Office, was ohnehin nur in bestimmten Bereichen möglich ist. Der Zeitaufwand für den Arbeitsweg kann beträchtlich sein. Nach der Arbeit geht es zurück, wobei Teile des Arbeitsweges mitunter auch mit öffentlichen Verkehrsmitteln wie z. B. mit der Fähre zurückgelegt werden müssen, zu denen es keine Alternative gibt, wenn man auf der anderen Seite des Flusses wohnt (Abb. 2.9).

*1930, Oskar Nerlinger, Copyright s.nerlinger, mit freundlicher Genehmigung von S. Nerlinger, unteres Bild eigenes Foto

Die Entfernung zwischen Wohn- und Arbeitsort vergrößerte sich, als man begann, die Stadt, dem neuen städtebaulichen Leitbild: der Charta von Athen, folgend zu planen und zu gestalten. Dieses Leitbild war das Ergebnis eines Internationalen Kongresses für neues Bauen, der 1933 in Athen stattgefunden hatte. Dort hatten Stadtplaner und Architekten, angeführt von Le Corbusier, über eine optimale Siedlungsentwicklung diskutiert. Ein zentraler Gedanke war gewesen, die Daseinsfunktionen Wohnen und Arbeiten räumlich zu trennen, weil der

Abb. 2.9 An die Arbeit*
und zurück von der Arbeit
(eigenes Foto)

Arbeitsplatz oftmals Luft verschmutzende Fabriken waren. Die zur damaligen Zeit ungesunden Wohnverhältnisse sollten auf diese Weise verbessert werden. Um die räumlich getrennten Bereiche wieder miteinander zu verbinden, wurde der Verkehr als weitere Schlüsselfunktion erforderlich (Lichtenberger, 2002). Um dieses neue Segment im persönlichen Zeitbudget möglichst klein zu halten, brauchte man eine effektive Verkehrsstruktur. Die Idee der autogerechten Stadt hat hier ihren Ursprung. Doch trotz eines leistungsfähigen Straßen- und Verkehrsnetzes kann die Zeit, die für das Zurücklegen der erforderlichen Wege nötig ist, erheblich ins Gewicht fallen (Schneider et al., 2002). Es sind mangelnde Alternativen, wirtschaftliche Zwänge oder auch bessere Verdienstmöglichkeiten und Karrierechancen, die Menschen zeitaufwendige Arbeitswege in Kauf nehmen lassen und sie zu Fernpendlern machen. Doch es sind nicht nur die mitunter langen Arbeitswege, sondern Verpflichtungen und Anforderungen in anderen Lebensbereichen, die den Anteil an selbst bestimmter Zeit verringern. Um das sichtbar zu machen, ist eine differenziertere Einteilung als lediglich in Arbeit- und Freizeit erforderlich. So sind die Haus- und Familienarbeit jenseits der Erwerbsarbeit kaum als Freizeit einzustufen. Besser geeignet ist deshalb die Einteilung von Küster (1999), die zwischen drei Kategorien der Zeitverwendung unterschieden hat:

- öffentliche Zeit,
- an Personen gebundene Zeit,
- persönliche Zeit.

Küster hat die Kategorien folgendermaßen beschrieben (S. 189):

Die öffentliche Zeit umfasst die Zeitverwendungen, die sich durch die Einbindung ins Erwerbsleben ergeben: die Erwerbszeit als solche, Wegezeiten, berufliche Verpflichtungen sowie die als Vorbedingung für die Erwerbswelt notwendigen Zeiten wie Schule und Studium. Hinzugerechnet werden auch noch die Zeiten, die einen ähnlich verpflichtenden und fremdbestimmten Charakter haben wie die Erwerbszeiten: Ehrenämter und soziale Hilfeleistungen sowie die dazugehörigen Fahrdienste und Wegezeiten.

Die an Personen gebundene bzw. familiale Zeit beinhaltet die Zeiten für die haushalts- und personenbezogene Versorgung sowie Fahrdienste und Wegezeiten. Der Haushalt, die Familie und die sozialen Netzwerke bilden hier den institutionellen und personenbezogenen Bezug der Zeitverwendung. Die Tätigkeiten sind an personelle Beziehungsnetze gebunden. Zur familialen Zeit zählt jede Handlung, die in, mit und für den Haushalt erbracht wird. In Ein-Personen-Haushalten ist dieser Zeitanteil vergleichsweise gering.

Zur *persönlichen Zeit* gehören die Zeiten für Aktivitäten zur aktiven und passiven Regeneration sowie der individuellen Freizeitgestaltung und die im Bereich der persönlichen Zeit anfallenden Wegezeiten. Es sind sämtliche Zeiten, in denen selbst bestimmt geplant und gehandelt werden kann. Erholung, sportliche Betätigungen, Kulturkonsum, Schlafen, Essen und Körperpflege und die in diesem Bereich erforderlichen Wegezeiten werden der persönlichen Zeit zugeordnet. Man kann selbst entscheiden, wann man was man macht oder machen will oder unterlässt oder auf ein Andermal verschiebt.

Die Analysen der Zeitverwendung in Deutschland durch das Statistische Bundesamt sind in diesem Zusammenhang aufschlussreich. Libuda-Köster und Sellach (2017) haben die Zeitverwendung von Eltern für die Hausaufgabenbetreuung unter die Lupe genommen und die Daten der Zeitverwendungserhebung 2012/13 mit den zehn Jahre zuvor erhobenen Daten verglichen. Der Vergleich zeigt, dass die elterliche Hausaufgabenpraxis in Haushalten mit Kindern von 7 bis 12 Jahren von ihrem Anteil an (33 %) aktiven Müttern und (9 %) aktiven Vätern und ihrer zeitlichen Dauer (42 und 47 Minuten) nahezu unverändert geblieben ist. In vielen Haushalten werden die Hausaufgaben nicht ohne elterliche Hilfe erledigt. Nach Ansicht von Libuda-Köster und Sellach gibt es eine stabile Gruppe von Eltern, die einen erheblichen zeitlichen Aufwand betreibt, um den Schulerfolg ihrer Kinder zu sichern oder zu steigern. Das unterschiedliche elterliche Zeit beanspruchende Engagement halten die Autorinnen für eine der Ursachen der unterschiedlichen Bildungserfolge von Schulkindern. In den individualisierten Gesellschaften der westlichen Welt ist Selbstbestimmtheit hoch im Kurs. Arbeit und Freizeit sollen neu austariert werden. Es geht um Arbeitszeitverkürzungen und andere Formen der Aufteilung zwischen Arbeit und arbeitsfreier Zeit. Das Stichwort ist „work-life-balance", wobei suggeriert wird, dass arbeiten etwas vom Leben wegnimmt. Doch die arbeitsfreie Zeit ist oftmals weniger frei als man zunächst meint. Betätigungen in der Freizeit in Sportvereinen sind zeitlich mehr oder weniger fixiert. Schließlich ist es die Grundidee eines Vereins zu vereinen, Menschen zusammen zu bringen. Weitere Beschränkungen kommen durch den „Rüstfaktor" zustande, der Zeit, die man aufbringt, um fit zu bleiben, in der man sich sportlichen Aktivitäten widmet (Jäckel, 2012). Dennoch kann man in diesen Fällen selbst entscheiden, inwieweit, in welcher Form, wo und wann man sich auf Unfreiheit einlässt. Hier taucht ein neues Problem auf: das Überangebot an Möglichkeiten der Zeitverwendung. „Mit Blick auf die riesige Palette an Konsumangeboten packt den Einzelnen die Angst, etwas zu verpassen. Grund der Hektik ist aber kein Mangel an Zeit, sondern das Überangebot an Verwendungsmöglichkeiten" (Borscheid, 2004, S. 372).

„An andere Personen gebundene Zeit" ist insofern eine komplexere Kategorie als die der persönliche Zeit, denn es müssen die Zeitpläne mehrerer Personen koordiniert werden. „Coupling constraints" sind die Folge, wenn die Synchronisation nicht gelingt (vgl. Tab. 3.1). Die Probleme, Familie und Beruf zeitlich unter einen Hut zu bringen, sind oftmals coupling constraints. Institutionen, Ämter, Schulen, Arztpraxen, Märkte und Läden usw., geben Öffnungszeiten vor, was mit den eigenen Zeitplänen nicht immer kompatibel ist. Der Grund für Zeitstress sind oftmals Synchronisationsprobleme und weniger das Unvermögen sich zu organisieren (vgl. Abschn. 3.3).

Die Frage, wie lang Arbeitszeiten und wie sie verteilt sein sollten, ist auch ein Thema der Politik, die auf einen Kompromiss zwischen Erfordernissen und Ansprüchen bedacht ist (Stengel 2005). Die Dauer der Arbeitszeit wird auf unterschiedlichen Ebenen verhandelt. Oberste Ebene ist die staatliche Regelung mithilfe von Gesetzen und Verordnungen. Tarifverträge zwischen Gewerkschaften und Arbeitgeberverbänden sind die nächste Stufe. Darunter folgen Betriebsvereinbarungen, die auch die Flexibilisierung von Arbeitszeiten betreffen. Es geht heute konkret um kürzere tägliche Arbeitszeiten und die Viertagewoche, um mehr Urlaubstage, den vorzeitigen Ruhestand und den Bildungsurlaub. In allen Fällen handelt es sich um zeitliche Regelungen.

Eine moderne Form der Stechuhr sind Zeiterfassungssysteme, die Arbeits- und Nicht-Arbeitszeiten voneinander abgrenzen. Wenn im Büro und nicht im

Abb. 2.10   Im Office (eigenes Foto)

Home gearbeitet wird, die Erwerbsarbeit also anderorts erfolgt, lässt sich eine Abgrenzung relativ leicht bewerkstelligen (Abb. 2.10).

Es gibt Richtlinien und Gesetze, die alles regeln. Ein Erlass der Arbeitszeitrichtlinien der Europäischen Union im Jahr 2003 regelt Höchstarbeits- und Ruhezeiten, wobei bestimmte Arbeitsbereiche wie z. B. derjenige der „Kopfarbeit" bzw. Wissenschaft ausgenommen sind, in denen die Arbeitsnehmer selbst festlegen, wann sie arbeiten[1].

Ein genaues Abgrenzen stößt vor allem im Home Office an Grenzen, in dem die *räumliche* Trennung zwischen Wohnen (Home) und Arbeiten (Office) aufgehoben ist. Eine moderne Form der Stechuhr sind Zeiterfassungssysteme, die Arbeits- von Nicht-Arbeitszeiten abgrenzen. Wenn beides räumlich getrennt ist, lässt sich die Abgrenzung relativ leicht bewerkstelligen.

Eine solche Abgrenzung gibt es im Home nicht, abgesehen davon, dass man sich dort einen Raum oder Raumteil als Office einrichtet (Abb. 2.11).

Wenn über das Pro- und Contra des Home Office diskutiert wird, geht es meistens um das Fehlen anregender Face-to-Face Kontakte (Flade, 2021). Doch es ändert sich noch mehr:

---

[1] Wie Ralf Poscher und Andreas Voßkuhle in ihrem Beitrag „Immer im Dienst der Kreativität" in der FAZ vom 25.3.23 berichten, bereitet das Bundesarbeitsministerium ein Gesetz vor, das eine lückenlose Arbeitszeiterfassungspflicht vorsieht.

Abb. 2.11 Im Home Office (eigenes Foto)

- Der Tagesablauf ist zeitlich weniger strukturiert.
- Der Anteil für den Arbeitsweg im Zeitbudget entfällt.

Erwerbsarbeit ohne feste Zeiten verändert den Lebensalltag grundlegend. Die neue Zeitsouveränität bedeutet, dass man einen eigenen Rhythmus finden und auch mehr Eigenantrieb (Volition) aufbringen muss. Volition meint „Energetisierung". Man muss sich „aufraffen", um etwas zu machen, was möglicherweise wenig lustvoll ist und schwerfällt, wenn es im Umfeld etliches gibt, was ablenkt und attraktiver ist. Es bedarf einer Energetisierung, die man selbst aufbringen muss (Heckhausen & Heckhausen, 2018, Achtziger & Gollwitzer, 2018). Sie reicht nicht immer aus, wenn es zu viele Ablenkungen gibt, welche die unwillkürliche Aufmerksamkeit auf sich ziehen, oder wenn man ständig gestört wird. Wenn äußere Zeitstrukturen wegfallen, muss man sich selbst eine Zeitstruktur schaffen und diese aufrechterhalten oder auch immer wieder herstellen. Vorgegebene Zeitvorgaben sind also nicht ausschließlich restriktiv, sie können auch entlasten.

Ein zeitaufwendiger Arbeitsweg muss nicht grundsätzlich mit Stress verbunden sein, denn es bleiben nicht alle Berufspendler im Autoverkehr stecken oder fahren in überfüllten Bahnen und Bussen zur Arbeit. Es hängt von den jeweiligen Bedingungen wie z. B. der Verfügbarkeit über einen Sitzplatz ab, wie das alltägliche Pendeln erlebt wird. Wenn man die Zeit des Unterwegseins für andere

Aktivitäten nutzen kann, z. B. zum Lesen oder zum Schreiben von Mails während der Bahnfahrt oder weil es wohltuend ist und der körperlichen Ertüchtigung dient, wenn man mit dem Fahrrad durch die Grünanlage ins Büro fährt, ist das ein Gewinn und kein Verlust. Die Zeit, die man für den Arbeitsweg braucht, kann eine erholsame Zwischenzeit sein, in der man für eine Weile frei ist von den Anforderungen der Familie und des Haushalts und der man den beruflichen Anforderungen noch nicht ausgesetzt ist (Blumen 2000). Das Einsparen von Zeit für den Arbeitsweg verliert an Dringlichkeit, wenn das Unterwegsein lustvoll und erwünscht ist und die Zeit mit anderen Aktivitäten gefüllt werden kann.

Im Zeitalter der Digitalisierung muss es nicht das Home sein, in das die Arbeit verlagert wird. Der „Remote Worker" teilt nicht nur seine Zeit eigenständig in Arbeit und Freizeit ein, sondern sucht sich auch den Ort aus, an dem er arbeitet. Er sitzt z. B. mit seinem Laptop im Strandkorb und schaut hin und wieder aufs Meer. Nachdem er eine Weile gearbeitet hat, geht er schwimmen. Mit dem Unternehmen, in dem er angestellt oder als freier Mitarbeiter tätig ist, kommuniziert er elektronisch. Typisch für alle nicht an Orte und Zeiten gebundenen Formen des Arbeitens ist eine weit reichende raumzeitliche Souveränität. Die Kehrseite ist, dass erheblich mehr Volition erforderlich ist und Unlustgefühle und Ablenkungen abgewehrt werden müssen, was in einer Umgebung, die eher mit Urlaub und Entspannung als mit Arbeit und Anstrengung assoziiert wird, schwerer fällt als in einem schlichten Büroraum.

Der Zeitanteil, den man dereinst für Arbeiten im Haushalt hat aufbringen müssen, hat sich verringert, denn im Vergleich zu früher sind die Haushalte heute klein und „kinderarm", sie sind mit diversen arbeitssparenden Haushaltsgeräten ausgestattet, es gibt eine Fast Food Gastronomie sowie ein großes Sortiment an Fertiggerichten.

Das Wort „Fast Food" suggeriert Zeitersparnis (Jäckel 2012). Ein schnelles Essen verspricht einen doppelten Zeitgewinn; man bekommt das Essen fertig zubereitet und, ohne warten zu müssen, sofort geliefert. Und man kann sich vieles bringen lassen, sodass man zusätzlich Zeit spart, wodurch sich der Anteil an persönlicher Zeit am Zeitbudget erhöht.

Mehr persönliche Zeit ist eine Voraussetzung für eine Individualisierung der Lebensformen und die Herausbildung unterschiedlicher Lebensstile (Böltken et al., 1999, Lüdtke, 2000).

Der Anteil an persönlicher Zeit bemisst sich danach, wie viel Zeit übrigbleibt, wenn man die Anteile abzieht, die auf die öffentliche und auf die an Personen gebundene Zeit entfallen. Lüdtke (2000) hat in einem Vergleich der Zeitbudgeterhebungen in den Jahren 1966 und 1988 festgestellt, dass berufstätige Männer zu beiden Zeitpunkten „freizeitprivilegierter" waren als berufstätige Frauen, wobei sich der Freizeitanteil in beiden Gruppen erhöht hatte. Auch in der letzten Erhebung des Statistischen Bundesamts zur Zeitverwendung in den Jahren 2012/13 lag der Anteil an frei verfügbarer Zeit bei den Männern immer noch über dem der Frauen (Statistisches Bundesamt, 2017). Nach wie vor sind Männer demzufolge „freizeitprivilegierter".

Dass die Zeitverwendung je nach dem Lebensstil unterschiedlich ist, ist zu erwarten. Hörning et al. (1991) sind sogar so weit gegangen, den Lebensstil als „Zeitumgangsstil" zu charakterisieren. Dabei haben sie keinen Hehl daraus gemacht, welchem Lebensstil sie den Vorzug geben. Als „Zeitpioniere" haben sie die Menschen bezeichnet, die den allergrößten Wert darauf legen, über ihre Zeitverwendung selbst zu entscheiden. „Die Zeitpioniere wenden sich gegen eine starre und fortlaufende Besetzung von Zeit" (S. 155). Sie verweigern sich dem Druck, die Zeit nutzen zu müssen. Ihr Interesse ist, Zeit zu gewinnen, um selbst bestimmter leben zu können. Sie streben ein Maximum an Lebensqualität an, wobei sie unter Lebensqualität in erster Linie das individuelle Wohlbefinden verstehen. Die Zeitpioniere sind für Hörning et al. eine innovative Gruppe, die Zeit „entnutzen" und sich bewusst vom „Nutzungsdiktat" der Zeit absetzen will. Die Zeitpioniere wollen möglichst viel persönliche Zeit haben und zugleich die Freiheit, sie ungenutzt verstreichen zu lassen, statt sie mit anderen Aktivitäten zu füllen. Während die Zeitpioniere eine „innere Ruhe" genießen, nutzen die „Zeitkonventionalisten" die gewonnene Zeit sogleich für andere Tätigkeiten. Dem Werbespruch der Deutschen Bahn wie „Die Mails schreibe ich auf der Fahrt. Geschäftsreisen besser nutzen", würden die Zeitkonventionalisten voll und ganz zustimmen. Sie folgen dem Imperativ, die Zeit nicht zu „vertrödeln", sondern freie oder freigewordene Zeit unbedingt für etwas anderes zu verwenden. Die Gegensätzlichkeit des Umgangs mit Zeit und der zugrunde liegenden Einstellungen und Wertevorstellungen der beiden Gruppen zur Zeitverwendung führt vor Augen, dass das „Zeitverhalten" ein Lebensstilmerkmal ist.

Zum Begriff der Lebensqualität, den die Zeitpioniere sehr eng fassen, ist hier noch anzumerken, dass er im Allgemeinen weiter gefasst wird. Darunter wird die Qualität der Lebensverhältnisse in wichtigen Lebensbereichen wie dem Wohnen, dem Arbeiten, den Sozialbeziehungen, der Gesundheit und der Bildung verstanden, und des Weiteren die Verwirklichung gesellschaftspolitischer Zielvorstellungen wie Freiheit, Sicherheit, Solidarität und Gerechtigkeit und schließlich auch das individuelle Wohlbefinden, das sich in Zufriedenheiten, aber auch Sorgen und Ängsten ausdrückt (Glatzer, 1996). Das individuelle Wohlbefinden, auf das es den Zeitpionieren vor allem ankommt, ist zweifellos ein zentraler Aspekt der Lebensqualität, aber dennoch nicht der einzige.

Nowotny (1989) hat im Bedürfnis nach Zeitsouveränität eine Antwort auf eine Welt gesehen, die den Menschen immer mehr verpflichtet und ihm Freiräume wegnimmt. Er wehrt sich sozusagen gegen Anforderungen, die eine Reduzierung der persönlichen Zeit bedeuten. Der Wunsch, mehr Zeit für sich selbst zu haben, ist Ausdruck einer individualisierten Gesellschaft (Flade, 2020), in der andere Vorstellungen über die Art und Weise der Zeitverwendung herrschen als in kollektivistischen Kulturen, wie sie Markus und Kitayama (1991) beschreiben. In kollektivistischen Kulturen würden die Zeitpioniere mit ihrem Ansinnen, ein Maximum an selbst bestimmter Zeit zu schaffen, auf völliges Unverständnis stoßen.

Zeitskalen

3

Eine absolute überall gleiche Zeit nicht es gibt. Es gibt stattdessen verschiedene Zeiten und Zeitskalen. Als körperliches Wesen ist der Mensch zyklischen Prozessen unterworfen, er braucht Nahrung und Schlaf, er ist hungrig und satt, müde und wieder wach. Er erlebt die Zeit als allzu rasch vergehend oder als leer und bleiern. Sein Alltag ist mehr oder weniger zeitlich strukturiert. Er schaut in die Vergangenheit und macht sich Gedanken über die Zukunft, er erinnert sich und er plant. Natürliche Phänomene wie Tag und Nacht dienen als Anhaltspunkte für die Schaffung einer sozialen Zeit mit einer für alle verbindlicher Zeitskala, die für das Zusammenleben von Gruppen und Gesellschaften unverzichtbar ist. Uhren sind die Instrumente dazu. Einheiten sind Stunden, Minuten und Sekunden. Pünktlichkeit gibt es nur in Bezug auf einen Maßstab, an dem sie gemessen werden kann. Noch kaum im Blick ist die ökologische Zeit. Während sich die soziale Zeit auf die *soziale* Umwelt des Menschen bezieht, ist die ökologische Zeit mit der Beziehung zwischen dem Menschen und seiner ihn umgebenden *physisch-räumlichen* Umwelt befasst.

3.1 Die individuelle Zeit

Körperzeit und psychologische Zeit

Ein Zeitabschnitt, in dem der Mensch dem Zeitdruck infolge der an ihn gestellten Anforderungen für kurze Zeit entkommen kann, ist der Schlaf. „Jeder von uns unterliegt auf seine Art dem Zeitdruck, der, bedingt durch unsere äußeren Lebensumstände, auf uns lastet; er variiert mit der jeweiligen Umgebung, in der

A. Flade, *Zeitpsychologie*, https://doi.org/10.1007/978-3-658-43033-7_3

wir uns gerade befinden. ...es gibt Momente, in denen wir dem Zeitdruck sogar gänzlich zu entkommen versuchen. Der Schlaf ist z. B. eine Grenzsituation, in der wir uns auf unsere biologische Individualität zurückziehen" (Fraisse, 1985, S. 291 f.). Während man schläft kann man sich für eine Weile allen Anforderungen und Verpflichtungen entziehen. Als biologisch-körperliches Lebewesen ist der Mensch auf diese Ruhephase, in der er sich regenerieren kann, angewiesen. Externer Zeitgeber ist der Hell-Dunkel-Rhythmus der Tageszeiten, der sich in einer physiologischen bzw. „inneren Uhr" wieder findet, die den circadianen Rhythmus vorgibt (circa = ungefähr, dies = der Tag). Circadiane Rhythmen sind tagesrhythmische Schwankungen, die auf der Aktivität verschiedener Organe und Organsysteme beruhen, die als endogene Zeitgeber wirken, die ihren Rhythmus beibehalten, wenn sich in der Außenwelt nichts ändert. Die Körpertemperatur und der Hormonspiegel im Blut unterliegen dann nur den tagesrhythmischen Schwankungen. In den Ruhephasen ist das physiologische Erregungsniveau niedrig (Glicksohn, 1992). Doch die Ruhephasen zu einem gegebenen Zeitpunkt lassen sich nicht immer einhalten. Wenn die Funktionsfähigkeit der Infrastruktur (Versorgung, Entsorgung, Verkehr) und die Bereitschaft von Feuerwehr, Gesundheitsversorgung und Polizei rund um die Uhr gewährleistet sein sollen, müssen die dort tätigen Menschen ihre biologische Uhr umstellen. Dies gilt auch in Produktionsbereichen, die aus technischen oder Kostengründen keine Unterbrechung erlauben. So gibt es in Bereichen wie der Chemieindustrie und der Stahlproduktion einen Betrieb „rund um die Uhr". Henckel (2009) hat von der „Eroberung der Nacht" gesprochen, die an zwei Stellen, dem Menschen und der Umwelt, ansetzt:

- Der Mensch ist in der Lage, sich zumindest vorübergehend vom gewohnten circadianen Rhythmus zu lösen.
- Die künstliche Beleuchtung ist überall verfügbar.

Mit der Verbreitung der künstlichen Beleuchtung war, wie Henckel konstatiert, „die Eroberung der Stadtnacht" nicht mehr aufzuhalten. Zweierlei trieb die Erschließung der neuen Zeiträume voran: Die Nutzung der Nacht für das Vergnügen und die Nutzung für neue Möglichkeiten der Produktion und damit einer erhöhten Produktivität.

Die negativen Folgen bleiben nicht aus, wenn in die circadianen Rhythmen eingegriffen wird. Menschen, die zwischendurch einmal Nachtdienst haben sowie Lokomotivführer, die nachts mit Fernzügen unterwegs sind, leiden nicht selten darunter, dass sie das nächtliche Schlafdefizit nicht oder nicht genügend durch den Schlaf tagsüber beheben können. Die innere Uhr stellt sich nicht sofort automatisch um, was außer Nachtarbeitern auch Reisende, die über verschiedene Zeitzonen hinweg fliegen, zu spüren bekommen (Kasten, 2001). Sie erleben einen Jetlag (jet = Düsenflugzeug, lag = Zeitdifferenz). Sie fühlen sich abgespannt und müde und in ihrer Leistungsfähigkeit beeinträchtigt. Zeichen einer circadianen Dysrhythmie sind eine tiefgreifende Müdigkeit, Schlafstörungen und eine negative Gestimmtheit. Sie sind Anzeichen, dass der inneren Uhr zuwidergehandelt wurde.

Die vom Tag-Nacht-Rhythmus bestimmte Lebensweise findet – frei von kulturellen Einflüssen – im Tierreich. Igel, Eulen, Füchse usw. sind nachtaktive Tiere. Die Menschen sind es nicht, sie schlafen nachts und nicht irgendwann und sind tagsüber wach. Der circadiane Rhythmus setzt jedoch an unterschiedlichen Zeitpunkten ein, was in der Unterscheidung der Chronotypen: den Früh- und den Spätaufstehern, zum Ausdruck kommt (Wittmann, 2012). Ihre innere Uhr ist anders eingestellt.

Bereits in den ersten Lebensjahren wird eine solche innere Uhr „installiert". Auch ohne auf die Uhr zu schauen, spürt der Mensch, dass er müde ist oder es an der Zeit ist etwas zu essen. Es sind existentielle Bedürfnisse, die immer wieder aufs Neue auftauchen und immer wieder aufs Neue befriedigt werden müssen. Den Phasen, in denen man besonders leistungsfähig ist, und den Ermüdungsphasen liegen körperliche Prozesse zugrunde. So ist die Leistungsfähigkeit bei vielen Menschen am Vormittag etwa zwischen 9 und 12 Uhr und am Nachmittag etwa zwischen 15 und 18 Uhr relativ hoch (Kasten, 2001).

Fraisse (1985) hat von einer Konditionierung auf die Zeit gesprochen: Wenn die Veränderungen, denen wir ausgesetzt sind, Regelmäßigkeiten aufweisen, bewirken sie auf dem Wege der Konditionierung synchrone Veränderungen im Körper. „Diese Entsprechung hat den Effekt, dass unser Leben mit den wichtigsten Veränderungen der Umwelt in Einklang gebracht wird. Darüber hinaus bilden die periodisch gewordenen Modifikationen unseres Organismus eine physiologische Uhr, die sowohl der Mensch wie auch das Tier zur zeitlichen Orientierung verwendet" (S. 19).

Die körpergebundene (embodied) biologische Zeit ist, wie nicht anders zu erwarten, mit der psychologischen Zeit eng verbunden. Wer müde ist, wird sich eher vor zu viel Stimulation abschirmen und weniger Information aufnehmen und weniger Ereignisse zur Kenntnis nehmen. Die psychologische Zeit beruht auf Wahrnehmungen und Kognitionen, persönlichen Erfahrungen, erworbenem Wissen sowie Vorstellungen und Erwartungen, die individuell höchst unterschiedlich sind. Was jeweils an Informationen aus der Umwelt aufgenommen und in welchem Umfang und in welcher Art und Weise verarbeitet wird, ist ebenfalls sehr verschieden (vgl. Abb. 2.1). Ein weiterer Faktor ist das auf die Zeit bezogene Verhalten, das eher passiv oder aktiv ist. Man nimmt die Ereignisse aus der Umwelt und die damit einhergehende Zeit hin, die sich aus der Aufeinanderfolge und Dauer der Ereignisse ergibt, oder man ist aktiv und verschafft sie sich selbst.

Anregungen

Wie stark das Verlangen nach Veränderungen ist, zeigt das Phänomen des „Sensation Seeking", ein Bedürfnis nach neuen, abwechslungsreichen und intensiven Sinneseindrücken und Erlebnissen, das bei vielen Menschen auftaucht, wenn sich allzu wenig ereignet. Geschieht nichts oder nur wenig, vergeht die Zeit langsamer, häufen sich die Ereignisse, d. h. verändert sich viel, läuft die Zeit davon.

Das Bedürfnis nach Anregungen ist individuell unterschiedlich ausgeprägt. „Every individual has characteristic optimal levels of stimulation and arousal for cognitive activity, motoric activity, and positive affective tone" (Zuckerman, 1994, S. 17).

Von den individuellen Unterschieden abgesehen, ist die Stimulation der Sinnesorgane für alle Menschen unverzichtbar, was in vielen Experimenten bestätigt wurde, in denen die Auswirkungen sensorischer Deprivation systematisch untersucht worden sind. Eine der Methoden, um die existentielle Notwendigkeit sensorischer Stimulation nachzuweisen, ist die Restricted Environmental Stimulation Technique (REST), wie sie Suedfeld et al. (1983) angewendet haben, die in Polarregionen die Auswirkungen von Reizarmut auf die in den Forschungsstationen tätigen Menschen untersucht haben. Es ist unstrittig: „To function optimally, the human brain requires stimulation. It needs variation in the sensory input it receives" (Zimbardo & Ruch, 1975, S. 275). Außer der Reizarmut ist es ein ausbleibender Wechsel: „Deprivation may also be in terms of lack of *variety* of sensory input required by our complex brain" (Zimbardo & Ruch, 1975, S. 721). Zu wenig Variabilität heißt zu wenige Veränderungen. Die Ereignisse sind wie die Latten in einem typischen Lattenzaun immer gleich (vgl. Abb. 2.3).

Sensorische Stimulation ist für die Gehirnaktivität, das psychische Wohlbefinden, die Leistungsfähigkeit, Kreativität, Inspiration, Motivation und Volition unverzichtbar. Das bestätigen in reizarmen Umwelten durchgeführte Studien. Wie Suedfeld (1991) berichtet hat, führen lange Aufenthalte in den Forschungsstationen der Polarregionen zu negativer Gestimmtheit, Reizbarkeit, Müdigkeit, Langeweile, Leistungseinbußen und neurophysiologischen Auffälligkeiten. Man langweilt sich, wenn man die Zeit, weil sich nichts ereignet, als leer empfindet. Als klarer Irrtum hat sich erwiesen, dass man die Lern- und Arbeitsleistung dadurch steigern kann, indem man sämtliche Ablenkungen fernhält (Benfield et al. 2015). Reizarme Umgebungen wie z. B. Seminarräume mit hochgelegenen Fenstern, die zwar Tageslicht hereinlassen, durch die man aber nicht nach draußen sehen kann, bewirken das Gegenteil.

Pausen dienen dem Zweck der Erholung. Es ist ein Irrtum, wenn man meint, dass es der Erholung förderlich ist, wenn die Umgebung reizarm ist. Pausen sind Zwischenphasen, sie sind nicht lediglich „Abstandshalter", die Ereignisse voneinander trennen wie die Lücken im Lattenzaun, d. h. Phasen leerer Zeit, in denen nichts geschieht. Sie können außer regenerativen Prozessen mit anderen Aktivitäten gefüllt werden, was Menschen kennzeichnet, die nicht nur tätige, sondern zugleich auch „nebentätige Wesen" sind (Jäckel, 2012). Die Erholung beruht hier auf der Variabilität: Pausen ermöglichen ein „being away", ein Weitwegsein vom gewohnten Umfeld mit seinen Verhaltensroutinen (Hartig et al., 2014). Man erholt sich, indem man den Ort wechselt, was bereits eine Veränderung bedeutet. Eine mentale Erholung findet statt, wenn eine anregungsreiche Umgebung die unwillkürliche Aufmerksamkeit auf sich zieht, sodass sich der Mechanismus der gerichteten Aufmerksamkeit erholen kann (Bell et al., 2001, Berto, 2005).

Die Pause kann aber auch mit anderen Aktivitäten gefüllt werden. Wer das macht, ist nach Ansicht von Hörning et al. (1991) ein „Zeitkonventionalist", der die Zeit nicht ungenutzt verstreichen lassen will, oder er ist, wie es Jäckel formuliert hat, ein nebentätiges Wesen. Zeitkonventionalisten haben einen anderen Zeitumgangsstil und eine andere Art, sich zu erholen, als die „Zeitpioniere", die ihre freie Zeit nicht für andere Aktivitäten nutzen, sondern das „Einmal Nichts tun müssen" genießen.

Die Beobachtung, dass die Zeit sich dehnt, wenn wir nichts tun, was über kurz oder lang zu Langeweile führt, hatte bereits Johann Wolfgang von Goethe gemacht, der folgendermaßen gesagt haben soll (Demandt, 2015): „Was verkürzt mir die Zeit? Tätigkeit. Was macht sie unerträglich lang? Müßiggang." Ein weiteres Zitat von Goethe lautet: „Alles in der Welt lässt sich ertragen, nur nicht eine Reihe von schönen Tagen." Goethe war offensichtlich ein Zeitkonventionalist, der die Vita activa gepriesen hat.

Doch das gilt nicht für alle Menschen. Das Interesse an neuen Erfahrungen, intellektuelle Neugier, Aufgeschlossenheit für Andersartiges und Offenheit gegenüber neuen Erfahrungen ist einer der Persönlichkeitsfaktoren im „Big-Five"-Modell, das die individuellen Unterschiede zwischen den Menschen anhand von fünf Faktoren beschreibt. Die Kürzel der als Big Five bezeichneten Dimensionen sind die Buchstaben O C E A N (Asendorpf, 2019, S. 70 f.). O steht für Openness to new experience (Offenheit gegenüber neuen Erfahrungen), C für Conscientiousness (Gewissenhaftigkeit), E für Extraversion, A für Agreeableness (Verträglichkeit) und N für Neuroticism. Sensation Seeker sind offen für Neues.

Abb. 3.1 Riskante Unternehmung (eigenes Foto)

Sie warten nicht geduldig ab, bis sich etwas ereignet, sondern suchen aktiv nach Anregungen. Ein hohes Erregungsniveau kann man sich dadurch verschaffen, indem man sich auf riskante Aktivitäten einlässt Abb. 3.1).

Eine erhöhte Stimulation, gekoppelt mit einer raschen Informationsverarbeitung, kann überlebenswichtig sein: Ein hohes Erregungsniveau bewirkt, dass Informationen aus der Umwelt schneller verarbeitet werden (Wittmann, 2012), sodass man sofort reagieren und sich entweder zur Wehr setzen oder schnellst möglich die Flucht ergreifen kann, wenn Gefahr droht.

Das Konzept des Aktivierungszirkels sei hier angeführt, das Heckhausen (1964) in seiner Theorie des Spielens beschrieben hat. Der Aktivierungszirkel ist ein sich wiederholender Wechsel zwischen Erregung und Entspannung. Er ist, wie Heckhausen gemeint hatte, der Motor, der das Spiel, das auf keinen Nutzen gerichtet, sondern völlig zweckfrei ist, in Gang hält. Das Einschätzen einer Handlung als riskant ruft eine psychische Spannung bis hin zu Angstgefühlen hervor. Die Überwindung der Angst wird als lustvoll erlebt, was der Begriff „Angstlust" zum Ausdruck bringt. Man verschafft sich ein hohes Erregungsniveau, indem man sich auf eine nicht ungefährliche Unternehmung einlässt. Erträglich wird die Spannung wegen der Gewissheit, dass sie von kurzer Dauer sein wird. Der Wechsel von Spannung und Entspannung setzt sich eine Weile fort. So klettert ein Kind immer wieder auf einen Baumstamm, was Mut – die Inkaufnahme eines

Risikos – erfordert (Abb. 3.1). Das Motto ist ein „Noch mal". Der Aktivierungs-zirkel ist für ein ansonsten zweckfreies Handeln, das nur darauf gerichtet ist, Spannung zu erleben, ein Konzept, bei dem sich leicht ein Zeitbezug ausmachen lässt. Das Ereignis besteht aus den Elementen Spannung und Entspannung, die eine Einheit bilden. Der Aktivierungszirkel ist ein Beispiel für zyklische Zeit (vgl. Abschn. 5.2).

Auch Räume können anregend sein. Der erste Eindruck, den ein Raum auf den Menschen macht, ist immer gefühlsmäßiger Art. Ein Raum wird, wenn man ihn betritt, als mehr der weniger angenehm und als mehr oder weniger anre-gend empfunden. Ein angenehmer anregender Raum lädt zum Verweilen ein. Man hat es nicht eilig wegzukommen. Die emotionalen Reaktionen beeinflussen so das nachfolgende Verhalten, das Mehrabian und Russell (1974) in „approach" und „avoidance" unterteilt haben. Angenehme und anregende Orte sucht man auf (approach), unangenehme und monotone Orte versucht man zu meiden (avoi-dance). Es entsteht auf diese Weise ein Zusammenhang zwischen der Atmosphäre von Räumen und der Zeitverwendung. Räume können dank ihrer Atmosphäre zu Lieblingsorten (favourite places) werden. „It gives me pleasure and that's the most important thing", war in einer Untersuchung von Korpela (1992) eine häu-fige Begründung von Jugendlichen, warum ein Ort für sie ein Lieblingsort ist. Das eigene Zimmer rangierte an erster Stelle; es bietet außer Privatheit, Sicher-heit und Geborgenheit auch die Freiheit, zu tun und zu lassen, was man will. Die persönliche Zeit, über deren Verwendung man selbst bestimmen kann, wird mit Vorliebe dort verbracht. Zu den nicht oder weniger geschätzten Orten gehören reizarme und monotone Umgebungen, die im Extremfall nicht nur zu einer sen-sorischen, sondern auch noch zu einer perzeptuellen Deprivation, einer kognitiven Unterbeschäftigung, führen können (Glicksohn, 1992). Wie bereits erwähnt, kön-nen die psychischen Folgen sensorischer Deprivation beträchtlich sein, sie reichen von negativer Gestimmtheit bis hin zu depressiven Verstimmungen, von Angst-zuständen bis hin zu Halluzinationen (Zimbardo & Ruch, 1975). Total reizarme Räume, denen die Zeit erzeugenden Einschnitte fehlen und sich nichts verändert, können psychisch krank machen.

Auch weniger extreme, nicht vollkommen reizarme alltägliche Umwelten unterscheiden sich in ihrem Anregungsgehalt. Innenräume mit Ausblicken auf reizvolle Umgebungen sind anregungsreicher als Innenräume mit Ausblicken auf monotones Mauerwerk. Dass sich das auf die Befindlichkeit auswirkt, hat die (viel zitierte) Untersuchung von Ulrich (1984) gezeigt. Er hatte sich gefragt, wie sich das Ambiente von Krankenzimmern auf den Genesungsprozess auswirkt. Er hat zwei Gruppen von Patienten gebildet, wobei die Patienten der einen Gruppe vom Krankenhausbett aus auf eine Baumgruppe sehen konnten, während diejenigen in der anderen Gruppe auf eine graue Mauer blickten. Es zeigte sich, dass die Patienten, die grüne Natur vor sich hatten, nach kürzerer Zeit entlassen werden konnten, dass sie vom Pflegepersonal als „pflegeleichter" beurteilt wurden und dass sie weniger Schmerzmittel gebraucht hatten. Der genesungsfördernde Ausblick wurde auf die positive Wirkung des Anblicks grüner Natur zurückgeführt. Grüne Natur ist wegen ihres hohen Anregungsgehalts wirkungsvoll. Der Blick auf Bäume ist anregender als auf eine graue Wand. Doch es könnte auch einen Zeiteffekt gegeben haben: Für die Patienten, die auf Bäume sahen, verging die Zeit subjektiv schneller.

Auch für Bildungseinrichtungen gilt, dass ein anregendes Ambiente wichtig ist. Wer sich in einem reizarmen Seminarraum langweilt, sehnt das Unterrichtsende herbei. Denn das Ambiente von Räumen beeinflusst das Verhalten, wie Mehrabian und Russell (1974) nachgewiesen haben. Auf reizarme Räume wird mit avoidance reagiert. Es wird dort so wenig wie möglich Zeit investiert.

Räume sind nicht immer anregend, was der Mensch aber verkraften kann, ohne gleich psychisch aus dem Gleichgewicht zu geraten. Denn Veränderungen werden nicht nur real erlebt, man kann sie sich auch vorstellen (Fraisse, 1985). Diese Fähigkeit erwirbt der Mensch etwa mit 12 Jahren. Piaget hat diese Entwicklungsstufe als formal-operationale Phase bezeichnet (Piaget, 1972, Lohaus & Vierhaus, 2019). Ab dieser Entwicklungsphase können Ereignisse und Handlungsabsichten gedanklich durchgespielt werden. Man kann sich jetzt selbst Anregungen verschaffen, indem man sich Umwelten und Ereignisse vorstellt.

Ihre Beweglichkeit ermöglicht es den Menschen, sich durch Ortswechsel Anregungen zu verschaffen. Sie sind nicht nur unterwegs, weil es für ihren Lebensunterhalt erforderlich ist, sondern auch, weil sie Neues und Anderes erleben wollen und weil Mobilität Selbstzweck sein kann (Flade, 2013). In allen Fällen bringen Ortswechsel Veränderungen mit sich. Damit liegt der Zeitbezug auf der Hand. Je nach der Fortbewegungsgeschwindigkeit folgen die Veränderungen mehr oder weniger rasch aufeinander. Sehr hohe Geschwindigkeiten können einen rauschartigen Zustand hervorrufen, einen „altered state of consciousness". Der Geschwindigkeitsrausch ist ein anderer Bewusstseinszustand, der auch die Zeitwahrnehmung verändert. „To be conscious means to be aware of one's own thought processes and usually of external events. The person who has lost consciousness is out of contact with what is happening" (Zimbardo & Ruch, 1975, S. 275). Bei hohen Geschwindigkeiten folgen die Veränderungen so schnell aufeinander, dass keine Details mehr zu erkennen sind (Appleyard, 1970). So nimmt der Autofahrer, der in zügigem Tempo die Stadt durchquert, nicht mehr die einzigartigen Fassaden der Häuser wahr, er sieht größere Einheiten wie Gebäude und Gebäudezeilen, er sieht nicht einzelne Bäume, sondern sich erstreckende Alleen, er sieht, wenn er mit hoher Geschwindigkeit durch die Landschaft fährt, keine Mohnblumen auf den Feldern, sondern rote Farbbänder; Rapsfelder werden zu undifferenzierten gelben Flächen. Für den mobilen Menschen ändert sich die Umwelt fortwährend, wobei je nach der Geschwindigkeit kleinere oder größere Einheiten wahrgenommen werden. Die Veränderungen, die der Fußgänger wahrnimmt, sind kleinteiliger. Er sieht im Vorbeigehen die schönen Fassaden und die knallroten Mohnblumen. Und er sieht nicht nur, sondern er nimmt Geräusche und Gerüche wahr, und er spürt die Luft, den Wind und die wärmende Sonne sowie den eigenen Körper (Schönhammer, 2009). Es ist ein multisensorisches Erleben, d. h. die Veränderungen werden über mehrere Sinnesorgane erfahren.

Der Aufbruch in ein mobiles Zeitalter begann im 19. Jahrhundert. Dampfmaschine und Eisenbahn waren bahnbrechende neue Technologien (Schivelbusch, 2015). Die Leistungskraft der Maschine war weit höher als eine reproduzierte Naturkraft. So konnte man mit der von der Dampflokomotive gezogenen Eisenbahn schneller als zu Pferde oder in der von Pferden gezogenen Kutsche vorankommen. Nachdem die Eisenbahn erfunden war, wurde das Schienennetz immer weiter ausgebaut. Es gab zunehmend mehr Möglichkeiten zu reisen – eine einzigartige Gelegenheit, sich Anregungen zu verschaffen. Mit dem neuen Verkehrsmittel war das Reisen jetzt auch für die weniger Wohlhabenden möglich geworden, die sich Kutschfahrten und Reisen nicht haben leisten können. Eisenbahnfahrten waren gefragt. Nicht nur das Unterwegssein selbst war anregend, denn die Umgebung änderte sich ständig, sondern es taten sich, am Ziel angelangt, neue Umwelten auf. Weniger Zeit war erforderlich, um weite Entfernungen zu überbrücken. Man konnte jetzt häufiger und weiter reisen und seinen bislang begrenzten Lebensraum hinter sich lassen. Die Erfindung der Eisenbahn brachte so vielerlei Veränderungen mit sich. Die Zeit füllte sich. Ein weiterer Vorteil war der Komfort, den das neue Verkehrsmittel bot. Es ruckelte nicht mehr wie in der Kutsche, wenn man auf unebenen Wegen unterwegs war. Durch das maschinelle Ensemble von Rad und Schiene wurde eine gleichförmige Bewegung erzeugt. Die Körpersinne wurden bei diesem komfortablen Vorankommen in der Eisenbahn kaum mehr angeregt, worin Schivelbusch eine „Entsinnlichung" gesehen hat. Dieser Entsinnlichung steht jedoch eine Fülle visueller Eindrücke während der Fahrt sowie neuartiger Erlebnisse am Zielort gegenüber. Man nimmt eine eintönige lange Flugreise auf sich, um andersartige nicht alltägliche Umwelten zu erleben.

Die Wirkung der Eisenbahn wurde im frühen 19. Jahrhundert von Kritikern mit dem Topos „Vernichtung von Raum und Zeit" beschrieben (Schivelbusch, 2015). Von einer Vernichtung von Raum konnte jedoch nicht die Rede sein, denn

stattdessen eröffnete die Eisenbahn neue Räume. Vernichtet wurde also nicht der
Raum insgesamt, sondern nur der Raum zwischen Start und Ziel. Die Eisenbahn war ein Wegbereiter gewesen, sie symbolisierte den Beginn eines neuen
Zeitalters. Borscheid (2004) hat das anschaulich geschildert: „Epidemisch breitet
sich das ‚Eisenbahnfieber' in Europa aus und sorgt für eine rasche Verdichtung
des Eisenbahnnetzes, sodass immer mehr Menschen an der Beschleunigung des
Transports teilnehmen können. ...Von Anfang an wird die Eisenbahn auch als ein
kulturelles und historisches Ereignis begriffen – nicht nur als ein rein technisches"
(S. 120). Auch die Bahnhofshallen aus Eisen und Glas sehen wie Werkhallen aus,
die eine geschäftige industrielle Atmosphäre ausstrahlen. Diese wird verstärkt
durch die vielen Reisenden, die in die Züge ein- und aus den Zügen aussteigen
und zum Anschlusszug oder Ausgang eilen. Hier geht man nicht langsam. Keine
Zeit haben ist ein Kennzeichen technischer Kulturen (Heßler, 2012). Die Fülle an
Ereignissen ringsum erzeugt den Eindruck von Zeitknappheit.

Wenn man heute in Technik-Museen die Dampflokomotiven in Gang setzt, und
die Museumsbesucher in die Zugabteile aus früheren Zeiten einsteigen können,
oder am Tag des offenen Denkmals museale S-Bahnen zum Vorschein kommen,
dann wird damit die Vergangenheit heraufbeschworen, was gern als Abenteuer
deklariert wird. Zum Beispiel verheißt ein Prospekt der Harzer Schmalspur
Bahnen „das Abenteuer Dampflok". Die Besucher sollen einen authentischen Eindruck von den Eisenbahnfahrten in früheren Zeiten vermittelt bekommen. Das
Abenteuer besteht nicht nur aus der Fahrt selbst. sondern auch noch aus einer
Reise in eine vergangene Zeit.

Die Erfindung der Eisenbahn war der Anfang einer Entwicklung in Richtung
einer hochmobilen Gesellschaft (Flade, 2020). Mit der Erfindung und dem Einsatz des Verbrennungsmotors eröffneten sich weitere Horizonte. Zwar konnten
sich zunächst nur wenige Menschen ein Auto leisten, doch inzwischen ist der
Pkw für viele Menschen das wichtigste Verkehrsmittel geworden. Er ermöglicht
hohe Geschwindigkeiten, was dazu führt, dass der Straßenverkehr nicht unge-
fährlich ist, was aus der Verkehrsunfallstatistik hervor geht. So heißt es in der
Pressemitteilung Nr.238 des Statistischen Bundesamts vom 21. Juni 2023:[1]

In den ersten vier Monaten des Jahres 2023 erfasste die Polizei insgesamt rund
773.000 Straßenverkehrsunfälle und damit 5 % oder 39.000 mehr als im Vorjah-
reszeitraum. Bei rund 74.000 Unfällen wurden Menschen verletzt oder getötet, das
waren 2000 (−3 %) Unfälle mit Personenschaden weniger als im gleichen Zeitraum

---

[1] https://www.destatis.de/DE/Themen/Gesellschaft-Umwelt/Verkehrsunfaelle/_inhalt.html.

des Jahres 2022. 743 Menschen wurden von Januar bis April 2023 im Straßenverkehr getötet und 94.000 verletzt. Das waren 24 Getötete mehr und 2000 Verletzte (−2 %) weniger als im Vorjahreszeitraum.

Hohe Geschwindigkeiten erfordern, dass man weit vorausschaut, um mögliche Hindernisse (Ereignisse) auf dem Weg frühzeitig zu erkennen. So ist einer der Gründe, warum es zu Unfällen kommt, die Verengung des Blickwinkels bei hohen Geschwindigkeiten, um der Fülle an Informationen ringsum durch eine gezielte Selektion Herr zu werden. Bollnow (1963) hatte von einem „Zug nach vorn" gesprochen. Beim Autofahren gibt es immer nur eine Bewegungsrichtung. Das einzig sinnvolle Verhalten ist, nach vorn und immer nach vorn zu fahren, bis man am Ziel angelangt ist. Vorher aufhören oder rückwärts fahren heißt, den Sinn des Weges aufheben. Kurzes Rasten hebt den Sinn nicht auf. Der Zug nach vorn geht mit einem Verlust der Breitendimension einher, sodass Informationen am Straßenrand ausgeblendet werden. Nur die Ereignisse innerhalb des verengten Blickwinkels zählen. Parsons et al. (1998) haben diese Verengung als „perceptual narrowing" bezeichnet: „With increasing demand (e. g. greater speed, increased traffic) the physical range of fixations narrows and the length of fixations increases" (S. 115). Was am Rande liegt, gerät bei hohen Geschwindigkeiten aus dem Gesichtsfeld. So kann ein Autofahrer einen Fußgänger übersehen, der vom Gehweg kommend gerade den Zebrastreifen betritt, weil der Straßenrand nicht in seinem Blickfeld ist. Bezogen auf die Zeit bedeutet das: Es werden nicht alle Veränderungen wahrgenommen, sondern nur diejenigen, die im Blickfeld liegen. Das „perceptual narrowing" verhindert eine Informationsüberflutung und eine zu hohe Dichte an Ereignissen pro Zeiteinheit.

Wenn es zutrifft, dass der Schnellere der Überlegene und damit auch der Mächtigere ist, können hohe Geschwindigkeiten ein Machtsymbol sein, worauf vor allem Virilio (1978, 1980) hingewiesen hat. Es begann mit dem Pferd und dem Schiff, den beiden Archetypen von „Fahrzeugen". Wer die schnelleren Pferde und Schiffe hatte, war den anderen überlegen, hatte Macht und konnte die Territorien anderer besetzen. Völkerwanderungen, Überfälle und Eroberungen hätte es ohne Pferde und Schiffe nicht gegeben. Mit ihnen konnte man in vergleichsweise kurzer Zeit große Entfernungen zurücklegen und die weniger Schnellen überrennen. Das eroberte Gebiet konnte man beherrschen, weil man es in kurzer Zeit durcheilen konnte.

Das Leitbild des „Immer schneller" hat Borscheid (2004) als „Tempo −Virus" bezeichnet. Dieses Virus wurde von Kaufleuten, Industriellen, Ingenieuren und Informatikern geschaffen. Es sind Handeltreibende, die im beschleunigten Transport von Gütern ein profitables Mittel entdeckten, um ihren Gewinn zu vermehren

und die Konkurrenz abzuhängen, und IT-Konzerne, deren Software in immer kür-
zerer Zeit Nachrichten aus aller Welt und Informationen über alle möglichen
Geschehnisse und Sachverhalte liefert. Darüber wird das „Immer schneller" in
der Gesellschaft positiv konnotiert. Steigerung und Beschleunigung sind wichtige
Prinzipien der Entwicklung der Produktions- und Konsumkulturen der westlichen
Welt. Schnellsein bringt ökonomischen Nutzen und spart Zeit. Abgesehen davon
ist es ein Prestigefaktor. Schnellsein bedeutet, kompetent sein und vieles in kurzer
Zeit bewerkstelligen zu können.

Das Interesse an sportlichen Veranstaltungen und an Weltrekorden bringt
ebenfalls die positive Bewertung von Schnelligkeit zum Ausdruck. Bei langen
Strecken wie dem 5000-m-Lauf lässt sich leichter ermitteln, wer der Schnellste
ist. Bei kurzen Strecken braucht man extrem genaue Zeitmessungen. Wie
Borscheid (2004) berichtet hat, wurden 1863 auf Sekunden genau gehende Stoppuhren eingesetzt, seit 1900 waren Uhren mit Zehntelsekunden bereits Standard.
Seitdem ist die Präzisierung der Zeitmessung noch weiter fortgeschritten. Ohne
objektive Messtechnik lassen sich sportliche Höchstleistungen, die das Auge als
gleich wahrnimmt, nicht unterscheiden. Einer muss auf jeden Fall der Schnellste
sein. Nach Jäckel (2012) ist das enorme Interesse an Rekorden ein Bestand-
teil unserer Zeitkultur. Auch das Doping gehört zu dieser Kultur: es soll dazu
verhelfen, die natürlichen Leistungsgrenzen zu überschreiten.

Der Mensch hat eine technische Kultur geschaffen (Heßler, 2012), die ihm
neue Erlebniswelten eröffnet hat. Er hat – mit anderen Worten – neue „Zeitfüller" dazu bekommen. Er kann sich mithilfe riskanter Aktivitäten, darunter
hoher Geschwindigkeiten, ein hohes Erregungsniveau verschaffen. Das Fahren
mit überhöhter Geschwindigkeit und das bewusste Eingehen von Risiken etwa
beim schnellen Überholen sind Verhaltensweisen, die eine hohe Erregung erzeugen (Schönhammer, 1991). Es entsteht Thrill, eine Mischung aus Angst und Lust.
Schnelles Motorrad- und Autofahren, Drachenfliegen und Fallschirmspringen
sowie auch Bergsteigen in schwierigem Gelände und Slacklinen, dem Balan-
cieren auf einem Seil über einen tiefen Abgrund hinweg, sowie weitere riskante
Aktivitäten und „Mutproben", sind gefährlich. Dass allein schon das Zuschauen
ein hohes Erregungsniveau erzeugen kann, zeigt das Interesse an Autorennen.
Der empathische Zuschauer erlebt ebenfalls Thrill.

Mit einem schnellen Auto lässt sich das Bedürfnis nach spannenden Erlebnissen relativ leicht befriedigen. „For the high sensation seeker, a car is more than
a way of getting from one place to another" (Zuckerman, 1994, S. 138).

Zuckerman fand einen linearen Zusammenhang zwischen der Ausprägung des
Sensation Seeking-Motivs und dem Ausmaß der berichteten Geschwindigkeits-
überschreitung auf Straßen mit Geschwindigkeitsbegrenzung. Auch Harris und

Houston (2010) haben festgestellt, dass die Neigung zu hohen Geschwindigkeiten signifikant mit dem Sensation Seeking korreliert. Sehr schnelles Fahren und rasante Überholmanöver sind Verhaltensweisen, die eine hohe Erregung, gemischt mit mehr oder weniger Angst, erzeugen (Schönhammer, 1991). Man stößt durch eigenes Handeln an Grenzen, ab denen es gefährlich wird und man womöglich sein Leben riskiert.

Über das Aufsuchen oder Vermeiden stimulierender Situationen kann das gewünschte Erregungsniveau hergestellt werden. In dem in Abb. 3.2 dargestellten Modell treten zwei psychologische Prozesse miteinander in Beziehung: die Suche nach Stimulation und die Angst, dass man der damit verbundenen Gefahr nicht mehr Herr wird. Parallel zur Intensität der Reizsuche wächst die Angst, die bis zu einem kritischen Punkt schwächer ist als das Bedürfnis nach Spannung und „action". Überwiegt schließlich die Angst, wird die Suche nach ungewöhnlichen, neuartigen Erlebnissen abgebrochen. Wo der Kipppunkt liegt, ist individuell unterschiedlich.

Die Bereitschaft, Risiken in Kauf zu nehmen, ist im Jugendalter besonders stark ausgeprägt. Das Bedürfnis nach intensiven Erlebnissen bildet sich zwischen

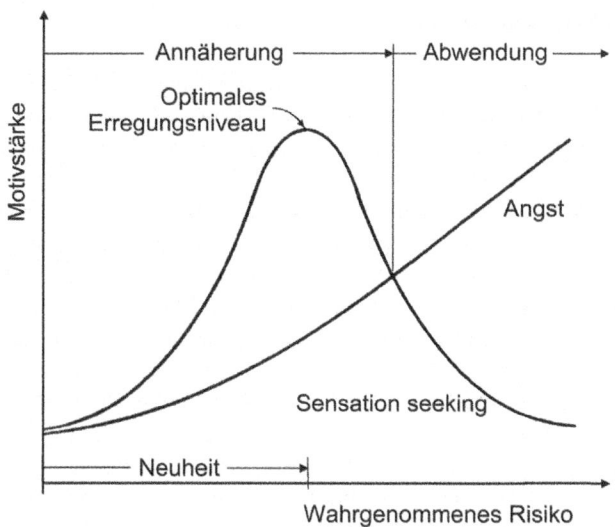

Abb. 3.2 Beziehung zwischen Sensation Seeking und Angstgefühl (Zuckerman, 1994, S. 125)

9 und 14 Jahren heraus und erreicht zwischen 16 und 20 Jahren seine höchste
Ausprägung (Zuckerman, 1994).

Das Reisen bietet neue Raumzeit-Erfahrungen. Man reist in weit entfernte
exotische Länder, weil man Neues erleben möchte. Auf dem Kreuzfahrtschiff
bekommt man ohne eigene Anstrengungen eine Fülle an Anregungen geboten.
Beim Fliegen in ferne Länder ist dagegen nicht der Weg das Ziel. Wie Schönhammer (1991) festgestellt hat, „verunmöglicht" die Fortbewegung im Flugzeug
die Beziehung zum Raum, der überflogen wird, denn die Menschen im Flugzeug
haben keine Gelegenheit sich den Raum aktiv anzueignen, sie sind vollkommen
passiv. Die Flugstunden ähneln einer Wartesituation. Das Streben ist hier auf den
Zielort gerichtet, von dem man erwartet, dass er nicht alltägliche Ereignisse bietet. Wie Schönhammer (1991) schreibt, nimmt der Mensch beim Zufuß gehen
die Umwelt mit allen Sinnen wahr. „Der Umwelt nahe zu sein, sie beobachten,
aufnehmen zu können, ist das hervorstechende Erlebnisangebot dieser Fortbewe-
gungsweise" (S. 263). Als Fußgänger verschafft sich der Mensch die Anregungen
selbst, wobei er im Mittel etwa viermal so viel Zeit braucht als wenn er mit dem
Rad fahren würde.

3.2   Die soziale Zeit

Der Mensch ist sowohl Einzel- als auch Sozialwesen. Als Einzelwesen hat er
eine eigene biologische Uhr und eine individuelle Zeitskala, mit der er seinen Lebensalltag strukturiert. Für den Menschen als Sozialwesen reicht das
nicht aus, denn Sozialwesen brauchen eine gemeinsame Zeit. Die soziale bzw.
öffentliche Zeit bringt die Menschen zusammen und ermöglicht gemeinsames
Handeln. Natürliche Zyklen wie Tag und Nacht sind ein Anknüpfungspunkt für
die Schaffung einer gemeinsamen Zeitskala, die für alle verbindlich ist. Es gibt
sie in Form von Uhrzeiten, Kalendern, Fahrplänen, Stundenplänen, Öffnungszeiten und Arbeitszeitregelungen usw. Ohne Zeitpläne und zeitliche Koordination
wären gemeinschaftliche Unternehmungen nicht möglich. Man muss sozusagen
„an einem Strang ziehen". Ein solches Zeitregime bindet den einzelnen Menschen
ein.

Ohne Zeitregelungen und zeitliche Abstimmungen würde es in der Gesellschaft chaotisch zugehen, denn gemeinsames Planen und Handeln erfordern außer
einem inhaltlichen Konsens oder zumindest Kompromiss und einem gemeinsamen Ort auch eine gemeinsame Zeitstruktur. Außer dem Was und Wo muss so
immer auch das Wann bestimmt werden.

Aufeinander abgestimmte Zeitmuster ermöglichen und erleichtern das Zusammenleben, das sich auf kleinere oder größere Gruppen bis hin zur Gesellschaft beziehen kann. In der Arbeitswelt beginnt z. B. die Früh-, Spät- und Nachtschicht zu bestimmten Uhrzeiten. In Sportvereinen gibt es feste Trainingszeiten. Ohne Synchronisation würden diese Bereiche nicht funktionieren. Wie Elias (2004) gemeint hat, ist ein konflikt- und stressärmeres Zusammenleben und ein reibungsloses Zusammenwirken der entscheidende Vorteil einer gemeinsamen Zeit.

Die soziale Zeit ist keine reine normative Konstruktion, sie leitet sich von natürlichen Vorgängen her. Auch die Religionen, die Zeitgeber gewesen sind, indem sie Sonn- und Feiertage bestimmt und darüber hinaus natürlichen Vorgängen wie dem dunkelsten Tag im Jahr eine spirituelle Weihe verliehen haben, fußen auf natürlichen Prozessen.

Borscheid (2004) ist der Ansicht, dass der Bedarf an Synchronisation immer mehr zugenommen hat. Ein Stichwort sind „Lieferketten", ein Zusammenschluss von Unternehmen und Organisationen, die an der Produktion von Gütern beteiligt sind.

Die soziale Zeitskala ist in den westlichen Gesellschaften der Welt sehr feinkörnig bzw. „klein*zeitig*" (analog zu „klein*räumig*"). Bei Ornstein (1997) heißt es dazu: „We in the West are very precise. We ‚break' time up into small units; we can ‚time' events very, very precisely. This concept is extremely useful in complex, technological society. Our basic unit of time is the second. ..." (S. 22). In hochentwickelten technischen Gesellschaften braucht man „kleinzeitige" Skalen.

Uhren

Eine vordergründige operationale Definition von Zeit ist, dass sie dasjenige ist, was Uhren messen. Doch Uhren sind nicht die Zeit, sondern Instrumente für die Herstellung einer gemeinsamen Zeitskala. Sie geben die Position von Ereignissen auf dieser Skala und deren Dauer an. Zum einen geht es um das Wann, der Position eines Ereignisses, zum anderen um das Wie lange, der Dauer. „Zeit ist das Dauern, bei dem man ein Früher und Später markieren kann und dazwischen die Intervalle zählt" (Safranski, 2015, S. 87). Nur wenn etwas geschieht, kann man überhaupt von Zeit reden. Das unüberhörbare Tick Tack der Standuhr oder die Glockenschläge der Kirchturmuhr sind in diesem Sinne Ereignisse.

Uhren sind Instrumente, die eine öffentliche Zeitskala begründen. Damit ausgestattet kann man sich zeitlich abstimmen, man kann Termine und Zeitstrukturen festlegen und Handlungsabläufe und Aktionen planen, bei denen mehrere Personen beteiligt sind. Man kann damit Geschehensabläufe zeitlich bemessen und normieren. Das Interesse an einer gemeinsamen Zeitskala reicht weit in die Vergangenheit zurück. Man orientierte sich dabei am Stand der Sonne. Bereits im Jahr 997 soll Gerbert von Aurillac in Magdeburg eine Uhr angefertigt haben, die später als „Magdeburger Uhrwerk aus der Ottonenzeit" bezeichnet wurde. Vermutlich hatte es sich um eine Sonnenuhr gehandelt, einer Vorrichtung zur Messung der Sonnenzeit, wobei ein parallel zur Erdachse aufgestellter Stab einen Schatten wirft, der auf einer Zifferblattfläche als Zeiger fungiert (Ullrich 2001). Zur Zeit des preußischen Königs Friedrich Wilhelm waren „Seegersteller" (Zeigersteller) tätig, die dafür zu sorgen hatten, dass die Uhren richtig gingen. Die Seegersteller orientierten sich an Sonnenuhren (Skalweit, 1906).

Ohne Uhren würde eine technische Kultur nicht funktionieren. Ein Beispiel ist der öffentliche Verkehr. Die Netz- und Zeitpläne der Bahnen und Busse müssen aufeinander abgestimmt und koordiniert werden. So war die Eisenbahn im 19. Jahrhundert auch in dieser Hinsicht ein Vorreiter gewesen. „Die Eisenbahn wird zur Lokomotive, die den Zug der Zeit auf ein einheitliches Gleis zieht", hat Borscheid (2004) etwas pathetisch formuliert (S. 128). Die öffentlichen Verkehrsmittel sind darauf angelegt, viele Menschen zu bestimmten Zeiten von einem Ort zu einem anderen Ort zu transportieren. Doch auch im Straßenverkehr benötigt man zeitliche Regelungen wie z. B. Ampelschaltungen, doch es gibt keine Fahrpläne mit Abfahrts- und Ankunftszeiten. Die vermehrte Zeitsouveränität ist einer der Gründe, warum das Auto gegenüber Bus und Bahn bevorzugt wird.

Eine sehr besondere Uhr ist die Blumenuhr, die der schwedische Naturforscher Carl von Linné ersonnen hat, die verglichen mit den üblichen Uhren ein Exot ist. Seine Beobachtungen, dass manche Pflanzenarten nur zu bestimmten Tageszeiten blühen, hatten ihn dazu inspiriert. Mit der Blumenuhr lässt sich die Zeit aufgrund der natürlichen Blühzeiten unterschiedlicher Pflanzen bestimmen. Die Uhr besteht aus einem runden Blumenbeet mit zwölf Unterteilungen, die mit den zur jeweiligen Stunde blühenden Pflanzen bedeckt sind. Ein Blick auf die jeweils geöffneten Blumenkelche gibt Auskunft über die Uhrzeit. „Die Zaunwinde öffnet sich beispielsweise gegen 3 Uhr, die weiße Seerose um 7 Uhr, die Ringelblume um 9 Uhr, die Nachtkerze um 18 Uhr etc." (Fraisse, 1985, S. 26). Der Aufwand, Blumenuhren herzustellen, ist nicht gering, sodass sie keine Verbreitung gefunden haben. Im Grunde sind es auch Sonnenuhren, denn das Blühen geschieht in Abhängigkeit von der Sonneneinstrahlung.

Uhren, die mit ihren zwölf Ziffern den Tag unterteilen, gab es schon im 13. Jahrhundert. Sie wurden für alle sichtbar an Kirchtürmen und Rathäusern installiert. „Mit dem Aufkommen der Uhren wurden gemeinsam benutzbare, sichtbare Referenzpunkte geschaffen, die den vorher benützen Orientierungsmitteln, der Beobachtung der Himmelskörper oder dem Verhalten der Tiere, an Genauigkeit und Verlässlichkeit überlegen waren, genügte es doch jetzt, einen Blick auf die Kirchturmuhr zu werfen, um festzustellen, wie spät es war" (Nowotny, 1989, S. 38).

Heute sind Uhren ein weit verbreiteter Gebrauchsgegenstand, mitunter auch ein Luxusgut. Teure Uhren sind wie teurer Schmuck Prestigeobjekte (Abb. 3.3). Nur wer viel Geld hat, kann sich kostbaren Schmuck, erlesene Kleidung, teure Kunstwerke und eben auch teure Uhren leisten. An den Namen der Uhrenhersteller lässt sich ablesen, ob es eine teure Uhr ist.

Die Funktion von Uhren als Luxusgegenstand zeigt sich in der Werbung, in der Uhren und Schmuck in einem Atemzug genannt werden. Uhren können ein Statussymbol sein, was schon zu Zeiten von Georg Büchner der Fall war. Wer arm war, hatte keine Uhr. In dem Stück „Woyzeck" heißt es: „Wir gemeine Leut, das hat keine Tugend.... aber wenn ich ein Herr wär und hätt' ein' Hut und eine Uhr und eine Anglaise und könnt' vornehm rede, ich wollt' schon tugendhaft sein. Es muß was Schönes sein um die Tugend, Herr Hauptmann. Aber ich bin ein armer Kerl!" Im 19. Jahrhundert wurden Taschenuhren Mode. In der fantastischen Geschichte von Lewis Caroll „Alice im Wunderland" taucht gleich am Anfang eine solche Taschenuhr auf. Die Geschichte beginnt mit einem vorüber

Abb. 3.3 Uhren im Schaufenster (eigenes Foto)

eilenden Kaninchen, das vor sich hinmurmelt, dass es bestimmt zu spät kommt. Das Kaninchen besitzt eine Uhr, die es aus der Westentasche zieht und die ihm bestätigt, dass es zu spät kommen wird, wenn es sich nicht sputet. Es rennt von dannen. Beeilen ist eine Reaktion auf das Erkennen, dass man zu spät dran ist. Alice ist neugierig und läuft ihm hinterher. Sie beeilt sich, um das Kaninchen nicht aus den Augen zu verlieren. Beeilen heißt, die Geschwindigkeit steigern, eine Weg ist kürzerer Zeit zurücklegen. Dank der Uhr weiß man, ob man spät dran ist.

Anfang des 20. Jahrhunderts wurden Armbanduhren Mode, mit denen sich auch die Frauen schmückten. Heute sind Uhren auf dem Wege, zu multifunktionalen Instrumenten zu werden. Eine Armbanduhr kann z. B. gleichzeitig ein Fitness Messgerät sein (Strüver, 2018). Besonders präzise Zeitmesser sind Stoppuhren, mit denen man auf das Genaueste die Dauer ermitteln kann. Im Leistungssport sind sie unverzichtbar, um heraus zu finden, wer der schnellste Läufer, Rad- oder Autofahrer auf der Welt ist, denn die Schnellsten unterscheiden sich oftmals nur um Millisekunden. „Man kann Uhren gewiss dazu benutzen, um etwas zu messen. Aber dieses Etwas ist nicht eigentlich die Zeit, sondern etwas höchst Greifbares, etwa die Länge eines Arbeitstages oder einer Mondfinsternis oder das Tempo einer Läufers beim 100-m-Lauf" (Elias, 2004, S. 9).

Uhren, die außer Stunden und Minuten auch Sekunden anzeigen, sind Präzisionsinstrumente. Die genaueste Uhr ist die Atomuhr, deren Zeittakt aus den Vorgängen in Atomen abgeleitet wird. Die Uhren, die im Alltag verwendet werden, sind im Vergleich dazu ungenau, jedoch sind sie im Alltagsleben, in dem es um Stunden und Minuten, aber kaum um Millisekunden geht, genau genug.

Uhren im öffentlichen Raum hatten in früheren Zeiten nicht nur eine instrumentelle Funktion, sie waren auch ein Gegenstand, der künstlerisch gestaltet und mit Symbolen bereichert wurde. Das Beispiel in Abb. 3.4 zeigt eine Uhr, die von einem Hahn, der am frühen Morgen durch sein lautes Krähen den Beginn des Tages ankündigt, und von einer Eule, einem typisches Nachttier, eingerahmt wird.

Uhren gehören zu den Objekten, die Kunstschaffende inspirieren. Ein Beispiel ist der Zeitzähler von Gloria Friedmann am Ufer der Elbe in Magdeburg. Auf einer Kugel – eine Metapher für die Erde – sitzt ein Mann, der eine Uhr in den Händen hält, auf deren Rückseite er gebannt starrt. Das Zifferblatt sieht er nicht. Weitere Uhren sind auf der Kugeloberfläche eingefügt, die nach Flüssen der Erde benannt sind. Sie symbolisieren den Fluss der Zeit. „Alles fließt", wie es der antike Philosoph Heraklit gesagt haben soll, was Assoziationen an Flüsse weckt. Bei ihnen gibt es keinen Stillstand. Umso größer ist der Kontrast zu dem auf der

Abb. 3.4 Uhr im öffentlichen Raum (eigenes Foto)

Kugel sitzenden Mann, der sich nicht bewegt und der nichts weiter macht als auf eine Scheibe zu starren, die er mit beiden Händen hält (Abb. 3.5).

Abb. 3.5 Zeitzähler (Skulptur im öffentlichen Raum von Gloria Friedmann, eigenes Foto)

Zurück zur instrumentellen Funktion von Uhren und der Frage, wie man überall auf der Erde trotz wechselnden Sonnenstands eine gemeinsame öffentliche Zeit herstellt. Der Stand der Sonne taugt nicht als universeller Taktgeber überall auf der Erde. Es wurden deshalb Zeitzonen geschaffen, die sich an bestimmten Meridianen orientierten. Da eine volle Umdrehung der Erde rund 24 h dauert, beträgt die Zeitdifferenz des Meridiandurchgangs für zwei Orte, deren Längenkreise um 15° auseinander liegen, eine Stunde. In Ländern mit einer geringen West-Ost-Ausdehnung gibt es nur eine Zeitzone, Länder wie die USA oder Russland mit einer enormen West-Ost-Erstreckung haben mehrere Zeitzonen. Meridiane bzw. Längengrade verlaufen von Nord nach Süd, sie sind die Linie, auf der alle Orte auf der Erde liegen, an denen die Sonne zur gleichen Zeit am höchsten steht, es also gleichzeitig Mittag ist. Bei den Längengraden gibt es keinen, der sich gegenüber den anderen hervorhebt, sodass im Prinzip jeder als Bezugs- oder Nullmeridian bestimmt werden kann. Auf der Internationalen Meridian-Konferenz von 1884 einigte man sich auf den Meridian von Greenwich als internationalen Nullmeridian. Zugleich wurde die mittlere Sonnenzeit an diesem Meridian als Greenwich Mean Time festgelegt. Fügt man zur jeweiligen Uhrzeit noch die dazu gehörige Zeitzone hinzu, lässt sich trotz verschiedener Ortszeiten Gleichzeitigkeit herstellen. Wenn es z. B. in Berlin 13 Uhr mittags ist, ist es zum *gleichen* Zeitpunkt in Tokio 20 Uhr. Ohne eine durch den Zusatz von Zeitzonen vereinbarte Gleichzeitigkeit würde eine globalisierte Welt nicht funktionieren. Ein Mensch befindet sich stets in einer bestimmten Zeitzone. An Weltzeituhren kann er die Ortszeiten verschiedener Städte auf der Erde ablesen (Abb. 3.6).

Die Herstellung mechanischer Uhren erforderte feinmotorisches Geschick und technisches Verständnis. Solche Fähigkeiten besaßen in früheren Zeiten nur wenige Menschen. In dem Bild „Der Uhrmacher" der surrealistischen Malerin Remedios Varo kommt diese Feinheit bereits in der Malweise zum Ausdruck. Der dargestellte Uhrmacher wirkt wie ein Zauberer oder Magier–, worauf auch die Katze auf dem Bild hinweist –, der etwas kann, was andere nicht können: Er kann die Zeit fassbar und messbar machen. Auch im Theater tauchen Uhren auf. Wolfgang Hildesheimer hat Uhren in dem Theaterstück „Uhren" als Zeitfüller dargestellt. Die Protagonisten, Mann und Frau, sitzen in einem völlig dunklen Raum, nachdem der Glaser die Fensterscheiben, durch die sie zuvor haben sehen können, was sich draußen abspielt, durch undurchsichtige schwarze Scheiben ersetzt hat. Der Vertreter, der während der Glaser die schwarzen Scheiben einfügt, hereinkommt, verkauft Uhren. Sie finden bei den beiden reißenden Absatz. Am Ende sitzen der Mann und die Frau in einem vollkommen dunklen Raum, in dem überhaupt nichts mehr zu sehen und nur das Durcheinanderticken der vielen

Abb. 3.6 Weltzeituhr
(Foto Lisette Nichtweiss)

Uhren zu hören ist. Die akustischen Reize sind das Einzige, was die beiden vor einer totalen sensorischen Deprivation bewahrt. Das Ticken der Uhren füllt die leere Zeit.

Zu den öffentlichen Zeitgebern gehören seit Jahrhunderten außer Uhren auch Kirchenglocken, die seit dem 15. Jahrhundert läuten. Auch der Nachtwächter, der durch die Straßen ging und die Stunden ausrief, bezog sich auf die Kirchenglocken. In dem bekannten Lied „Hört ihr Herrn" wird jede Stundenzahl mit einer Geschichte aus der Bibel verknüpft. So wird die Zehn mit den zehn Geboten, die Elf mit der Zahl der treuen Jünger und die zwölf mit dem Ziel der Zeit verbunden. In der betreffenden Strophe heißt es:

„Hört ihr Herrn und lasst Euch sagen,

unsere Glock' hat zwölf geschlagen. Zwölf das ist das Ziel der Zeit,

Mensch bedenk die Ewigkeit."

Auch wenn nicht überall ein Nachtwächter singend durch die nächtlichen Straßen gegangen ist, konnten die Menschen an der Zahl der Glockenschläge erfahren, wie spät es ist. Wenn sie an kirchlichen Feiertagen geläutet wurden, verkündeten die Glocken, dass die Arbeit ruhen sollte. Das Glockengeläut zu solchen

Anlässen repräsentierte eine *kulturelle* Zeit, die nach Ansicht von Miller (1988) als „Ausdruck einer spezifischen gesellschaftlichen Sinngebung" gesehen werden kann (S. 870). Die aus dem Mittelalter stammende größte frei schwebende Glocke ist die Gloriosa im Erfurter Dom. Weil der wunderbare Klang dieser einzigartigen Glocke auch in Zukunft noch zu hören sein soll, wird die Glocke geschont. Sie wird nur zu ganz besonderen Anlässen und an hohen kirchlichen Feiertagen geläutet.

Constraints

Für ein gemeinsames Handeln und ein Zusammenleben, das nicht von Konflikten, Auseinandersetzungen und Streitereien geprägt ist, weil die individuellen Zeitpläne nicht zusammenpassen, sind für alle Beteiligten verbindliche normierte Zeitstrukturen erforderlich. Der individuelle Handlungsspielraum wird dadurch zwangsläufig verringert. Eine typische Reaktion darauf ist, dass man sich dem Zeitdiktat von außen entzieht. Dies geschieht z. B., wenn man, sofern beides möglich ist, lieber das Auto als öffentliche Verkehrsmittel nutzt, weil man als Autofahrer weniger den Fahrplänen des öffentlichen Verkehrs unterworfen ist. Fahrpläne sind ein Beispiel für „authority constraints" (Tab. 3.1), denen man dadurch zu entgehen versucht, indem man sich für individuelle Verkehrsmittel wie das Auto oder Fahrrad entscheidet.

Doch auch ein solches Ausweichen bedeutet noch nicht, dass man in seiner Zeitplanung und Zeitverwendung vollkommen selbst bestimmt ist. So münden

Tab. 3.1 Zeit bezogene constraints

Handlungsbeschränkungen durch	Beispiele
Capability constraints	Körperliche Einschränkungen: Im höheren Alter kann man nicht mehr Marathon laufen
Coupling constraints	Terminüberschneidungen: Man kann nicht mehrere Dinge gleichzeitig machen und nicht an verschiedenen Orten gleichzeitig sein
Authority constraints	Eingeschränkte Zugänglichkeit und Verfügbarkeit: Öffnungs- und Servicezeiten sind zeitlich fixiert und begrenzt
Environmental constraints	hohe soziale Dichte: Man steht im Stau, viele Menschen warten an der Haltestelle auf den verspäteten Bus

z. B. begrenzte Ressourcen an Verkehrsflächen, die oftmals übernutzt werden, in Staus, die wahre „Zeitfresser" sein können. Staus sind ein Beispiel für „environmental constraints" (Tab. 3.1). Die soziale Zeit kann für den einzelnen Menschen zu einem Problem werden,

- wenn sie überhaupt nicht zu den individuellen Zeitstrukturen passt,
- wenn die Zeitskalen in verschiedenen Lebensbereichen nicht synchronisiert sind.

Asynchronie führt zu Beschränkungen des individuellen Handlungsspielraums bzw. zu „constraints" (Tanner, 1999, Ellegård, 2019). Es sind, wie in Tab. 3.1 erläutert wird, unterschiedliche Arten von Hindernissen, die je nach Lebenslage und Lebensphase häufiger oder seltener sind. So müssen sich die Menschen in Haushalten mit Kindern relativ oft mit coupling constraints auseinandersetzen, weil Familienaufgaben und berufliche Anforderungen sich zeitlich mitunter nur schwer vereinbaren lassen, wenn die Zeitskalen im Berufsleben und im Kinderbetreuungsbereich nicht synchron sind (Abb. 3.7).

Die Ausweitung der Ladenöffnungszeiten – auch ein Ausdruck einer Konsumgesellschaft –, hat zu mehr Zeitsouveränität beigetragen: Man muss nicht mehr hetzen, um nach der Arbeit noch etwas einkaufen zu können.

Eine rationale Zeitverwendung ist das Credo der Ökonomie. Zeitliche Rationalisierung und Synchronisierung in der Erwerbswelt und im Bereich der

Abb. 3.7 Coupling Constraints. (Copyright Niels Flade, mit freundlicher Genehmigung des Zeichners)

Wirtschaft wirken sich sowohl direkt als auch indirekt auf das Leben der Menschen aus. Dass die Wirkungszusammenhänge äußerst komplex sind, wird in dem Umwelt-Modell von Bronfenbrenner (1996), einem Gefüge aus ineinander geschachtelten Systemen, sichtbar. Unterste Ebene ist das Mikrosystem, oberste Ebene das Makrosystem, dazwischen liegen die Ebenen des Meso- und Exosystems. Das Mesosystem umfasst die unmittelbaren Wechselbeziehungen zwischen den verschiedenen Lebensbereichen wie Wohnen und Arbeiten. Hier können verschiedene Zeitskalen aufeinandertreffen, die nicht kompatibel sind. Coupling constraints sind unvermeidlich, wenn die Zeitskalen nicht übereinstimmen. Das Exosystem umfasst die indirekten Beziehungen zwischen den Lebensbereichen, z. B. beeinflussen die zeitlichen Regelungen in einem Unternehmen, wie lange die Kinder der berufstätigen Eltern in der Kindertagesstätte bleiben. Das Makrosystem ist allumfassend. Außer den öffentlichen Zeitskalen rechnen dazu städtebauliche Leitbilder, soziale Normen, Gesetze, Konventionen, Werte und Ideologien. Ein Zeitbezug besteht hier in vielerlei Hinsicht. So führt der Städtebau dem Leitbild der Trennung der Funktionen entsprechend zu vermehrter Mobilität und damit zu einer Ausweitung der Mobilitätszeitbudgets. Gesetze, mit denen Arbeitszeiten geregelt werden, sind eine direkte Zeitvorgabe. Weitere Constraints können sich durch eine Asynchronie der unterschiedlichen Ebenen ergeben.

Rationalisierungsbemühungen sowie das Wissen, dass Zeit nicht beliebig vermehrbar ist, haben bewirkt, dass man verstärkt darüber nachgedacht hat, wie Asynchronien beseitigt und vermieden werden können. So ist die Idee einer kommunalen Zeitpolitik entstanden, deren Ziel es ist, die Wechselwirkungen von Arbeits-, Betriebs- und Öffnungszeiten zu koordinieren (Mückenberger, 2017). Kommunen können – so wird argumentiert – durch ein umsichtiges, an den Bedürfnissen der Bürger orientiertes Synchronisieren zu einem vermehrten „Zeitwohlstand" beitragen. Es gibt zahlreiche Ideen und Vorschläge, wie sich Constraints durch eine effektive kommunale Zeitpolitik verringern ließen. Im Zeitpolitischen Magazin, das von der Deutschen Gesellschaft für Zeitpolitik herausgegeben wird, werden die Vorschläge und Ansätze ausführlich erläutert.

Pünktlichkeit

Auch wenn man nicht an verschiedenen Orten gleichzeitig sein kann, so reicht mitunter ein verspätetes Eintreffen aus, sofern es sich nicht um eine vorgegebene öffentliche Zeit wie die Fahrpläne von Bus und Bahn handelt. Dann hängt es davon ab, inwieweit Verspätungen toleriert werden oder folgenlos sind, was je nach Situation unterschiedlich ist. Man kommt etwas zu spät zu einer Verabredung oder das Haus brennt nieder, weil die Feuerwehr zu spät eintrifft. Wie katastrophal die Folgen sein können, hat die Nuklearkatastrophe in Tschernobyl im Jahr 1986 vor Augen geführt. Als man begriff, dass eine Katastrophe bevorstand, war es zu spät gewesen, um den Prozess noch stoppen zu können. Die Uhr im Atomkraftwerk hat den genauen Zeitpunkt festgehalten, an dem mit der Explosion des vierten Reaktors im Kernkraftwerk das Unheil seinen Lauf nahm. Auf einem Foto sieht man die Uhr an der zerbröckelnden Wand, die am 26. April 1986 nachts um 1:23:58 für immer stehengeblieben ist (Ludwig, 2014). Ein sofortiges Eingreifen hätte die Katastrophe vielleicht noch verhindern können. Die Beispiele:

- das Haus ist nicht mehr zu retten, weil die Feuerwehr zu spät eingetroffen ist,
- es wird zu spät reagiert, sodass sich die Katastrophe nicht mehr aufhalten lässt,

zeigen, dass die Folgen von Unpünktlichkeit und einem nicht sofortigen Handeln schwerwiegend sein können.

In dem Wort „Pünktlichkeit" ist das Wort „Punkt" enthalten, man soll auf den Punkt genau zur Stelle sein. Es gilt, zeitliche Vereinbarungen einzuhalten (Abb. 3.8). Ohne Pünktlichkeit würden Institutionen nicht funktionieren. Schulkinder und Lehrer müssen pünktlich zum Unterricht kommen, das Pflegepersonal in der Klinik muss pünktlich zur Früh-, Spät- oder Nachtschicht erscheinen. Es sind typische „authority constraints" (vgl. Tab. 3.1).

Welche Zeitspanne des Zu spät Kommens noch akzeptiert wird, ist kulturell unterschiedlich, was Marin (1987) in einer Länder vergleichenden Untersuchung herausgefunden hat. Verglichen hat er Stichproben mit 95 chilenischen und 84 amerikanischen Studierenden, die drei Situationen, in denen auf eine andere Person gewartet wurde, kommentieren sollten. Registriert wurde die Zeitdauer, bis zu der man meint, dass sie nicht mehr kommen wird (Tab. 3.2).

In allen drei Situationen waren die Unterschiede signifikant, was dafür spricht, dass die Akzeptanz von Unpünktlichkeit kulturell unterschiedlich ist. Das gilt auch für die Begründungen, warum man zu spät kommt. Für die Amerikaner ist Unpünktlichkeit vor allem ein Zeichen mangelnder Anstrengung, für die Chilenen sind es sowohl äußere Hindernisse als auch Persönlichkeitseigenschaften wie die schlichte Unfähigkeit, pünktlich zu sein: Man hat keine Schuld, es geht einfach nicht schneller. Fraglich ist dennoch, inwieweit diese Haltung ein stabiles Persönlichkeitsmerkmal ist. Zimbardo und Boyd (2009) sehen hier keinen „trait" (stabiles Persönlichkeitsmerkmal), sondern einen „state" (situationsabhängiger augenblicklicher Zustand), was sie mit einem konkreten Beispiel

Abb. 3.8 Pünktlichkeit
(mit freundlicher
Genehmigung der Stiftung
Historische Museen
Hamburg/Museum der
Arbeit)

Tab. 3.2 Durchschnittliche Zeitdauer in Minuten bis zur Feststellung, dass die Person, auf die man wartet, nicht mehr kommen wird, nach Ländern (Marin, 1987, S. 7)

Situation	Studierende in	
	den USA	Chile
Einladung zum Abendessen	62,25	86,16
Arzttermin	31,65	43,84
Teilnahme am Gottesdienst	26,32	45,75

demonstriert haben: Ein neuer Nationaltrainer, der Serbe Ratomir Dujković, der 2004 in Ghana engagiert wurde, hat die dortige, bislang nicht im Rampenlicht stehende Fußballmannschaft zur Weltklasse geführt. Er hatte von den Spielern nicht nur mehr Leistungsorientierung, sondern auch pünktliches Erscheinen gefordert, was den Spielern bislang nie abverlangt worden war. Unpünktlichkeit wurde jetzt geahndet. Wer es nicht schaffte, pünktlich zu erscheinen, wurde entlassen. Das neuartige Training, zu dem das Pochen auf Pünktlichkeit gehörte, erwies sich als sehr erfolgreich. Die Mannschaft konnte sich im Oktober 2005 erstmals für eine Fußball-Weltmeisterschaft qualifizieren. Während der Weltmeisterschaft im folgenden Jahr gelangte die Mannschaft aus Ghana bis zum Achtelfinale.

Für Usunier und Valette-Florence (2007) ist Pünktlichkeit eine Dimension des individuellen Zeitstils, die „time submissiveness", die Bereitschaft, sich externen

Zeitvorgaben zu „unterwerfen". Diese Bereitschaft kommt in der Zustimmung zu folgenden Aussagen zum Ausdruck:

• Ich komme fast nie zu spät zur Arbeit oder zu Verabredungen.
• Ich komme lieber zu früh und warte, als zu spät zu einem Termin zu kommen.

Menschen, bei denen die individuelle „time submissivness" sehr ausgeprägt ist, akzeptieren „authority constraints" und Zeitvorgaben ohne Vorbehalt. Sie würden nicht auf die Idee kommen zu sagen dass es einfach nicht schneller gegangen ist.

Lebenstempo

Es gibt bevorzugte Tempi und Rhythmen. Grondin (2020) hat das individuell bevorzugte Tempo auf einfache Weise bestimmt, indem er seine Versuchsteilnehmer gebeten hat, mit ihren Fingern einen Rhythmus zu klopfen, der ihnen spontan einfällt und der ihnen besonders zusagt. Wie sich zeigte, bevorzugten jüngere Menschen schnellere Rhythmen, die Intervalle lagen bei ihnen im Mittel bei 600 ms, bei den älteren waren es im Mittel 700 ms. Doch der mit den Fingern geklopfte Rhythmus bis hin zum individuellen „pace of life" entspricht in etwa dem Unterschied zwischen der Versuchsperson im psychologischen Forschungslabor, in dem Störfaktoren eliminiert wurden, und dem Menschen im wirklichen Leben. Die gewohnte Gehgeschwindigkeit lässt sich am zuverlässigsten in realen Situationen herausfinden. Nur dann lässt sich auch feststellen, ob die Gehgeschwindigkeit je nach Umgebung und Zeitpunkt unterschiedlich ist.

Dafür, dass der Kontext wichtig ist, sprechen die Ergebnisse mehrerer Untersuchungen. In großen Städten gehen die Menschen schneller, was Bornstein und Bornstein (1976) herausgefunden haben, die in 15 Städten unterschiedlicher Größe das Gehtempo einer Zufallsstichprobe von Fußgängern auf einer definierten innerstädtischen Strecke gemessen haben. Es zeigte sich, dass umso schneller gegangen wird, je größer die Stadt ist. Bornstein und Bornstein haben dieses Ergebnis als Zeichen eines rascheren „pace of life" in Großstädten interpretiert. Eine nachfolgende Untersuchung von Bornstein (1979) in sechs Städten in unterschiedlichen Ländern untermauerte das Ergebnis. Die Erklärung war: In großen Städten wird der Zeit mehr Wert beigemessen. Die hohen Lebenshaltungskosten in der großen Stadt verlangen einen besonders rationalen Umgang mit Zeit. Gelassenheit passt hier nicht her. Das Leben in der Großstadt verlangt schnelle Abläufe. Es gilt: „Zeit ist Geld".

Walmsley und Lewis (1989) haben eine ähnliche, jedoch nach Tageszeiten und Personengruppen differenzierende Untersuchung in jeweils fünf unterschiedlich großen Städten in England und Australien durchgeführt. Sie konnten den Zusammenhang zwischen Gehgeschwindigkeit und Stadtgröße verifizieren, doch dieser erwies sich als weniger eng als erwartet. Die ökonomische Interpretation im Sinne von „Zeit ist Geld" war für Walmsley und Lewis auch nicht vorrangig. Sie nahmen an, dass die Menschen in großen Städten unwillkürlich schneller gehen, um der Informationsüberflutung, die in großen Städten besonders stark ist, zu entkommen. Sie gehen schnell, um sich dieser Überfülle an sensorischer und sozialer Stimulation zu entziehen. Ein weiterer Grund für eine schnellere Gangart ist, dass die vielen Menschen, von denen man in den öffentlichen Räumen großer Städte umgeben ist, das individuelle Erregungsniveau in die Höhe treiben, was sich in einem höheren Tempo niederschlägt. Beide Erklärungen sind durchaus plausibel: Eine subjektiv zu hohe Ereignisdichte versucht man zu vermeiden und ein hohes Erregungs- bzw. Aktivationsniveau treibt voran.

Noch eine weitere Erklärung haben Wirtz und Ries (1992) geliefert, die in insgesamt 14 europäischen Städten unterschiedlicher Größe nicht nur das Gehtempo gemessen, sondern auch das Alter der Gehenden geschätzt haben. Sie stellten fest, dass in den Großstädten mehr jüngere als ältere Menschen unterwegs sind. Junge Menschen sind im Mittel motorisch fitter, was ihnen eine schnelle Gangart ermöglicht.

Auch gesellschaftliche Faktoren haben einen Einfluss auf den pace of life, wie Levine (1998) festgestellt hat. In den Stichproben in insgesamt 31 Ländern hat er nicht nur die Gehgeschwindigkeit von Fußgängern in den innerstädtischen Bereichen erfasst, sondern auch zwei weitere Merkmale, die, wie er gemeint hat, auf den pace of life in einer Stadt schließen lassen, nämlich das Tempo, in dem Postangestellte am Schalter die Kunden bedienen, und die Genauigkeit der Uhren in öffentlichen Räumen. Auf den ersten vier Rangplätzen landeten die Schweiz, Irland, Deutschland und Japan, die Schlusslichter waren Brasilien, Indonesien und Mexiko. Die Interpretation, dass es sich um kulturtypische Mentalitätsunterschiede handelt, ist indessen eher eine Beschreibung als eine Erklärung, denn die Frage, wie sich diese Mentalitäten herausbilden, bleibt dabei offen. Es sind zweifellos viele Faktoren, die dazu beitragen, darunter die in einem Land vorgegebenen Zeitreglementierungen und Formen des Umgangs mit Zeit. Man erinnere sich an das Ergebnis von Marin (1987), dass Chilenen und Nordamerikaner Pünktlichkeit unterschiedlich wertschätzen.

Auch ein Übermaß an Zeit beeinflusst den pace of life. Er verlangsamt sich. Das zeigte sich in der weithin bekannt gewordenen Studie in Marienthal in Niederösterreich, in der die Folgen der Schließung einer Fabrik, in der ein großer Teil der Wohnbevölkerung gearbeitet hatte, untersucht wurden (Jahoda et al., 1975). Die Schließung der Fabrik hatte zu einer massenhaften Arbeitslosigkeit geführt. Die Frage der Forscher war: Was geschieht, wenn die Arbeit als Taktgeber und Zeitfüller wegfällt? Von einem Fenster, von dem aus man den Dorfplatz überblicken konnte, wurde die Gehgeschwindigkeit der Männer und Frauen auf dem Platz gemessen. Es zeigte sich, dass sich die jetzt arbeitslosen Männer deutlich langsamer bewegten als die Frauen, für die sich der Alltag weniger geändert hatte. Man sah die Verlangsamung als Folge eines Übermaßes an freier Zeit und als ein Anzeichen von Apathie. Die arbeitslos gewordenen Männer hatten für die viele frei gewordene Zeit noch keine Verwendung.

Das Gegenteil ist der Fall bei der „Steigerungslogik", bei der es, weil die Zeit knapp ist, um eine maximale Zeitnutzung geht. Das bisher erreichte Niveau an Schnelligkeit stellt nur eine Zwischenstufe dar; es geht in Richtung eines „Immer schneller" weiter (Borscheid, 2004). Wenn ein durch erhöhte Geschwindigkeiten erzielter Zeitgewinn aufgezehrt wird, in dem anschließend die Leistungsanforderungen erhöht und größere Entfernungen zumutbar werden, entsteht ein Teufelskreis in Form eines immer schneller, immer weiter, immer mehr. Konkurrenz und das Streben nach Gewinn und Einfluss treiben die Beschleunigung voran. Die Zeit soll maximal genutzt und keinesfalls verschwendet werden. Noch mehr Tätigkeiten sollen in derselben Zeit erledigt werden. Die Zeit wird so zu einer wirtschaftlichen Ressource, ganz im Sinne von „Zeit ist Geld". Wer schnell ist, wird begünstigt. Doch er wird womöglich auch zum Maßstab, an dem die Leistungen der anderen gemessen werden.

Das klassische Beispiel einer intensivierten Zeitnutzung ist der Taylorismus, benannt nach dessen Erfinder, dem Amerikaner Winslow Taylor. Er hat Ende des 19. Jahrhunderts in den Fabriken Arbeitsplatzanalysen durchgeführt, indem er mit der Stoppuhr die Dauer der einzelnen Arbeitsschritte gemessen hat. Die Idee war, die Arbeitsabläufe dadurch zu beschleunigen, indem als unnütz erkannte Handgriffe künftig entfallen sollten. Die Ökonomie der Zeit wurde erfunden, die besagt, dass innerhalb ein und derselben Zeiteinheit mehr produziert werden kann als bisher. Versteckte Pausen, ein Innehalten und Verlangsamen werden nicht mehr geduldet, denn sie sind wirtschaftlich abträglich.

Die Rationalisierer verstehen ihre Tätigkeit als Time Compression Management (Borscheid, 2004). Im Grunde ist es nicht die Zeit, die komprimiert wird, sie wird nur „vollgepackt". Borscheid schildert eine typische Szene aus den 1920-er Jahren: „Kontrolleure achten streng auf einen stetigen Produktionsfluss – die alten Zeiten mit ihren selbst gewählten Ruhepausen sind endgültig vorbei" (S. 268). Zur detaillierten Analyse der Arbeitsschritte kam noch die Eignungsauslese dazu. Zum Symbol des gesteigerten Arbeitstempos wurde das Fließband;

es gibt die Geschwindigkeit vor. Das hohe Arbeitstempo wurde als Modernität und Fortschritt gepriesen.

Den Grund, dass der vermehrte Zeitdruck von den meisten Menschen (den „Zeitpionieren" ausgenommen) nicht infrage gestellt wird, sehen Dobler und Reidl (2017) darin, dass Beschleunigung, Zeitverdichtung und Effizienz bislang zentrale Leitvorstellungen unserer Gesellschaft gewesen sind.

Nicht nur in den Fabrikhallen, auch in den Büros und schließlich auch in den Privathaushalten wuchs das Interesse an der Maximierung von Leistung pro Zeiteinheit. Der Architekt Bruno Taut (1925) entwarf Zeit einsparende Grundrisse, die Hausfrauen entlasten sollten. Keine Zeit sollte mehr für nicht nötige Wege vergeudet werden. So sollten Küche und Essplatz nahe beieinander liegen (Abb. 3.9). Doch der Unterschied zur Fabrikarbeit ist nicht zu übersehen: In der Wohnbauarchitektur ging es um mehr Funktionalität, welche die Hausarbeit erleichtert, nicht um eine Steigerung der Schnelligkeit der Arbeitsabläufe. Geeignete räumliche Strukturen sparen Zeit ohne den Menschen ein höheres Tempo aufzubürden. Eine Verkürzung der Wege reduziert die Dauer einer Tätigkeit.

Ein Standardbeispiel ist die in den 1920er Jahren von Grete Schütte-Lihotzky entworfene Frankfurter Küche, die sie als reinen Funktionsraum geplant hatte. Mit

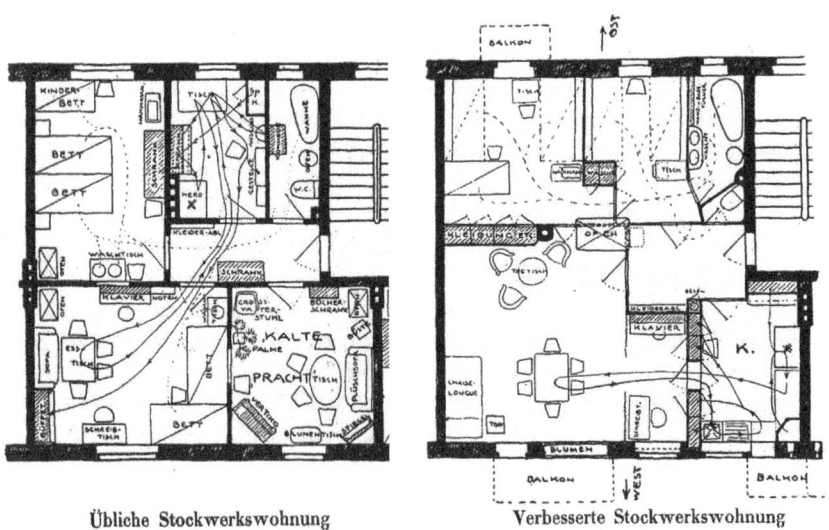

Übliche Stockwerkswohnung   Verbesserte Stockwerkswohnung

Abb. 3.9 Zeiteinsparender Grundriss (Taut, 1925, S. 72 f.)

einer wohnlichen Küche, die eine angenehme Atmosphäre ausstrahlt, sodass man sich gern dort aufhält, hatte diese Küche keinerlei Ähnlichkeit. Überflüssige Wege und Handgriffe wurden ausgemerzt, sodass die Arbeit zeitsparender verrichtet werden konnte. Heute gibt es viele weitere Möglichkeiten, um den Zeitaufwand im Haushalt zu reduzieren. Mit Geräten wie Waschmaschinen, Kühlschränken, dem Kauf von Fertigprodukten lässt sich die Hausarbeit schneller erledigen. Auch bei der Essensaufnahme kann Zeit gespart werden, wenn man Fast Food Stationen aufsucht. Dort erhält der Gast innerhalb weniger Minuten nach der Bestellung sein Essen (Borscheid, 2004). Wichtig ist hier die Verringerung des Zeitaufwands für einen bestimmten Tätigkeitsbereich und nicht eine erhöhte Produktion. Die gewonnene Zeit soll es ermöglichen, auch noch anderes zu tun oder sich dem mehr oder weniger kreativen Nichtstun hinzugeben.

Uchronia

In Utopien wird eine fiktive Zukunft geschildert. Utopien verweisen darauf, dass auch andere Gesellschaften – und nicht nur die uns bekannten – vorstellbar sind. Das „U" steht für „utopisch", sodass der Begriff „Uchronia" auf mögliche Zeitstrukturen in der fernen Zukunft verweist (Nowotny, 1989). Jahrzehnte später hat Schmid (2020) von „U-Chronien" gesprochen. So wie Utopien die Lebensräume und Lebensweisen einer künftigen Menschheit ausmalen, so sind Uchronien Vorstellungen über andere Zeitsysteme und Zeitregelungen, die ganz anders sein können als die uns vertrauten sozialen Zeitskalen und Zeitstrukturen. Typisch für die meisten Uchronien ist der sehr hohe Anteil an persönlicher Zeit. In der Gesellschaft gelten flexible Regelungen, die jedem Einzelnen einen selbst bestimmten und souveränen Umgang mit Zeit erlauben. Der Mensch hat so viel Freizeit, wie er will. Ganz so fern wie dereinst in vordigitalen Zeiten scheint Uchronia nicht mehr zu sein, denn die neuen Technologien haben den Menschen von manchen festen Zeitregelungen befreit und von sozialen Zeitskalen unabhängiger gemacht. Das Home Office kann als ein Schritt in diese Richtung gesehen werden. Doch Uchronia wird es nicht geben, solange es Gemeinschaften und Gesellschaften gibt, auch wenn verbindliche soziale Zeitskalen an Bedeutung verlieren werden. Das „U" bleibt bestehen.

3.3   Die ökologische Zeit

Der Begriff der ökologischen Zeit, wie er hier verwendet wird, bezieht sich
ähnlich wie die soziale Zeit auf ein Synchronisieren und Zusammenpassen verschiedener Zeiten, in diesem Fall der Zeitskala der Umwelt und der Zeitskala
des Menschen. Ausgangspunkt ist die Perspektive der Ökologie, die sich mit
der Analyse der Beziehungen zwischen den Lebewesen und der sie umgebenden
Außenwelt befasst. Für den Menschen besteht die Außenwelt aus der natürlichen und der von ihm geschaffenen kulturellen Umwelt. „Im Einklang mit der
Natur" ist das Motto, das seit der Nachhaltigkeits-Diskussion zu einem Schlag-
wort geworden ist. „Einklang" meint ein harmonisches Verhältnis von Mensch
und Natur: Natürliche Zeitskala und individuelle Zeitskala passen zusammen.
Einklang heißt: Weder der Mensch zerstört die Natur, indem er deren Ressourcen
umsichtig, d. h. nachhaltig nutzt, sodass sie sich regenerieren können, noch die
Natur den Menschen, indem sie ihn von Erdbeben, Vulkanausbrüche, Sturmfluten
und übermäßiger lebensfeindlicher Wärme verschont.

Als kulturelle Umwelt hat der Pionier der Umweltpsychologie Hellpach (1924)
denjenigen Teil der Umwelt bezeichnet, den es ohne Tun des Menschen nicht
geben würde. Die kulturelle Umwelt ist „man-made", sie besteht aus materiel-
len Dingen und gebauten Umwelten sowie immateriellen Dingen wie Ritualen,
Normen, Religionen, Mythen, Gesetzen, Sprachen und Symbolen und eben auch
Zeitskalen. Die gebaute Umwelt, in der die Menschen die meiste Zeit ihres
Lebens verbringen, ist der materiell-räumliche Teil der kulturellen Umwelt.

Eine grundlegende Frage ist, wie der Mensch und die gebaute Umwelt *über die
Zeit hinweg* zusammenpassen. Der Mensch ändert sich körperlich und psychisch,
wohingegen die gebaute Umwelt vor allem auf Stabilität und lange Haltbarkeit
und weniger auf Veränderbarkeit angelegt ist. Erwähnenswert sind in diesem
Zusammenhang die Bestrebungen, herausragende Bauwerke aus vergangenen
Zeiten als „Welterbe" zu erhalten. Sie repräsentieren die kulturelle Vergangenheit. Die alltäglichen gebauten Umwelten haben indessen in erster Linie eine
instrumentelle Funktion, sie sollen zu den Bedürfnissen und Aktivitäten der Nutzer passen. An dieser Stelle können Asynchronien auftauchen, d. h. eine ehemals
bestehende Passung (Kongruenz) zwischen dem Menschen, der sich im Laufe seines Lebens ändert, und der gebauten Umwelt, die fest gefügt und vergleichsweise
unveränderlich ist, geht verloren. Was jeweils nicht mehr zusammen passt, zeigt
sich, wenn man, wie es Fuhrer (1996) gemacht hat, zwischen den verschiedenen
Formen von Kongruenz differenziert (Tab. 3.3).

Tab. 3.3 Arten der Mensch-Umwelt-Kongruenz

Kongruenz	Beispiele
Ergonomisch	Die gebaute Umwelt und die Dinge darin passen zu den körperlichen Maßen und Bewegungsabläufen
Kognitiv	Die Umwelt ist „lesbar". Es fällt leicht, sich in der Umgebung zu orientieren und eine kognitive Karte aufzubauen
Emotional	Der Raum hat die richtige Atmosphäre, er ist angenehm und anregend. Man fühlt sich dort wohl
Motivational	Es bestehen Gelegenheiten, die individuellen Handlungsabsichten zu verwirklichen

Ergonomische Kongruenz ist direkt sichtbar und fühlbar. Man sieht und fühlt, ob Sitzmöbel, Treppenstufen, Greifweiten, Stuhl-, Tisch-, Fensterhöhen, Türdrücker und Raumhöhen zu den körperlichen Maßen und den Bewegungsabläufen passen. Doch diese Passung kann zeitabhängig sein. So ist das für ein dreijähriges Kind geeignete kleine Fahrrad, das perfekt zu seiner Körpergröße passt, einige Jahre später nicht mehr passend. Hier wird nicht die Umwelt bzw. der Gegenstand verändert, sondern ein größeres Fahrrad angeschafft (Abb. 3.10).

Für einzelne Dinge mag das angehen, doch für Umwelten ist ein einfaches Neuanschaffen weitaus weniger machbar. Hier stellt sich die Frage, wie gebaute Umwelten nutzungsoffener gestaltet werden können, sodass sie relativ leicht passend gemacht werden können. Längst gibt es Möbel, die nicht nur für einen kurzen Moment oder eine bestimmte Körperposition ergonomisch kongruent sind. Es gibt Schreibtischstühle, die unter dem Label „Ergonomie am Arbeitsplatz" als anpassbare Sitzmöbel angepriesen werden. indem sie sich dem Nutzer automatisch anpassen. Verbreitung gefunden hat der „mitwachsende" Kinderstuhl, ein Sitzmöbel, dessen Sitzfläche höhenverstellbar ist, sodass er in dergesamten Kindheit, in dem aus dem Kleinkind ein Schulkind wird, gebrauchsfähig ist (Abb. 3.11). Flexible Gestaltungen von Dingen wie der mitwachsende Kinderstuhl sowie von Räumen, die für vieles genutzt werden können, ermöglichen Kongruenz über die Zeit hinweg.

Kognitive Kongruenz, definiert als „Entsprechung zwischen Denk- und Wissensstrukturen einerseits und Geschehensstrukturen andererseits" (Fuhrer, 1996, S. 150), erleichtert die räumliche Orientierung. Ortswechsel oder auch der Wechsel auf ein anderes Verkehrsmittel bedeuten, dass eine neue kognitive Karte, aufgebaut werden muss. Ein einstmals beliebtes Café, in dem man sich lange Zeit wohl gefühlt hat, ist zu einem hektischen Ort geworden, seit es als touristisches Highlight gilt. Hier ist es die Umwelt, die sich verändert hat und

Abb. 3.10   Vom Laufrad zum Sportrad (eigene Fotos)

Abb. 3.11   Mitwachsender
Kinderstuhl (eigenes Foto)

Inkongruenz erzeugt hat. Einem Home Office fehlt mitunter die motivationale Kongruenz, wenn es zu vieles gibt, was ablenkt und die unwillkürliche Aufmerksamkeit auf sich zieht. Für alle Formen von Kongruenz gilt, dass sie nicht für alle Zeiten gegeben sein müssen. Um zu einer Zeiten überdauernden Synchronie zwischen dem Menschen und der gebauten Umwelt – einer funktionierenden ökologischen Zeitskala – zu gelangen, gibt es im Prinzip zwei Wege:

- Der Mensch eignet sich seine Umwelt aktiv an und verändert und gestaltet sie entsprechend seinen Bedürfnissen und Vorstellungen. Dazu braucht er Gelegenheiten. Ein Beispiel ist die vernakuläre Architektur, bodenständige gebaute Umwelt.
- Fachleute gestalten gebaute Umwelten und Dinge so, dass sie veränderbar sind. Das Ergebnis ist eine nutzerorientierte Architektur.

Der Grundriss einer Wohnung für eine Familie mit zwei kleinen Kindern, der in einer bestimmten Familienphase passend ist, ist es zu anderen Zeiten nicht mehr. Aus den kleinen Kindern, die ein gemeinsames Spielzimmer haben, werden Jugendliche und junge Erwachsene, die ein eigenes Zimmer bevorzugen und die irgendwann ausziehen, sodass die Wohnung jetzt eigentlich zu groß ist. Dieser voraussehbare Wandel erfordert einen Grundriss, der nicht allein die Passung in der frühen Phase im Blick hat, sondern auch eine Synchronie von Familienzyklusphase und Wohnungsgrundriss und Wohnungsgröße über die Zeit hinweg.

Während sich die Menschen und ihre Lebensumstände im Laufe der Zeit ändern, kann die „steinerne" gebaute Umwelt Jahrhunderte überdauern. Es sind unterschiedliche Eigenzeiten, die nicht unbedingt synchron sind. Die „zu Stein gewordene Inelastizität baulicher Formen", wie es Novy (1991) formuliert hat, ist das genaue Gegenteil von Veränderbarkeit. Bauwerke sind langlebige Güter. Umso mehr kommt es darauf an, unflexible Bauwerke, sofern sie nicht in die Rubrik „Welterbe" fallen, sondern die als „Gebrauchsarchitektur" fungieren, zu vermeiden. Bezogen auf die Zeit heißt das, die Zeitskala des Menschen und die Zeitskala gebauter Umwelten zu synchronisieren, indem anstelle der „zu Stein gewordenen Inelastizität baulicher Formen" veränderbare gebaute Umwelten geschaffen werden. Würde man diese Idee der „elastischen baulichen Formen" verwirklichen, könnte man auch das Ungleichgewicht, dass nämlich ältere Menschen im Durchschnitt über deutlich mehr Wohnfläche verfügen können als jüngere, was die aktuellen Pressemitteilung im Juni 2023 des Statistischen Bundesamts wieder einmal bestätigt hat, verringern. Die Wohnungen, in denen die Älteren jetzt allein oder zu zweit leben, haben sie früher einmal mit ihren Kindern bewohnt. Doch jetzt sind individuelle bzw. familiäre und die Gebaute-Umwelt-Zeitskala nicht mehr synchronisiert. Der Haushalt hat sich verändert, während die Wohnung gleichgeblieben ist. Mit teilbaren bzw. zusammenschaltbaren Wohnungen und nutzungsoffenen Wohnräume könnten gebaute Umwelten über die Zeit hinweg kongruent sein. Mit der Frage der Kongruenz zwischen gebauter Umwelt und dem älteren Menschen befasst sich insbesondere die ökogerontologische Forschung (Wahl, 2000).

In dem Buch „Social design. Creating buildings with people in mind" hat Sommer (1983) geschildert, wie bauliche Nutzungsoffenheit erreicht werden kann. Ein Bauwerk, das ausschließlich *jetzt* gefallen und *jetzt* passend sein soll, ist ein allein auf den gegenwärtigen Moment bezogener formalistischer Entwurf. Im Unterschied dazu berücksichtigt der nutzerorientierte Entwurf die sich ändernden Bedürfnisse und Interessen der gegenwärtigen als auch der künftigen Nutzer. Dies sei am Beispiel eines Entwurfs einer Pausenhalle für eine Ganztagsschule demonstriert (Abb. 3.12). Das Funktionsprogramm einer Ganztagsschule unterscheidet sich von demjenigen einer Schule, in der sich die Schüler nur in den Vormittagsstunden bis mittags aufhalten. Die Aufenthaltsdauer ist länger und das Spektrum an Aktivitäten weiter. Für Ganztagsschulen ist dementsprechend ein passendes Raumprogramm erforderlich. Dies betrifft vor allem die große Pausenhalle. Der Entwurf ist auf Nutzungsoffenheit in zweierlei Hinsicht angelegt: Es sind Rückzugsnischen und Gemeinschaftsbereiche vorgesehen und es gibt flexibel einsetzbares Mobiliar.

Das Prinzip der Nutzungsoffenheit hat inhaltliche, räumliche und zeitliche Aspekte: Die Pausenhalle soll unterschiedlichen Zwecken dienen (dem Was), sie soll unterschiedliche Settings wie Rückzugs- sowie soziale Orte für kleinere und größere Gruppen bieten (dem Wo), und sie soll zu unterschiedlichen Tageszeiten passen, den Pausen zwischen den Unterrichtsstunden, der langen Mittagspause als auch der Zeit nach dem Unterricht (dem Wann).

Nutzungsoffene Gestaltungen lassen Zeit zu. Sie müssen es jedoch nicht zur Gänze, denn nicht alles muss veränderbar sein, was Martin (2002) mit der Unterscheidung zwischen einer „hard architecture" und einer „soft architecture" klar gemacht hat. Das Festgefügte stellt die hard architecture (elements that cannot normally be changed) dar, die flexiblen Elemente sind die soft architecture (elements that can be changed in varying degrees). Harte Architektur – die fest eingebauten Bestandteile wie tragende Wände, Fenster, Türen, Heizkörper, Spülbecken, Steckdosen und Einbauschränke – bleibt über die Zeit hinweg gleich bleibt. Diese Zeitlosigkeit ist kein Hindernis, wenn dadurch unterschiedliche Nutzungen nicht blockiert werden und Veränderungen möglich bleiben.

Abb. 3.12 Entwurf einer Pausenhalle für eine Ganztagsschule. (Copyright juni.studio, mit freundlicher Genehmigung von juni-studio)

Nutzungsoffenheit von Bauwerken ist nicht nur in Anbetracht unterschiedlicher individueller Bedürfnisse und Anforderungen sowie der Veränderungen im Verlauf des Lebens erstrebenswert, sondern ist auch von Vorteil für Immobilien- und Wohnungsunternehmen, weil das heute Gebaute auch in den kommenden Jahren und Jahrzehnten noch tauglich sein wird. Eine veränderbare gebaute Umwelt lässt Zeit zu, sie ermöglicht Kongruenzen zwischen Mensch und Umwelt über die Zeit hinweg.

Will man hervorheben und betonen, dass etwas von Menschen Geschaffenes für alle Zeit gültig ist und unabhängig von wechselnden Moden und Leitbildern Bestand hat, spricht man gern von „zeitlos". Wenn es von Baustilen, Inneneinrichtungen oder Kleidungsstücken heißt, dass sie zeitlos sind, meint man damit, dass etwas beibehalten werden kann, weil es sich als haltbar, zweckmäßig und in ästhetischer Hinsicht als immer noch akzeptabel erwiesen hat, sodass jede Veränderung eher eine Verschlechterung wäre. Zeitlos bedeutet hier eine über die Zeit hinweg bestehende Kongruenz, weil sich auf beiden Seiten, der des Menschen und der Umwelt, nichts verändert hat.

Auch Bauwerke, die nach dem Willen der Erbauer oder Auftraggeber für die Ewigkeit errichtet wurden wie die Pyramiden in Ägypten, die Tempel der Griechen oder die gewaltigen gotischen Dome werden, auch wenn sie Epochen überdauern, irgendwann vom Wüstensand überweht, von Erdbeben zerstört oder einfach nur brüchig. Hier passt die Redewendung vom „Zahn der Zeit". Am Maßstab der menschlichen Lebensspanne gemessen, sind sie enorm dauerhaft. Veränderungen sind indessen auch hier, wenn auch über einen vergleichsweise weiten Zeitraum hinweg, unausweichlich. Die ökologische Zeit bezieht sich nicht auf diese Bauten, die keine instrumentelle, sondern eine symbolische und spirituelle Funktion haben (Stokols, 1990).

Zeitperspektive

4

Einschnitte setzen bedeutet das, was davor lag, als alt, und alles, was jetzt kommt, als neu zu kategorisieren (Gadamer, 1969). Einschnitte trennen Vergangenes ab und wenden sich im Sinne von „es geht voran" der Zukunft zu. Es ist die Idee des Fortschritts: Man schreitet voran und nicht zurück. Vom erlebten gegenwärtigen Augenblick blickt der Mensch in zwei Richtungen: einmal zurück auf das gerade eben oder schon länger Vergangene und einmal noch vorn in Richtung Zukunft, wobei er sich ausmalt, was geschehen wird, wenn er etwas so oder anders macht oder gar nichts tut – eine individuelle Folgenabschätzung also (Fleischer, 1996). Es ist immer der gegenwärtige Moment, von dem aus der Rück- und der Ausblick erfolgt. Der Gott Janus aus der römischen Mythologie verkörpert die Zeitperspektive, er blickt in beide Richtungen. Zwischen seinen beiden Profilen, die in entgegengesetzte Richtungen weisen, liegt die schmale unmittelbar erlebte Gegenwart.

Sie ist nicht so schmal, wie es auf den ersten Blick scheint, wenn man sich nämlich vergegenwärtigt, dass Vergangenheit und Zukunft Kognitionen, Erinnerungen und Vorstellungen sind. Es gibt sie nur mental. Real ist allein der gegenwärtige Moment, in dem man sich an Vergangenes erinnert und sich die Zukunft vorstellt. Lynch (1972) hat deshalb die beiden Blickrichtungen als auf bestimmten Ereignissen beruhende fantasiereiche Kreationen bezeichnet, die ausschließlich in der Gegenwart existieren. Danach gibt es eine „present of things past, a present of things present, a present of things future" (S. 122). In welche Richtung man auch schaut und wie man entscheidet und handelt: die Zeitperspektive ist fest in der Gegenwart verankert, alles andere sind kognitive Prozesse. Ähnlich hat Nuttin (1964) die Zeitperspektive als kognitive Gesamtschau bezeichnet, als einen Denkvorgang, bei dem einzelne Teile: der jetzige Moment,

A. Flade, *Zeitpsychologie*, https://doi.org/10.1007/978-3-658-43033-7_4

die erinnerte Vergangenheit und die vorgestellte Zukunft, mental miteinander verknüpft werden.

Vergangenheit, Gegenwart und Zukunft gibt es im Universum nicht, was für den Menschen schwer zu begreifen ist, denn der Urknall und die Milliarden Jahre danach müssten doch Vergangenheit sein. Dieses Unvermögen, sich ein zeitloses Universum vorzustellen, kommt, wie der Astrophysiker Rovelli (2018) gemeint hat, zustande, weil Menschen eine eingeschränkte Sicht von der Welt haben. Sie sehen nur einen winzigen Ausschnitt. Ihr Streben nach Umweltkontrolle treibt sie dazu, nach den Ursachen von Ereignissen zu fragen. Sie wollen die Welt erklären. Im Universum gelten indessen andere Gesetze. Eine Aufeinanderfolge ist hier die Ausnahme. Es gibt sie nur dann, wenn Wärme: die Bewegung der Moleküle, im Spiel ist, weil Moleküle stets vom Warmen zum Kalten fließen und nie umgekehrt. Nur dort gibt es eine Reihenfolge. „Nur wo Wärme ist, unterscheiden sich Vergangenheit und Zukunft" (Rovelli, 2018, S. 28). Nur hier lässt sich ein Vorher und ein Nachher ausmachen.

Auch in der Lebenswelt des Menschen gibt es viele und vielfältige Wechselwirkungen statt Reihenfolgen, bei denen sich bestimmen lässt, was Ursache und was Wirkung ist. Das Bedürfnis des Menschen nach Umweltkontrolle, Ereignisse erklären und beeinflussen zu können, führt dazu, dass er versucht, komplexe Wechselwirkungen und Interaktionen in begreifbarere kausale Wenn-Dann-Beziehungen aufzulösen.

Wie sich der Mensch verhält, was er beabsichtigt und wie er handelt, hängt von den Erfahrungen, die er früher einmal gemacht hat, und seinem erworbenen Wissen sowie von seinen Bedürfnissen, Motiven und Erwartungen ab. Ohne Zukunftsorientierung würde er nicht planen, er hätte keine Absichten und Vorhaben, die er verwirklichen will, und ohne Wissen wäre er „ein Spielball fremder Mächte". Er besäße keine „Umweltkontrolle", d. h. er könnte das „dem Menschen innewohnende Bestreben, Ereignisse und Zustände seiner Umwelt beeinflussen, vorhersagen oder zumindest erklären zu können" (Fischer & Stephan, 1996, S. 166), nicht befriedigen. Sein Handlungsspielraum wäre stark begrenzt, er hätte keinen oder nur einen sehr geringen Einfluss auf seine individuelle Zukunft.

Die Gegenwart ist das unmittelbar Erlebte, Vergangenheit all das, was erinnert wird und Spuren hinterlassen hat, Zukunft ist das Unbekannte, das geschehen könnte (Elias, 2004). Die Trennlinie zwischen den drei Teilen wandert ständig, denn was gerade geschieht, ist im allernächsten Moment schon Vergangenheit. Ebenso wird das, was gerade eben noch Zukunft war, zur Gegenwart. Auch das Vorher und das Kommende, sowie sie im Moment gesehen werden, üben einen Einfluss darauf aus, wie sich ein Mensch fühlt, wie er gestimmt ist, wie er denkt und wie ihm die Umwelt erscheint.

Um richtig reagieren und überlegt handeln zu können, bedarf es eines Zeithorizonts, der über den kurzen Moment der Gegenwart hinausreicht. Husserl hatte von „Retention" gesprochen, die den Augenblick verlängert, indem das gerade eben Vergangene noch verfügbar bleibt. Fraisse (1985) hat dazu bemerkt: „In der sich ständig verändernden Welt ist unsere Handlung in jedem Moment nicht allein von der Situation, in der wir uns gerade befinden, abhängig, sondern vor allem davon, was wir erlebt haben und noch von der Zukunft erwarten. ... Man kann mit anderen Worten sagen, dass jede Handlung sich in eine Zeitperspektive einfügt, das heißt, sie selbst ist in dem Moment, in dem wir sie ausführen, von unserem Zeithorizont abhängig" (S. 152). Die Fähigkeit, Aufeinanderfolgen zu erfassen, setzt voraus, dass der Mensch mehr vermag, als nur einen Reiz von kurzer Dauer wahrzunehmen und darauf zu reagieren. Aufeinanderfolgen bzw. Veränderungen lassen sich nur erfassen, wenn ein größerer Ausschnitt im Bewusstsein gehalten wird. Hier kommt das Gedächtnis ins Spiel. Die Zeitperspektive umfasst außer dem erinnerten Vorher, dem augenblicklichen Jetzt und dem vorgestellten Kommenden auch die Beziehungen zwischen Vergangenem und Gegenwart, zwischen Gegenwart und den Vorstellungen von der Zukunft sowie zwischen vergangenen Erfahrungen und Zukunftserwartungen. In diesem Beziehungsnetz ist es von Belang, ob die Vergangenheit negativ oder positiv gesehen wird. Erinnerungen wie „früher war ich ein glückliches Kind" beeinflussen das augenblickliche Erleben. Die erinnerte glückliche Kindheit liefert einen Maßstab, an dem der Glücksgehalt des jetzigen Moments gemessen wird.

Die Zeitperspektive ist, wie es Nuttin (1964) formuliert hatte, eine kognitive Gesamtschau, welche die individuell erlebte Vergangenheit und die vorgestellte Zukunft zu einem gegebenen Zeitpunkt einschließt. Die vorgestellte Zukunft sah er als primären *Motivationsraum* an. „The psychological future is not just a learning effect of the past; it is essentially related to motivation. On the behavioral level the object needed is something to come to reach or to achieve, and this constitutes the behavioral future. ...the future is our primary'motivational space'" (Nuttin, 1964, S. 63). Motiviert sein bedeutet auf ein Ziel gerichtet sein. Man handelt in der Absicht, etwas, was in der Zukunft liegt, zu erreichen. Handeln ist *geplantes, d. h. zukunftsgerichtetes* Verhalten. Menschen ohne Zukunftsperspektive haben keine Ziele, die sie erreichen wollen, sie handeln nicht und haben keinerlei Handlungsabsichten. Apathie, Gleichgültigkeit und Teilnahmslosigkeit sind Anzeichen einer fehlenden Zukunftsperspektive.

Dass die Zeitperspektive die Bildungs- und Lebenschancen beeinflusst, haben Zimbardo und Boyd (1999) an einem Beispiel demonstriert: Die höheren Abbrecherquoten bei Studierenden aus Familien mit einem niedrigen sozioökonomischen Status würden oft vorschnell auf eine geringere Intelligenz zurückführt.

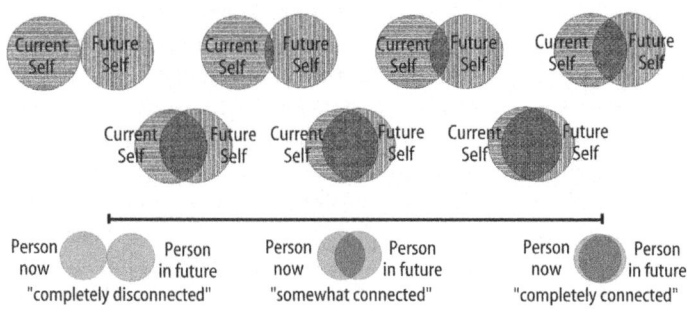

Abb. 4.1 Erfassung der Ähnlichkeit zwischen dem gegenwärtigen Selbst und dem antizipierten Zukunfts-Selbst (Hershfield & Bartels, 2018, S. 96)

Nicht gesehen wird dabei, dass der Grund auch eine unterentwickelte Zukunftsperspektive sein kann.

Der Zeitstil, wie ihn Usunier und Valette-Florence (2007) definiert haben, beruht zu einem großen Teil auf der individuellen Zeitperspektive. Dazu gehört die zeitliche Strukturierung des Alltags (Gegenwart), das Planen von Aktivitäten (Zukunft) und die Nutzung des Erfahrungswissens (Vergangenheit) sowie des Weiteren die Akzeptanz externer Zeitvorgaben und die Einstellung zur ökonomischen Zeit im Sinne von „Zeit ist Geld", dem, wie Usunier und Valette-Florence es bezeichnet haben, „commodity paradigm of time". Wenn Zeit als Ware verstanden wird, bemisst sich ihr Wert an ihrer Knappheit. Ökonomisch gesehen geht es um die Optimierung des Verhältnisses von Mitteleinsatz und Ertrag (Beck und Wuttke 2005), d. h. um einen effizienten Einsatz von Zeit. Der individuelle Zeitstil lässt sich mit grafischen Methoden diagnostizieren, die einfach anzuwenden und leicht verständlich sind und die auch noch den Vorteil haben, sprachunabhängig zu sein. Man lässt z. B. drei Kreise zeichnen, deren Größe bzw. Radius die persönliche Bedeutung von Vergangenheit, Gegenwart und Zukunft ausdrücken soll, oder man lässt eine Linie, welche die gesamte Zeitperspektive repräsentiert, so in drei Abschnitte unterteilen, dass die Größe der Abschnitte die subjektive Bedeutung der jeweiligen Phase wieder gibt (vgl. Abb. 4.1). Eine sprachgebundene Methode ist das Zimbardo-Zeitperspektiven-Inventar (ZTPI), ein Fragebogen zur Ermittlung der sich aus fünf Faktoren zusammensetzenden individuellen Zeitperspektive, wobei sich jeweils zwei Faktoren auf die Vergangenheit (negativ oder positiv) und auf die Gegenwart (fatalistisch oder hedonistisch) beziehen (Tab. 4.1).

Tab. 4.1   Faktoren der Zeitperspektive im ZTPI (Zimbardo & Boyd, 2009)

Faktoren	Beispiele
Negative Vergangenheit	Ich habe in der Vergangenheit Fehler gemacht, die ich gern rückgängig machen würde
Positive Vergangenheit	Ich denke gern an meine Vergangenheit. Ich hatte eine schöne Kindheit
Fatalistische Gegenwart	Da sowieso alles kommt, wie es kommt, ist es egal, was ich tue
Hedonistische Gegenwart	Es ist mir wichtiger, das Leben zu genießen, als mich nur auf meine Ziele zu konzentrieren
Zukunft	Ich glaube, man sollte jeden Morgen den Tagesablauf im Voraus planen

Die Aussagen im ZTPI sollen auf einer Skala von 1 = sehr uncharakteristisch, 2 = uncharakteristisch, 3 = neutral, 4 = charakteristisch, 5 = sehr charakteristisch, beurteilt werden. Zu jedem Faktor wird (nach dem Umpoolen negativ formulierter Aussagen) der Gesamtscore ermittelt. Ein hoher Wert bedeutet eine hohe Ausprägung auf dem jeweiligen Faktor. Tab. 4.2 gibt einen Ausschnitt aus dem ZTPI wieder.

Eine Fixierung auf nur einen Zeitabschnitt oder dessen übermäßige Gewichtung geht zulasten der jeweils anderen. Es mindert die Lebensqualität, wenn nur noch an Vergangenes oder ständig an die (unheilvolle) Zukunft oder ausschließlich an die Karriere gedacht wird oder wenn nur die Gegenwart zählt und kein Gedanke an die Folgen eines allzu hedonistischen Lebensstils verschwendet wird, man also „von der Hand in den Mund lebt". Ein stark ausgeprägter hedonistischer Lebensstil verringert die Bereitschaft, sich für zukünftige Ziele zu engagieren, eine Aufgabe zu Ende zu bringen, auf unmittelbare Belohnungen zugunsten eine künftigen Gratifikation zu verzichten und Ablenkungen und Versuchungen zu widerstehen. So brechen manche Studierende ihr Studium nicht ab, weil sie intellektuell überfordert wären, sondern weil ihre Zukunftsperspektive nicht weit genug reicht oder eine ausgeprägte hedonistische Haltung ein Weitermachen blockiert. Die auf die Zukunft gerichtete Perspektive geht dagegen mit Gewissenhaftigkeit, guten schulischen Leistungen, Tatkraft und gesundheitsbewusstem Verhalten einher. Auch eine negative Vergangenheitsperspektive wirft reichlich Probleme auf. So korreliert, wie Zimbardo und Boyd (2009) ausgeführt haben, eine negativ erlebte Vergangenheit mit Depression, Neurotizismus, geringem Selbstbewusstsein und Aggressivität, eine positiv erlebte Vergangenheit dagegen mit Ausgeglichenheit und Selbstbewusstsein.

Tab. 4.2 Zimbardo-Zeitperspektiven-Inventar (ZTPI) (Ausschnitt aus Zimbardo & Boyd, 1999, S. 1287 f.)

Vertraute Zeichen, Geräusche und Gerüche aus der Kindheit wecken oft eine Flut von schönen Erinnerungen
Das Schicksal bestimmt vieles in meinem Leben
Ich denke oft daran, was ich in meinem Leben hätte anders machen sollen
Meine Entscheidungen werden meistens von den Menschen und Dingen in meiner Umgebung beeinflusst
Ich glaube, man sollte jeden Morgen den Tagesablauf im Voraus planen
Ich handle meistens spontan
Wenn Dinge nicht rechtzeitig erledigt werden, mache ich mir keine Gedanken darüber
Wenn ich etwas erreichen will, setze ich mir Ziele und überlege mir, wie ich sie erreichen kann
Ich denke gern an meine Vergangenheit
Da sowieso alles kommt, wie es kommt, ist es egal, was ich tue
Unpünktlichkeit ärgert mich
Ich komme allen meinen Verpflichtungen pünktlich nach
Ich treffe Entscheidungen spontan
Ich nehme jeden Tag so wie er ist, statt ihn zu planen
Die Vergangenheit birgt zu viele unangenehme Erinnerungen, an die ich lieber nicht denken möchte
Ich habe in der Vergangenheit Fehler gemacht, die ich gern rückgängig machen würde
Bevor ich eine Entscheidung treffe, wäge ich die Kosten gegen den Nutzen ab
Wenn ich Risiken eingehe, wird mein Leben nicht langweilig
Die Dinge entwickeln sich selten so, wie ich es erwartet habe
Es fällt mir schwer, unangenehme Erfahrungen aus meiner Jugend zu vergessen
Es macht keinen Sinn, sich über die Zukunft Gedanken zu machen, wenn man sowieso nichts daran ändern kann
Ich folge oft mehr meinem Herzen als meinem Kopf
Ich kann Versuchungen widerstehen, wenn ich weiß, dass es etwas zu tun gibt, was getan werden muss
Ich arbeite weiter an schwierigen, uninteressanten Aufgaben, wenn sie mir helfen voranzukommen

(Fortsetzung)

Tab. 4.2 (Fortsetzung)

Es ist mir wichtiger, das Leben zu genießen, als mich nur auf meine Ziele zu konzentrieren

Ich denke über alle die guten Dinge nach, die ich in meinem Leben verpasst habe

Sobol-Kwapinska et al. (2019) haben vermutet, dass die Struktur der Zeitperspektive altersabhängig ist. Um ihre Annahme zu überprüfen, haben sie eine Studie durchgeführt, in der sie den ins Polnische übersetzten Fragebogen von Zimbardo und Boyd drei Altersgruppen in mehreren polnischen Städten vorgelegt haben: 18 bis 27-Jährigen („Students"), 28 bis 39 -Jährigen („Thirties") und 40- bis 65- Jährigen („Middle age group"). Bei den Students war die hedonistische Gegenwart am stärksten ausgeprägt, bei den Thirties stieß man häufiger auf eine negative Vergangenheit und eine fatalistische Gegenwart, in der Middle age group sah man die Vergangenheit eher in einem positiven Licht, der Hedonismus stach weniger hervor. Das Ergebnis besagt: Die Zeitperspektive ist kein unveränderliches Persönlichkeitsmerkmal.

Allzu ausgeprägte Fixierungen auf nur eine Phase behindern ein normales Leben, im Extremfall machen sie psychisch krank. Ziel einer hier ansetzenden Therapie ist, dem Klienten zu einer ausgewogenen Zeitperspektive zu verhelfen, d. h. einer Zusammensetzung aus einer positiven Vergangenheitsorientierung, eines nicht übertriebenen Gegenwartshedonismus und einer moderaten Zukunftsorientierung. „The future focus gives people wings to soar to new heights of achievement, the past (positive) focus establishes their roots with tradition and grounds their sense of personal identity, and the present (hedonistic) focus nourishes their daily lives…" (Zimbardo und Boyd 1999, S. 1285). Das Ziel ist mit anderen Worten eine ideale Zeitperspektive. Das Gegenteil, eine dysfunktionale Zeitperspektive, könnte man in Anlehnung an die Psychoanalyse charakterisieren: das Lustprinzip ist zu dominant, das Realitätsprinzip zu schwach; traumatische Erfahrungen aus der Vergangenheit können nicht bewältigt werden.

Die individuelle Zeitperspektive ist nicht statisch und, wie bereits ausgeführt wurde, kein stabiles Persönlichkeitsmerkmal. Sie kann neu justiert werden, wenn man, die bisherige Lebensweise hinter sich lassend, zu „neuen Ufern" aufbricht. Ein literarisches Beispiel findet sich in der Novelle „Die Kosaken" von Tolstoi. Dort heißt es: „Wie es immer bei einer weiten Reise zu sein pflegt, dass die Fantasie auf den ersten zwei, drei Stationen noch an dem Orte haftet, von dem man herkommt, und dann plötzlich mit dem ersten Morgen, der uns unterwegs begrüßt, hinüber springt nach dem Ziel der Reise, und dort Luftschlösser erbaut,

so geschah es auch Olenin" (Tolstoi, 1910, S. 15). Der Protagonist wechselt,
während er unterwegs ist, die Richtung seiner Zeitperspektive.

Vorstellungen von zukünftigen Ereignissen setzen die Fähigkeit voraus, über
das Hier und Jetzt hinaus zu denken und das gegenwärtige Verhalten auf einen
späteren Zeitpunkt auszurichten. Diese Fähigkeit hat Huber (2022), der verglei-
chende Kognitionsforschung betreibt, wobei er untersucht, welche Fähigkeiten
Tiere besitzen, als *erweitertes Bewusstsein* bezeichnet. Lebewesen, die Überzeugungen, Wünsche und Absichten haben, sind rational denkende und handelnde
Lebewesen, nur sie besitzen ein erweitertes Bewusstsein. Ein Kernbewusstsein,
das nur eine sehr kurze Zeitspanne umfasst, haben auch Tiere, doch eine Zeitperspektive, die sich von der erinnerten Vergangenheit bis in die vorgestellte Zukunft
hinein erstreckt, ist bei Tieren entweder nicht oder nur rudimentär vorhanden.

Damasio (2011) hat Bewusstsein definiert als Geisteszustand, in dem man
Kenntnis von der eigenen Existenz und der Existenz seiner Umgebung hat. Er
hat bezogen auf das Bewusstsein zwischen drei Stufen des Selbst unterschieden:

- dem Protoselbst, der Ebene der Gefühle,
- dem Kern-Selbst, ein Gespür für das Hier und Jetzt, Verbundenheit mit der
  Außenwelt ohne Bezug auf Vergangenes oder Zukünftiges,
- dem autobiografischen Selbst, das auf dem individuellen Erfahrungswissen
  beruht, das wiederum Grundlage für Projektionen in die Zukunft ist.

Das Protoselbst ist, wie Damasio schreibt, der Dreh- und Angelpunkt, um den
sich das Bewusstsein dreht. Das erste und elementarste Produkt des Protoselbst
sind die Gefühle. In ihnen spiegelt sich der augenblickliche Zustand des Körpers wider, der von Lust bis Schmerz reicht. Schmerz und Lust sind körperliche
Zustände, sie sind – wie alle Gefühle – ein unmittelbarer Ausdruck der Empfin-
dungsfähigkeit. Bewusste Geisteszustände sind mit Gefühlen verbunden, was man
daran erkennen kann, dass Menschen mit Bewusstseinsstörungen ohne Emotionen
sind.

Das autobiografische Selbst und das erweiterte Bewusstsein sind nach Ansicht
von Damasio der „Apparat der Lebensteuerung". Ohne erweitertes Bewusstsein
würde die Lebensteuerung total automatisch ablaufen. Das erweiterte Bewusstsein ermöglicht es, über die eigene Existenz und das Bestreben, am Leben zu
bleiben, nachdenken zu können. Es ist eine Art „Metakognition": zu wissen, dass
man weiß.

Das erweiterte Bewusstsein, das sich im Laufe des Lebens entwickelt und
mit den persönlichen Lebenserfahrungen wächst, reicht über den gegenwärtigen Moment hinaus. Voraussetzung für diese zeitliche Ausdehnung ist eine

beträchtliche Gedächtnis- und Denkfähigkeit. Dank des Gedächtnisses können wir Aufeinanderfolgen rekonstruieren; Situationen können gedanklich vorweggenommen und mögliche Folgen vorhergesehen werden. Der Mensch erwirbt auf diese Weise einen zeitlichen Horizont, der seinem gegenwärtigen Denken und Handeln Sinn verleiht (Fraisse, 1985).

Willenshandlungen richten sich auf die Erreichung von mental repräsentierten Zielzuständen, die zeitlich mehr oder weniger weit entfernt sein können (Huber 2022). Die Antizipation zukünftiger Bedürfnislagen, d. h. die Fähigkeit, sich künftige Bedürfnisse vorzustellen, die man im Moment noch nicht hat, ist ein entscheidender Schritt, zukunftsorientiert handeln zu können.

Das Erleben und Verhalten des Menschen hat oftmals mit der Zeitperspektive zu tun, ohne dass hier ein Zusammenhang gesehen wird. So lassen sich auch die Phänomene Sehnsucht und Heimweh mit der Zeitperspektive in Verbindung bringen. Der von Sehnsucht erfüllte Mensch erstrebt etwas, was gegenwärtig nicht da ist. „Die Sehnsucht verspricht uns eine Alternative zu einem ‚Ist-Zustand', dem Erleben einer Gegenwart, die uns Wesentliches vorzuenthalten scheint" (Boesch, 1998, S. 16). Das Sehnen ist gegenwärtig, es bezieht sich auf positive Erfahrungen in der Vergangenheit, die Wunscherfüllung liegt in der Zukunft. Es bleibt zunächst offen, ob das, wonach man sich sehnt, erreicht wird. Wie die Sehnsucht lässt sich auch das Heimweh (home sickness) mit der Zeitperspektive in Verbindung bringen. Home sickness beruht auf einer positiv erlebten Vergangenheit. Man sehnt sich an den positiv erinnerten Ort zurück. Man ist mit ihm emotional so eng verbunden, dass er zu einem Teil von einem selbst geworden ist (Fuhrer & Kaiser, 1993). Heimweh ist ein starkes Verlustgefühl, das krank machen kann, was das englische Wort „sickness" direkt ausdrückt.

In einer mobilen Gesellschaft ist Heimweh nicht selten, auch wenn darüber geschwiegen wird, um das Selbstbild, dass man „weltoffen" ist, nicht zu trüben. Dass das Leiden an Heimweh sogar weit verbreitet ist, ergab eine Befragung von Angestellten aus verschiedenen europäischen Ländern, die in einer multinationalen High-Tech-Gesellschaft in den Niederlanden arbeiten. Fast die Hälfte von ihnen litt an Heimweh, am häufigsten diejenigen, die erst kurze Zeit und die schon sehr lange fern ihres Home lebten (Eurelings-Bontekoe et al., 2000). Diejenigen, die schon etliche Jahre im Ausland tätig sind, erinnern sich an ihre Vergangenheit im Heimatland, in das sie auf absehbare Zeit nicht zurückkehren werden, mit Wehmut. Es wird künftig so weiter gehen. Für die Neuangekommenen ist das Land noch fremd, sie trauern ihrer Heimat nach. Für diejenigen, die schon eine Weile im Ausland leben, ist die Phase der anfänglichen Fremdheit vorbei und die Zukunft noch offen. Sie können noch hoffen, in absehbarer Zeit wieder in ihr Herkunftsland zurückzukehren.

Einer speziellen Frage sind Hershfield und Bartels (2018), die diachrone Ich-Identität betreffend, nachgegangen: Werde ich in Zukunft noch der Mensch sein, der ich heute bin? Um zu einer Antwort zu gelangen, haben sie die Konzepte des gegenwärtigen (current self) und des künftigen Selbst (future self) erdacht. Inwieweit unterscheiden sich das gegenwärtige und das vorgestellte zukünftige Selbst? Wird man in Zukunft (in einem Jahr) noch derselbe Mensch sein? Die Forscher haben verschiedene graphische Methoden eingesetzt, um die Ähnlichkeit zwischen dem gegenwärtigen und dem künftigen Selbst zu erfassen. Bei der einen Methode sollte die Konstellation der zwei sich mehr oder weniger überschneidenden Kreise, die das current self und das future self repräsentierten, angekreuzt werden. Eine weitere Methode war das Markieren einer Position auf einer Linie (Abb. 4.1).

Das vorgestellte künftige Selbst ist mehr als nur eine Fantasie, es sagt etwas über die Selbstkontinuität bzw. die in die Zukunft projizierte diachrone Identität aus. Nicht nur, dass Selbstkontinuität auf psychische Stabilität schließen lässt, es bestehen darüber hinaus, wie Hersfield und Bartels festgestellt haben, Zusammenhänge zwischen der Selbstkontinuität einerseits und guten akademischen Leistungen und einer zügigeren Erledigung von weniger Spaß machenden Aufgaben anderseits.

Auf die enorme Bedeutung die Zeitperspektive in der Politik haben Zimbardo und Boyd (2009) hingewiesen. Die Zeitperspektive wird von Politikern als Mittel eingesetzt, um in der Bevölkerung bestimmte Haltungen zu erzeugen und zu festigen. Die Taktik von Politikern und politischen Parteien, Wählerstimmen zu gewinnen, ist das Versprechen einer positiven Gegenwart und einer sorgenfreien Zukunft oder aber das Ausmalen eines künftigen Schreckensszenarios, wenn man nicht richtig wählt. Zimbardo und Boyd (2009) haben verschiedenen Strategien analysiert:

- Die Gegenwart wird als Gewinn oder Verlust dargestellt. Politiker reden davon, wie sehr sich die Lage im Vergleich zu früher verbessert hat. Sie sprechen damit gegenwartsorientierte Wähler an.
- Die Zukunft wird als sicher oder bedrohlich ausgemalt. Ein bedrohliches Szenario verstärkt die Scheu vor Risiken. Man bleibt dann doch lieber beim Status quo.

„Durch Panikmache wird das Schreckgespenst der potenziell katastrophalen Folgen in düsteren Farben an die Wand gemalt" (Zimbardo & Boyd, 2009, S. 349). Welche Strategie eingesetzt wird, hängt davon ab, wer gerade an der Macht ist oder zur Macht strebt (Tab. 4.3).

Tab. 4.3 Zeitperspektivenpolitik (Zimbardo & Boyd, 2009, S. 349)

Position	Zeitzone		wahrscheinliche Stimme
	Gegenwart	Zukunft	
Des Machtinhabers	Darstellung als Gewinn	Betonung von Unsicherheit	Für den Status Quo
Des Herausforderers	Darstellung als Verlust	Betonung von Sicherheit	Für Veränderung

Die Sicht auf die Gegenwart und die Erwartungen an die Zukunft beeinflussen das Verhalten der Wähler. Die Ausmalung von Zukunftsszenarien gehört zu den politischen Strategien. Doch auch in Diktaturen weiß man um die Bedeutung der Zeitperspektive (Nowotny, 1989). Sie wird in mehrfacher Hinsicht beeinflusst:

- Die Machthabenden legen fest und bestimmen, was jetzt zu gelten hat.
- Die Unvorhersehbarkeit der Zukunft für jeden einzelnen wird durch Terror gesteigert. Wer Opfer wird, lässt sich nicht voraussagen.
- Die Vergangenheit wird beseitigt. Geschichte wird umgeschrieben.
- Die Zukunft wird strukturiert, indem Stellen geschaffen und mit Personen besetzt werden, die auch in Zukunft Macht haben werden.

In dem Roman von Ilija Trojanow „Macht und Widerstand" wird die politisch Bedeutung der Zeitperspektive anschaulich geschildert.

Warum politische Diskussionen oftmals zu keinem akzeptablen Ergebnis führen, hat, wie Zimbardo und Boyd meinen, auch den Grund, dass die Zeitperspektiven der Streitenden nicht zusammenpassen. Wenn unterschiedliche Sichtweisen und Erwartungen aufeinandertreffen, und sich keiner überzeugen lässt, dass man es auch anders sehen kann und dass die Zukunft so aussehen wird, wenn man nicht dies oder das macht, und dass diese Strategie besser ist als jene, lässt sich kein Konsens herstellen.

Wenn im Folgenden die Zukunfts-, die Gegenwarts- und die Vergangenheitsperspektive getrennt betrachtet werden, geschieht dies allein aus analytischen Gründen, denn es ist keine Frage, dass alle drei mental eng miteinander verwoben sind, was in der am Ende des vierten Kapitels dargestellten Zeitperspektiven*therapie* sehr klar zum Ausdruck kommt.

4.1   Die Zukunftsperspektive

Die Zukunftsperspektive ist ein Abschnitt in der Zeitperspektive, in dem es um Erwartungen, was demnächst geschehen wird, und um die Verwirklichung von Handlungsabsichten geht. Vorstellungen und gedankliche Vorwegnahmen machen die individuelle Zukunft aus. Im Zukunfts-Bereich sind es anders als in der Gegenwart keine konkreten und anders als in der Vergangenheit keine erinnerten, sondern vorgestellte Ereignisse, deren Eintreten mehr oder weniger wahrscheinlich ist. Der Mensch wartet nicht einfach ab, was wohl geschehen wird, sondern er plant die Zukunft, soweit es ihm möglich ist, und er handelt aktiv, um seine Ziele zu erreichen. Zweifellos ist das eine Idealvorstellung, denn nicht alle Menschen planen und schauen voraus – es hängt von ihrer individuellen Zeitperspektive ab. Planen – sei es im Alltagsleben, in Stadtplanungsämtern oder im Bereich der Wirtschaft und Politik –, ist prospektives Denken, das Antizipieren und Bewerten zukünftiger Ereignisse, die man selbst herbeiführt oder die andere herbeiführen. Ereignisse in der Umwelt, die ohne eigenes Zutun geschehen, versucht man zu prognostizieren und zu beeinflussen. Inwieweit sich hier ein Geschlechtsunterschied ausmachen lässt, haben sich Trommsdorff et al. (1980) gefragt. Ist die Zukunftsorientierung von Männern und Frauen unterschiedlich? Mit dem dazu entwickelten Fragebogen (Füchsle et al., 1980) wurden folgende Aspekte erfasst:

- Wie genau glaubt man, die Zukunft vorher sehen zu können?
- Wird die Zukunft eher positiv oder eher negativ gesehen?
- Für wie wahrscheinlich werden bestimmte Ereignisse gehalten?
- Wie erwünscht sind diese Ereignisse?
- Werden für das Eintreten von zukünftigen Ereignissen eher Gegebenheiten der Umwelt verantwortlich gemacht oder sieht man die Ursachen eher bei sich selbst?

Eine grundlegende Frage ist, ob man das Eintreten zukünftiger Ereignisse eher äußeren Faktoren zuschreibt oder ob man sich selbst als Akteur sieht. Wer meint, nichts bewirken zu können, blickt anders in die Zukunft als jemand, der glaubt, Einfluss zu haben. Trommsdorff et al. haben weibliche und männliche Personen aus Berufsschulen, Gymnasien und der Universität befragt. Dabei zeigte sich, dass Berufsschülerinnen häufiger befürchteten, dass sich ihre beruflichen Wünsche nicht erfüllen lassen, sie trauten sich weniger zu als die männlichen Schüler, aus eigener Kraft ihre Ziele verwirklichen zu können. Es sind somit das Geschlecht plus Bildungsniveau, von denen es abhängt, ob man glaubt selbst etwas bewerkstelligen zu können. Die Berufsschülerinnen hatten sich als weniger selbstwirksam wahrgenommen. Selbstwirksamkeit (self-efficacy) ist so eine Voraussetzung von Zukunftsorientierung. Darüber hinaus korreliert Selbstwirksamkeit mit Wohlbefinden und physischer und mentaler Gesundheit, was in etlichen Studien nachgewiesen wurde. „The ability to predict and control our future depends on a robust sense of self-efficacy – our beliefs or expectancies about our ability to do what we believe is necessary to control our futures by achieving desired future outcomes and preventing undesirable ones" (Maddux & Kleiman, 2018, S. 174). Wer sich Ziele setzt und sie zu erreichen versucht und dabei davon überzeugt ist, dass er dazu fähig ist, ist gegenüber denen, die sich nichts zutrauen, im Vorteil. Er führt selbst Veränderungen herbei statt ihnen ausgesetzt zu sein. Zur „Vita activa" gehört auch eine aktive Mitwirkung an der Zukunftsgestaltung.

Umweltbedingungen, die das körperliche, psychische und soziale Wohlbefinden beeinträchtigen oder sogar bedrohen, sind nicht immer kontrollierbar. Die Folge ist Stress, der sich verstärkt, wenn man erkennen muss, dass man nichts gegen die zu erwartenden unerwünschten bis bedrohlichen Ereignisse ausrichten kann. Dies gilt außer für Naturkatastrophen oder einen von Menschen verursachten GAU auch für ambiente Stressoren wie Lärm, Luftverschmutzung, extrem hohe soziale Dichten und fehlende öffentliche Sicherheit. Es sind Stressoren, die man allein nicht aus der Welt schaffen kann, und die so bedrängend sind, dass man sich erst einmal notdürftig zu behelfen versucht.

Vom Belohnungsaufschub zur Leistungsmotivation

Essentiell für die Zukunftsperspektive ist die Fähigkeit, zeitlich voraus zu blicken und sich die Folgen einer Handlung vorzustellen. Ohne diese Fähigkeit wäre der Mensch nicht in der Lage, die sofortige Befriedigung momentaner Wünsche und Bedürfnisse auf einen späteren Zeitpunkt zu verschieben. Ein Belohnungsaufschub käme für ihn nicht infrage, wenn es keine Zukunft gäbe (Huber, 2022). Jeder Belohnungsaufschub erfordert Durchhaltevermögen und zwar umso mehr, je weiter in der Zukunft die zu erwartende Belohnung liegt. Näher liegt das Ziel, z. B. in dem zu übenden Klavierstück weniger Fehler zu machen, weiter weg, wenn man in einem Jahr die Aufnahme-Prüfung in der Musikhochschule bestehen will. Voraussetzung, dass diese zeitlich weiter entfernten Ziele verfolgt und erreicht werden, auf die dann eine Belohnung erfolgt wie das Bestehen der Aufnahmeprüfung, sind Ausdauer und die Fähigkeit, in die Zukunft zu denken. Das Verzichtenkönnen auf eine unmittelbar folgende Belohnung und dafür zu einem späteren Zeitpunkt eine möglicherweise größere Belohnung einzustreichen, setzt eine Zukunftsperspektive voraus. Über die Frage: Ist es besser, heute zu verzichten, um morgen vielleicht mehr zu bekommen, hatte zu Beginn des 20. Jahrhunderts schon Max Weber nachgedacht, der dabei vor allem die gesellschaftliche Ebene im Blick hatte. Weber hatte zwischen der protestantischen Ethik und dem Beginn der Industrialisierung und dem westeuropäischen Kapitalismus einen engen Zusammenhang gesehen. Dem kapitalistischen Prinzip der Akkumulation von Kapital und der Investition der erwirtschafteten Gewinne liegt, der Ethik des asketischen Protestantismus entsprechend, ein Belohnungsaufschub zugrunde. Religiöse und ökonomische Überzeugungen treffen hier zusammen. Ähnlich hat sich Gadamer (1969) geäußert. Seiner Ansicht nach ist „die gehemmte Begierde" eine Grundvoraussetzung für die Entstehung und Existenz menschlicher Kultur. Der Belohnungsaufschub ist ein Verzicht auf eine unmittelbare lustvolle Gegenwart. Die Menschen müssen bereit sein, erst einmal zu arbeiten und erst danach dafür ihren Lohn zu bekommen.

Kleinkinder sind noch keine Asketen. Durch ihre Erziehung und Sozialisation sollen sie befähigt werden, auf unmittelbare Belohnungen zu verzichten. In den zum Teil als Längsschnitt angelegten Experimenten in einer Kindertagesstätte der Stanford Universität hat Mischel (2015) Kinder im Alter von vier und fünf Jahren mit einer Situation konfrontiert, in der die Belohnung ein Marshmallow war. Diese Studien sind als „Marshmallow- Experimente" weithin bekannt geworden. Vor dem Kind lag auf einem Tisch ein Marshmallow. Der Versuchsleiter sagte dem Kind, dass er für eine andere Aufgabe den Raum kurz einmal verlassen müsse. Sollte das Kind das Marshmallow essen wollen, dann solle es mit einer Klingel den Versuchsleiter rufen. Der Versuchsleiter käme dann sofort zurück, und dann könnte es das Marshmallow gleich essen. Es bekommt ein zweites Marshmallow, wenn er zurückkommt, ohne dass es geklingelt hat. In anderen Experimenten war die Belohnung ein Keks bzw. zwei Kekse oder eine Tüte bzw. zwei Tüten Geleebonbons. Wie sich zeigte, spielte die Art der Belohnung keine Rolle. Einige Kinder im Vorschulalter erwiesen sich als fähig, auf die üppigere Belohnung zu warten, ein Anzeichen, dass sie bereits eine Zukunftsperspektive entwickelt haben. Ein viele Jahre später durchgeführter Vergleich der Eigenschaften der inzwischen zu Jugendlichen und Erwachsenen herangewachsenen Kinder, die bereit gewesen waren, auf die doppelte Belohnung zu warten, mit den Eigenschaften derjenigen, die den einen Marshmallow sofort essen wollten, zeigte, dass ein Denken in die Zukunft im Kindesalter mit verschiedenen Eigenschaften in den späteren Lebensjahren korreliert. Zimbardo und Boyd (2009) haben die Ergebnisse zusammengefasst (Tab. 4.4).

Tab. 4.4 Merkmale von Jugendlichen, die im Vorschulalter auf eine sofortige Belohnung zugunsten einer späteren größeren Belohnung verzichtet haben oder nicht (Zimbardo & Boyd, 2009, S. 263)

Jugendliche, die warten konnten,	Jugendliche, die nicht warten konnten,
Können mit Frustrationen eher umgehen	Können mit Frustrationen schlechter umgehen
Sind aufgeschlossen	Sind starrköpfig
Können unter Zeitdruck arbeiten	Können Zeitdruck nicht ertragen
Sind selbstbewusst	Haben ein negativeres Selbstbild
Sind verlässlich	Sind unzuverlässig
Können sich konzentrieren	Sind leicht ablenkbar
Sind lernbegierig	Sind lernunwillig
Sind gute Schüler	Sind schlechte Schüler
Verfolgen ihre Pläne beharrlich	Geben schnell auf
Schneiden in der Englisch- und in der Mathematik-Prüfung gut ab	Schneiden in der Englisch- und in der Mathematik-Prüfung schlecht ab

Prospektives Denken, die Fähigkeit, vom gegenwärtigen Moment und der jeweiligen Bedürfnislage abzusehen, ist ein Zeichen von Zukunftsorientierung. Kinder, die bereits im Vorschulalter auf eine Belohnung warten können, haben in späteren Jahren Vorteile, sie sind den an sie gestellten Anforderungen besser gewachsen. Geduld und Selbstkontrolle in der Kindheit haben eine bemerkenswerte Vorhersagekraft für den beruflichen Erfolg im Erwachsenenalter.

Die Fähigkeit, die Befriedigung eines Bedürfnisses aufzuschieben, ist eine Voraussetzung für Leistungsmotivation. Man lernt und strengt sich an, um Fähigkeiten und Fertigkeiten zu erwerben, statt sich dem Nichtstun hinzugeben oder etwas zu machen, was mehr Spaß macht. Die motivationale Entwicklung und die Entstehung einer Zukunftsperspektive hängen so eng zusammen. Das verwundert nicht, denn wie Nuttin (1964) es treffend formuliert hat: Die Zukunft ist der primäre motivationale Raum.

Leistungsmotivierte Menschen haben ein ausgeprägtes Zeitbewusstsein, sie sind sich der Kostbarkeit von Zeit voll bewusst. Knapp und Garbutt (1958) haben dazu ein interessantes Experiment durchgeführt. Ihre Idee war, die individuellen Zeitvorstellungen auf indirektem Weg durch Kommentierung einer Reihe von Metaphern zu ermitteln (Tab. 4.5). Die Leistungsmotivation haben sie mit einem der gängigen psychologischen Tests erfasst. Es stellte sich heraus, dass die Leistungsmotivierten eine Präferenz für dynamisch bewegte Szenen haben.

Tab. 4.5 Zeitbezogene
Metaphern und deren
Korrelationen mit dem
Leistungsmotiv (Ausschnitt
entnommen aus Knapp &
Garbutt, 1958, S. 429)

Metapher	r
ein rauschender Wasserfall	+41
ein galoppierender Reiter	+32
ein fliegender Vogel	+30
ein dahin rasender Zug	+23
eine brennende Kerze	+12
eine Straße, die über einen Hügel führt	−01
dahintreibende Wolken	−03
ein ausgedehnter weiter Himmel	−31
ein stiller, unbewegter Ozean	−41

Weniger auf Leistungen erpichte Menschen bevorzugen ruhigere Szenen wie
dahinziehende Wolken, die Weite des Himmels und ein stilles unbewegtes Meer.

Die beträchtlichen Korrelationen zwischen der Präferenz für dynamische
Geschehnisse und dem Leistungsmotiv sind bemerkenswert. Offen bleibt jedoch,
über welche Faktoren der Zusammenhang vermittelt wird. Das Persönlichkeitsmerkmal: Offenheit gegenüber neuen Erfahrungen, dürfte hier eine Rolle spielen.
Bewegung, z. B. ein galoppierender Reiter oder dahin rasender Zug verheißen
neue (künftige) Erfahrungen.

Die Charakterisierung der Zukunft als Motivationsraum führt direkt in die
Motivationspsychologie. Eines der motivationspsychologischen Modelle ist das
„Rubikon-Modell", das den Vorgang zwischen Zielsetzung, Zielverfolgung und
Zielerreichung beschreibt (Heckhausen & Heckhausen, 2018). Die Bezeichnung
rührt von dem Fluss Rubikon her, den Julius Caesar im Jahre 49 v. Chr. über-
schritt, womit er sich gegen den Senat in Rom stellte, der beschlossen hatte,
dass er sein Heer entlassen und seine Befehlsgewalt über Gallien und Illyrien
niederlegen soll, ehe er dann erneut für das Konsulat kandidieren darf. Die Über-
querung des Flusses in Richtung Rom mitsamt dem bewaffneten Heer bedeutete
eine Kriegserklärung an den Senat. Der Ausdruck „den Rubikon überschreiten"
meint seitdem, sich auf eine riskante Handlung einzulassen. Im Rubikon-Modell
werden vier Phasen unterschieden:

- Abwägen zwischen alternativen Zielen, Festlegen des Ziels, das man erreichen
  will,
- Überlegen und Planen, wie man das Ziel erreichen will,
- Handeln, Umsetzen der Planung,
- Bewerten dessen, was man erreicht hat.

Abwägen und Bewerten haben Heckhausen und Heckhausen als *motivationale* Phasen bezeichnet. Planen und Handeln sind dagegen der Energetisierung bedürfende *volitionale* Phasen. Motive bzw. Bedürfnisse sind der Motor des Handelns. Es wird gehandelt, um sie zu befriedigen. Entscheidend ist jedoch, dass die Ziele als erreichbar wahrgenommen werden, denn zu hoch angesetzte Ziele bräuchten ein besonders hohes Ausmaß an Energetisierung, sodass sie im Zuge einer realistischen Abwägung oft verworfen werden.

Erwähnenswert ist in diesem Zusammenhang die Zielsetzungstheorie (Brandstädter & Henneke, 2018). Sie befasst sich mit der Frage, welche Art von Zielen sich.

optimal auf die Leistung auswirken. Festgestellt wurde die Überlegenheit spezifischer

und herausfordernder Zielvorgaben im Vergleich zu vagen „Tu-dein-

Bestes"-Zielen. Brandstätter und Henneke schildern eine Studie, in der untersucht wurde, welche Zielvorgaben Holzarbeiter zu besseren Leistungen motivieren können, deren Aufgabe es war, Lastwagen mit Baumstämmen zum Abtransport zu beladen, ohne dass das maximal zulässige Ladegewicht überschritten, aber auch nicht unterschritten wurde. Mit dem üblichen Ziel, ihr Bestes zu geben, erreichten die Arbeiter oft nur eine

Auslastung von 60 % des zulässigen Ladegewichts. Mit der Zielvorgabe, eine 94 %ige Auslastung zu erreichen, steigerten sie die Auslastung schließlich auf rund 90 %. Wie das Ziel formuliert wird, ist also nicht gleichgültig. Nach der Zielsetzungstheorie ist es ratsam, statt eines unspezifischen „streng dich an" die Zielvorgabe spezifischer und herausfordernder zu formulieren. Wenn man es dann trotz widriger Umstände geschafft hat, das Ziel zu erreichen, ist das ein Gewinn für das Selbstwertgefühl.

Caesar war sich des Risikos seiner gegen den Senat gerichteten Handlungsweise bewusst, doch er hatte die Befehlsgewalt über ein bewaffnetes Heer. Er hatte Macht und konnte die Konfrontation wagen. Er hatte sich ein spezifisches und herausforderndes Ziel gesetzt.

Ziellosigkeit wird dagegen durchaus als belastend und als Unfähigkeit sich zu entscheiden erlebt. Wenn Caesar in Grübeleien versunken wäre und sich zu keinem Entschluss hätte durchringen können, hätte man ihn wahrscheinlich wegen mangelnder Entschlusskraft weniger geachtet. Doch er verfügte über ein bewaffnetes Heer, eine günstige Situation, um so zu handeln, wie er es gemacht hat. Bei einer weniger klaren Ausgangslage fällt die Entscheidung weniger leicht. Man denke an Buridans Esel, der zwischen zwei gleich großen Heubündeln steht. Wenn sich der Esel nicht entscheiden kann, welchem Heubündel er sich zuwenden soll, wird er schließlich verhungern. Es ist eine typische Konfliktsituation, die auf dem gleichzeitigen Bestehen von zwei Verhaltenstendenzen beruht (Hofstätter 1972). Unentschlossenheit bedeutet, bezogen auf das Rubikon-Modell, dass man bereits in der ersten Phase scheitert. Doch mit dem Festlegen, welches Ziel man erreichen will, ist es nicht getan. Wie im Rubikon-Modell beschrieben, ist auch ein Handlungskonzept vonnöten. Wenn die Ziele hoch erwünscht sind und wenn sie als erreichbar erscheinen, bereitet das keine Probleme. „Successful goal striving is facilitated when the chosen goals are highly desirable and perceived as feasible" (Gollwitzer & Crosby, 2018, S. 335). Der Kontext spielt eine entscheidende Rolle, inwieweit man sich auch weniger leicht erreichbare Ziele setzt. Wer engagiert ist und sich mit dem Vorhaben identifiziert und wer wie Caesar mächtig ist, gibt auch bei herausfordernden Zielen nicht so schnell auf. Doch auch hier kann es ein Zuviel sein (Zimbardo & Boyd, 2009): Ein übermäßiger Ehrgeiz und ein sehr stark ausgeprägtes Leistungsmotiv können in ein Gefühl des Gehetztseins münden, weil man darunter leidet, dass man nicht genug Zeit hat, um all das zu verwirklichen, was man geplant hat.

Das Leitbild der Nachhaltigkeit

Das Leitbild der nachhaltigen Entwicklung (sustainable development) weist geradezu unerbittlich in die Zukunft (Reheis, 2022). Die Grundidee ist, dass Gewinne und materielle Zuwächse, die zulasten der nachfolgenden Generationen gehen, zu vermeiden sind (Deutscher Bundestag, 1998). Die heute lebenden Menschen sollten nicht auf Kosten der künftigen Generationen leben, indem sie zuviel an Ressourcen verbrauchen und die Umwelt übermäßig belasten und vermüllen. Das Leitbild umfasst drei Dimensionen: Ökonomie, Ökologie und soziale Belange, die alle drei zu beachten sind, um dem Anspruch, dass Handlungen und Unternehmungen nachhaltig sind, zu genügen. Beispiele sind:

- Die Menschen dürfen nicht mehr Bäume fällen, als sie nachpflanzen, sonst verschwindet der Wald über kurz oder lang.
- Es dürfen nur so viele Fische gefangen werden, dass die Fischpopulation nicht schrumpft.

Eine nachhaltige Entwicklung ist nur möglich, wenn die Menschen nicht im Übermaß Bäume fällen und zu viele Fische fangen. Sie müssen sich „umweltschonend" verhalten. Eine Voraussetzung, dass sie es tun, ist Umweltbewusstsein, definiert als „Einsicht in die Gefährdung der natürlichen Lebensgrundlagen des

Menschen durch diesen selbst, verbunden mit der Bereitschaft zur Abhilfe" (Bundesministerium für Umwelt, 2022, S. 22). Umweltbewusstsein enthält so einen kognitiven und einen motivationalen Aspekt:

- Man muss die Gefährdung erkennen können.
- Man muss motiviert sein, so zu handeln, dass die Gefährdung verringert wird.

Die Umsetzung des Leitbilds der Nachhaltigkeit kann an einer allzu sehr dominierenden Gegenwartsperspektive, einer zu starken Fixierung auf das Hier und Jetzt, scheitern. Hier ist jedoch der Einwand von Reheis (2022) zu beachten, dass die verbreitete Vorstellung, dass Nachhaltigkeit in erster Linie eine Aufgabe ist, die sich an den einzelnen Menschen richtet, ein Trugbild ist. Denn individuelles nachhaltiges Handeln ist nur möglich, wenn es Handlungsspielräume gibt und wenn gewährleistet ist, dass die individuelle Zurückhaltung im Konsumverhalten nicht ausgenutzt wird, indem die anderen z. B. umso mehr Fische fangen oder umso mehr Auto fahren, weil andere die Straße frei gemacht haben. Hinzu kommt, dass das Verhalten einiger Menschen kaum ins Gewicht fällt. Es sind große Unternehmen, für die es ein Gewinn ist, z. B. große Waldflächen roden. Im Visier ist hier eine überindividuelle politische Ebene. Nicht fehlendes Wissen oder eine geringe Bereitschaft, auf eine unmittelbare Belohnung zu verzichten, sind hier maßgeblich, sondern Gewinnsucht und Habgier.

Was auf individueller Ebene zählt, sind Umweltbewusstsein und umweltschonendes Verhalten. Milfont et al. (2012) haben in ihrer Meta-Analyse, die insgesamt 19 Studien aus sieben Ländern umfasste, bestätigt gefunden, dass Zukunftsorientierung und umweltbewusstes Verhalten korrelieren. Wer an die Zukunft denkt, verhält sich umweltschonender.

Mangelndes Wissen kann ein gravierendes Hindernis sein. Wenn Erfahrungen mit der natürlichen Umwelt umweltbewusstes Handeln zu fördern vermögen, kommt ihnen nicht nur psychologische, sondern auch gesellschaftliche Bedeutung zu. Aufenthalte in der Kindheit in der Natur sind nicht nur gesundheitsfördernd, sondern sind auch die Gelegenheit, Erfahrungen zu machen und Wissen zu erwerben. Welche Bedeutung Erfahrungen in früheren Jahren für ein auf die Zukunft gerichtetes Handeln haben, drückt die Bezeichnung „Kindheitsfaktor" aus, die Ward Thompson et al. (2008) verwendet haben, um zu verdeutlichen, dass Erfahrungen mit der natürlichen Umwelt in der *Kindheit* die Weichen für die Entwicklung von Umweltbewusstsein stellen. Das Forschungsteam hat den Einfluss früherer Naturerlebnisse auf das Verhältnis zur Natur im Erwachsenenalter in zwei umfangreichen Studien nachgewiesen. Erfahrungen mit der natürlichen

Umwelt können so auf längere Sicht die Umsetzung des Leitbilds der Nachhaltigkeit fördern. Die Idee der Nachhaltigkeit wird demzufolge nur dann auf ein verbreitetes Commitment treffen, wenn die Menschen in ihrer Kindheit und Jugend die natürliche Umwelt haben erfahren können. Wer die Natur nicht kennt, wird sich nicht für deren Erhalt einsetzen.

Ungewissheit und Zukunftsangst

Verpackte Geschenke wecken Erwartungen. Man weiß noch nicht, was unter der Verpackung verborgen ist. Man erlebt Vorfreude. Dieser Moment des Nicht-Wissens ist lustvoll, weil man weiß, dass er nur von kurzer Dauer sein wird. Vorfreude ist eine Belohnungserwartung, die mit einer gesteigerten Aktivität belohnungssensitiver Neurone im mesolimbischen System einhergeht, die beim Eintreten der Belohnung jäh abbricht (Roth, 2021). Der bekannte Spruch: „Vorfreude ist die schönste Freude", wird in der Geschichte vom kleinen Prinzen von Antoine de Saint-Exupérys anschaulich geschildert. Dort heißt es: „Am nächsten Morgen kam der kleine Prinz zurück. ‚Es wäre besser gewesen, du wärst zur selben Stunde wiedergekommen', sagte der Fuchs. ‚Wenn du zum Beispiel um vier Uhr nachmittags kommst, kann ich um drei Uhr anfangen, glücklich zu sein. Je mehr die Zeit vergeht, umso glücklicher werde ich mich fühlen. Um vier Uhr werde ich mich schon aufregen und beunruhigen; ich werde erfahren, wie teuer das Glück ist. Wenn du aber irgendwann kommst, kann ich nie wissen, wann mein Herz da sein soll'" (S. 69 f.)

Vorfreude stellt sich jedoch nur ein, wenn man etwas Schönes und Lustvolles erwartet. Ein schön verpacktes Geschenk wird man nicht für die Büchse der Pandora halten, die das Unheil in die Welt gebracht hat. Kündigt sich ein solches Unheil an, dem man sich ausgeliefert fühlt, ruft das Angstgefühle hervor: Man befürchtet, dass etwas Schlimmes passiert. Es ist ungewiss. Man hat es mit „Mystery" zu tun (Herzog, 1989; Kaplan & Kaplan, 1989). Entscheidend ist hier das Ausmaß. Ein Zuviel an Mystery wird als bedrohlich erlebt. Ein Hauch davon oder ein erträgliches Maß an Ungewissheit ist ein Handlungsanreiz. Die Erwartung, dass man gleich erfahren wird, was sich hinter einer Sache verbirgt, ist motivierend. Es ist wie ein Geschenk, das man gleich auspacken wird. Eine Zukunft ohne jede Ungewissheit wäre kein „Motivationsraum", sondern nichts weiter als eine immer gleichbleibende Gegenwart, ein fortgesetztes „Weiter so". Ein literarisches Beispiel dazu findet sich in dem Roman „Mein Name sei Gantenbein" von Max Frisch, in dem sich der Protagonist die Hölle so vorstellt, dass er einen Teil seines Lebens, etwa ein Jahr, noch einmal durchleben müsste, dann aber mit dem vollen Wissen, was danach geschieht. Es gäbe keinerlei Ungewissheit und damit auch keinen Handlungsanreiz.

Welche große Bedeutung Erwartungen für den Menschen haben, kommt in psychischen Störungen zum Ausdruck. Von Depressionen betroffene Menschen sehen die Zukunft „grau in grau", es gibt darin nichts, was sie als anregend empfinden oder begeistern kann. Es gibt keine Vorfreude. Die Zukunft erscheint ihnen als eine sich endlos erstreckende Gegenwart ohne Perspektive auf Ereignisse und Veränderungen, den Grundelementen von Zeit.

Die Zukunft ist der Bereich der Planung und Festlegung von Zielen, die man anstrebt. Ob die gesteckten Ziele erreicht werden, ist ungewiss, vor allem, wenn sie sehr hoch angesetzt sind oder weil die Mühe sie zu erreichen größer ist als gedacht oder weil äußere Hindernisse die Zielerreichung blockieren oder weil man sich hilflos fühlt. Mit der Erforschung der Angst vor einer unheilvollen Zukunft hat sich Zaleski (1996) befasst. Er hat Zukunftsangst als einen Zustand der Befürchtung, Ungewissheit, Angst, Sorge und Besorgnis vor ungünstigen Veränderungen in einer weiter entfernten Zukunft definiert. Der Fragebogen, den er unter der Bezeichnung „Dark Future Scale" mit seinen Mitarbeitern konzipiert hat, besteht aus 29, die Kurzform aus fünf Aussagen (Tab. 4.6). Die Instruktion lautet: „Wenn eine Aussage Ihre Einstellung genau beschreibt, geben Sie auf der beigefügten Skala die Zahl ‚6' an. Wenn die Aussage Ihre Einstellung nicht zutreffend beschreibt, geben Sie eine ‚0' an. Geben Sie die Zahl an, die Ihren Standpunkt am genauesten beschreibt. Es gibt keine ‚richtigen' oder ‚falschen' Antworten" (Zaleski et al., 2019, S. 123).

Eine als unheilvoll wahrgenommene Zukunft wird psychisch abgewehrt. Einer dieser Abwehrmechanismen ist, die ferne Zukunft in noch größere Ferne zu rücken und sich selbst zu versichern, dass die schlimmen Ereignisse wie eine

Tab. 4.6 Fragebogen zur Erfassung der Zukunftsangst (Kurzform, Zaleski et al., 2019, S. 123)

1. Ich befürchte, dass mich die Probleme, die ich derzeit habe, noch lange Zeit beschäftigen werden
2. Mich beunruhigt der Gedanke, dass ich mit Lebenskrisen oder anderen Schwierigkeiten zu tun bekomme
3. Ich habe Angst, dass sich mein Leben in Zukunft zum Schlechteren verändern wird
4. Ich befürchte, dass Veränderungen in der wirtschaftlichen und politischen Situation meine Zukunft bedrohen
5. Mich bedrückt der Gedanke, dass ich in Zukunft meine Ziele nicht mehr verwirklichen kann

ökologische Katastrophe oder ein Krieg erst sehr viel später passieren werden, und dass das Leben derzeit und in absehbarer Zukunft noch sicher ist. Man überlässt es den nachfolgenden Generationen, sich mit den zukünftigen Problemen herum zu schlagen. Zukunftsangst blockiert auf diese Weise ein dem Leitbild der Nachhaltigkeit entsprechendes Verhalten. Weitere negative Auswirkungen von Zukunftsangst sind, dass die individuelle Zukunftsperspektive verkürzt wird und man sich umso mehr auf die Gegenwart beschränkt oder dass man in die bekannte und deshalb nicht ängstigende Vergangenheit flieht. In seinem Roman „Zeitzuflucht" hat Georgi Gospodinov die Rückwendung in die Vergangenheit geschildert, in der alles und auch die Zukunft bekannt ist, so man sich angesichts des Ungewissen nicht mehr ängstigen muss. Doch es muss nicht gleich Angst sein, die den Menschen beim Blick in die Zukunft befällt. Man kann auch einfach besorgt sein. „Die Sorge ist auf die Zeit gerichtet. Das Ungewisse, Unvorhersehbare an ihr ruft sie wach…Sorge bezieht sich auf ein Noch-Nicht" (Safranski, 2015, S. 66). Weiter heißt es bei Safranski: „Sicherheit verlangt nach mehr Sicherheit, einfach deshalb, weil man, an Sicherheit gewöhnt, überempfindlich wird für das Bedrohliche" (S. 79). Ungewissheit ist vor allem für Menschen mit einem sehr ausgeprägten Sicherheitsbedürfnis ein Grund, sich zu sorgen und angstvoll in die Zukunft zu blicken.

Die Angst vor künftigen Bedrohungen und Gefahren lässt sich auch dadurch bewältigen, indem man diese als Herausforderungen sieht, die man irgendwie wird bewältigen können. In dem im Jahr 1803 entstandenen Gedichts „Patmos" von Hölderlin kommt diese Haltung zum Ausdruck. Dort heißt es: „Wo aber Gefahr ist, wächst das Rettende auch". In technischen Kulturen sind die Menschen in der Lage, „das Rettende" in Gang zu setzen. Die Antizipation von Ereignissen wie Naturkatastrophen oder Unfällen bewirkt, dass neue Sicherheitstechniken entwickelt und installiert werden. Gefahren werden so zum Motor technischer Entwicklungen (Heßler, 2012).

Es gibt jedoch Situationen, in denen auf eine Gefahr wie das Nichtbestehen einer Prüfung Rettungsaktionen erfolgen, die keine Rettung bringen. Gollwitzer und Crosby (2018) haben dazu ein Beispiel angeführt: Wer an Prüfungsangst leidet, schneidet in der Prüfung schlecht ab, weil er bis zur Erschöpfung gelernt hat, was schließlich seine Leistungsfähigkeit noch weiter hat sinken lassen und dazu führt, dass er die Prüfung nicht besteht. Das als Rettung gedachte hoch konzentrierte Lernen hat sich nicht nur als wirkungslos, sondern als Stress erzeugend und schädlich erwiesen. Für diejenigen, dies sich vor der Prüfung nicht fürchten, können dagegen zusätzliche Anstrengungen von Nutzen sein, indem sie sich verbessern. Das heißt: Je nachdem, ob ein Mensch an Zukunftsangst leidet oder ob er frei von solchen Ängsten ist, sind bestimmte „Rettungsmaßnahmen" günstig oder sogar schädlich.

Prognosen und Folgenabschätzung

Zielorientiertes Handeln setzt Handlungsfreiräume voraus, d. h. die Möglichkeit, selbst etwas zu bewirken und zu verändern. Es schließt eine Abschätzung der zu erwartenden Folgen ein. Um optimale Entscheidungen treffen und effektiv planen zu können, die für die Zukunft wichtig sind, bedarf es der Fähigkeit, sich zukünftige Ereignisse und Zusammenhänge im Sinne von „Wenn-Dann" vorzustellen. Ein Großteil unseres Verhaltens wird von dieser Voraussicht, einem Wenn-Dann, geleitet. Die Menschen richten ihr Handeln auf zeitlich mehr oder weniger weit entfernte Ziele aus, wobei sie auf ihr theoretisches und ihr Erfahrungswissen zurückgreifen (Huber, 2022). Es gibt zwei Ebenen der Folgenabschätzung:

- eine individuelle Ebene: der einzelne Mensch schätzt die Folgen ab, die sein Handeln haben könnte,
- eine gesellschaftliche Ebene: Organisationen, Institutionen, Unternehmen und Politiker schätzen die Folgen verschiedener Strategien und Maßnahmen ab.

Wirkungsanalysen, Verträglichkeitsprüfungen und die Folgenabschätzung auf gesellschaftlicher Ebene sind höchst relevant, denn von deren Auswirkungen sind viele Menschen betroffen. Die hierzu entwickelten methodischen Verfahren der Folgenabschätzung werden als Impact Assessment bezeichnet (Fleischer, 1996). Es ist eine *antizipatorische* Form der Wirkungsforschung, ein Vorweg nehmen möglicher Ausgänge. Ein Impact Assessment soll verhindern, dass Planungen und Projekte realisiert werden, die sich in nicht allzu ferner Zukunft als ungünstig oder verfehlt herausstellen könnten. Man will damit die Wahrscheinlichkeit (kostspieliger) Fehlplanungen und eines „in den Sand setzen" verringern. Das Impact Assessment ergänzt die gegenwarts- und vergangenheitsorientierte Evaluationsforschung, die laufende sowie abgeschlossene Projekte bewertet (Fleischer, 1996). Mit dem Begriff der *Technik*folgenabschätzung ist die systematische Identifizierung und Bewertung der Folgen gemeint, die bei der Entwicklung, Herstellung und Nutzung von Techniken zu erwarten sind (Renn, 2005). In technischen Kulturen, in denen technische Neuerungen wie der Einsatz Künstlicher Intelligenz das Normale sind (Heßler, 2012), ist angesichts der weit reichenden möglichen Folgen deren Abschätzen immer wichtiger geworden. Mit einem methodisch fundierten Impact Assessment lassen sich die Auswirkungen technischer Eingriffe oder Erneuerungen abschätzen, bevor die neue Technologie eingeführt und angewendet wird. Gleiches gilt für Umweltverträglichkeitsprüfungen und Risikoabschätzungen (Fleischer, 1996).

Trends sind in die Zukunft gerichtete Veränderungen (Jäckel, 2012). Langfristige Vorhersagen lassen sich relativ leicht für Systeme treffen, die isoliert, statisch und zyklisch sind. Für offene dynamische und azyklische Systeme ist die Feststellung von Trends erheblich schwieriger und weniger verlässlich. Die Zukunft ist offen und dynamisch. Dementsprechend begrenzt sind die Möglichkeiten, Entwicklungen einigermaßen zutreffend vorherzusagen. Doch man möchte die Zukunft nicht einfach hinnehmen, sondern mitgestalten. Das geschieht in Form der Simulation, der Vorhersage, der Absicht und der Planung. Szpunar et al. (2018) haben sämtliche Formen als Varianten eines „future-thinking" bzw. als „prospective cognition" bezeichnet.

Unter *Simulation* verstehen sie die Konstruktion vorgestellter Ereignisse oder Zustände, die sich auf die persönliche Situation (Individualebene) oder auf eine darüberhinausgehende überindividuelle Ebene beziehen. Mit der Methode der Simulation lassen sich Szenarien zu verschiedenen Zeitpunkten entwerfen. So untersucht man z. B., ob eine geplante Maßnahme auch in der Zukunft noch Sinn macht, wenn entweder die Verstädterung voranschreitet oder eine Deurbanisierung stattfindet. *Vorhersagen* sind auf die nähere oder fernere Zukunft gerichtet. Es sind Wahrscheinlichkeitsaussagen, dass ein bestimmtes Ereignis eintreffen wird. *Etwas beabsichtigen* meint, Ziele setzen, die in Zukunft erreicht werden sollen. Absichten bringen zum Ausdruck, dass die Zukunft aktiv mitgestaltet werden soll. *Planung* beinhaltet die Organisation von Handlungsschritten, um die gesetzten Ziele zu realisieren. Es wird nicht nur gedacht, sondern auch gehandelt, d. h. über das future-thinking" bzw. „prospective cognition" hinausgegangen. Nach Ansicht von Szpunar et al. sind Simulation, Vorhersage, Absicht und Planung die Kernelemente beim Denken an die Zukunft. Wie im Abschn. 4.4. zur Zeitperspektiventherapie dargestellt wird, sind es auch die Ansatzpunkte, um Zukunftsängste und Depressionen zu therapieren.

Die Stadtentwicklung, von der es abhängt, wie die Menschen in einer Stadt künftig wohnen und leben werden, ist neben der Technikentwicklung ein wichtiger Bereich, in dem auf eine Folgenabschätzung nicht verzichtet werden sollte. Es geht dabei insbesondere um Fragen der Infrastruktur und der Flächennutzung. Ein Beispiel: Ein neuer Stadtteil wird geplant. Um den Autoverkehr möglichst gering zu halten, wird überlegt, ob eine neue U-Bahn Linie oder der Ausbau des

Busverkehrs nachhaltiger, d. h. kostengünstiger, umweltverträglicher und sozialverträglicher, wären. Um das herauszufinden, bieten sich die Verfahren der Simulation und der systematischen Vorhersage an.

Planungen können verworfen werden, wenn sich herausstellt, dass die Kosten zu hoch sind und den Nutzen bei weitem übersteigen oder dass mit erheblichen negativen Begleiterscheinungen zu rechnen ist. Sind die Kosten sehr hoch, wird gezögert, ob der Plan realisiert werden soll. Dabei kann es geschehen, dass sich zwischenzeitlich die Bewertungen, Einstellungen und Zielvorstellungen verändern. Ein Beispiel ist die Planung der Baubehörde von Stadtautobahnen quer durch Hamburg hindurch aus dem Jahr 1958. Dazu hieß es damals: „Ein 135 km langes Stadt-Autobahn-Netz durch Hamburg – das ist zunächst noch Zukunftsmusik und ein Plan auf dem Papier erst. Niemand wagt zu sagen – schon allein wegen der Kosten, die in die Milliarden gehen –, wann dieses Projekt verwirklicht werden kann"[1]. Der Plan ist nicht verwirklicht worden. Das damalige Leitbild der autogerechten Stadt galt irgendwann nicht mehr. Das Beispiel zeigt: Planungen, die nicht in absehbarer Zeit realisiert werden, können überholt sein, weil neue Leitbilder maßgeblich werden, die den Ausbau von Fahrradwegen und „priority lanes" für Busse und nicht den Bau von Stadtautobahnen propagieren.

Es sind einzelne Personen, die sich Gedanken machen, was geschehen wird, wenn sie so oder anders handeln, es sind Akteure wie Architekten, Planer und Designer, die Überlegungen anstellen, wie funktional und stimmig ihre Entwürfe sind, und es sind Unternehmen und die Politik, die in die Zukunft gerichtete Entscheidungen zu treffen haben. Wie weitreichend die Folgenabschätzung ist und welchen Stellenwert sie hat, ist je nach Ebene (individuell oder gesellschaftlich) und je nach Sachverhalt unterschiedlich. So denkt der einzelne Mensch an seine Zukunft, wenn er auf eine sofortige Belohnung verzichtet, weil er damit rechnet, dass er später dafür umso mehr bekommen wird. In den Entwürfen von Architekten, Planern und Designern drückt sich die Zukunftsperspektive darin aus, dass sie die Gebrauchsfähigkeit und Funktionalität der Gebäude, Räume und Dinge auch zu späteren Zeitpunkten im Blick haben (vgl. Abschn. 3.3).

Auf der politischen Ebene geht es um das Abschätzen der Folgen von weit reichenden Eingriffen, Planungen und technischen Innovationen. Bei umfangreichen Projekten wie der Errichtung eines neuen Stadtteils, dem Bau eines zweiten Tunnels, eines dritten Terminals oder eines Staudamms sind Folgenabschätzungen zwingend, um Fehlplanungen, die bei solchen großen Projekten besonders kostspielig und zeitaufwendig wären, unbedingt zu vermeiden. Zum Impact Assessment gehört dabei nicht nur der Aspekt der Wirtschaftlichkeit. Stets zu

---

[1] Hamburger Abendblatt vom 27./28. September 1958, S. 4.

beachten sind dabei auch die Aspekte der Umwelt- und der Sozialverträglichkeit, wenn dem Anspruch der Nachhaltigkeit genügt werden soll.

Ein weithin bekannt gewordenes Beispiel für den Misserfolg eines Wohnbauprojekts, das auf einen maximalen Profit durch hohe bauliche Verdichtung ausgerichtet war, bei dem kein Impact Assessment stattgefunden hatte, ist die 1954 gebaute und 1972 wegen ihrer Nicht-mehr-Bewohnbarkeit abgerissene Großwohnsiedlung Pruitt Igoe in St. Louis in den USA (Bell et al., 2001). Um Platz sparend zu bauen, war in der Siedlung kein Raum für soziale Kontakte und Aktivitäten der Bewohner und keinerlei Spielraum für Kinder eingeplant worden. Die engen Korridore in den Hochhäusern waren für nachbarschaftliche Begegnungen und Kontaktaufnahmen ungeeignet. An eine Sozialverträglichkeit hatte man zu diesem Zeitpunkt noch nicht gedacht. Die in den Hochhauszeilen dicht beieinander wohnenden Menschen waren und blieben Fremde. Die Anonymität in der Siedlung begünstigte die Bildung von Gangs. In den Aufzügen und Korridoren kam es zu Diebstählen und Raubüberfällen. Es war der Zustand der Anarchie (Bell et al., 2001, S. 357). Man hatte nur auf Wirtschaftlichkeit gesetzt und überhaupt nicht daran, dass soziale Räume für das Zusammenleben unentbehrlich sind. Die Fixierung der Investoren und Architekten ausschließlich auf Wirtschaftlichkeit und die gegenwärtige Situation, für viele Menschen Wohnungen zu bauen, ohne dabei auch an das Wohnumfeld zu denken, führte zu einem Desaster, das durch eine kompetente Folgenabschätzung hätte vermieden oder gemildert werden können.

Transzendentale Zukunft

Der Begriff „Transzendenz" verweist auf etwas außerhalb der realen Welt Liegendes. Es ist die Welt der Vorstellung jenseits der Wirklichkeit. Der Begriff leitet sich vom Lateinischen „transcendentia" (Übersteigen) her: Man steigt aus der realen Welt aus. Real ist das gegenwärtig Erlebte. Die Zukunft ist als bloße Vorstellung im Prinzip transzendent. Doch mit Transzendenz ist noch mehr gemeint als eine vielleicht einmal Wirklichkeit werdende Zukunft. Der Begriff bezeichnet Vorstellungen von etwas Unbegrenztem und Ozeanischem, von Spirituellem und von Ewigkeit. Es ist ein „Übersteigen" auch noch in anderer Hinsicht, was in der Definition von Kamitsis und Francis (2013) zum Ausdruck kommt. Danach ist Spiritualität „an individual's inner experience., that gives meaning to existence, and subsequently allows one to transcend beyond the present context" (S. 137). Spiritualität bzw. Transzendenz ist sinnstiftend. Das quälende Gefühl von Sinnlosigkeit und existentieller Leere schwindet (Bucher, 2007). Mit „transcendentia" haben sich bereits die Menschen in der Antike befasst. Platon hat den begrenzten Wahrnehmungsraum der Menschen mit einer Höhle verglichen, was sich außerhalb der Höhle befindet, können sie nicht sehen. Jean Paul hat die Platon'schen Gedanken in seiner Schrift „Vorschule der Ästhetik" aufgegriffen: Es ist die Höhle, in der die Menschen in ihrer „dürftigen Endlichkeit" sitzen. Vom „Glanzsaale und Sternenhimmel der Unendlichkeit" sind sie weit entfernt (vgl. Jean Paul. 1962). Transcendentia weist den Weg, wie man dieser beengenden Höhle entkommen kann.

Ein erweitertes Bewusstsein (Huber, 2022), das über den unmittelbaren Moment hinausreicht, ist die Voraussetzung nicht nur für ein Handeln, das auf konkrete Ziele ausgerichtet ist, die zeitlich noch mehr oder weniger entfernt sind, sondern auch für die Entstehung religiöser Ideen und Mythen, die auf eine kommende Zeit gerichtet sind. Sie überschreiten die eigene Lebenszeit, indem der Tod nicht ein Ende, sondern nur ein Einschnitt ist. Um diese transzendentale Zukunftsperspektive zu erforschen, haben Boyd und Zimbardo (1997) einen aus zehn Aussagen bestehenden Fragebogen, die „Transzendental –Future Time Perspective Scala", entwickelt (Tab. 4.7). Die Aussagen liefern eine operationale Definition des Konzepts der transzendentalen Zukunftsperspektive. Sie werden anhand einer mehrstufigen Skala kommentiert, die von 1 = überhaupt nicht zutreffend, 2 = nicht zutreffend, 3 = unentschieden, 4 = zutreffend bis 5 = vollkommen zutreffend reicht.

Verhaltensweisen wie extremes Heldentum oder Selbstmordattentate werden erst erklärbar, wenn man die transzendentale Zukunftsperspektive einbezieht. Hoch riskante, mit einiger Wahrscheinlichkeit oder sogar mit Sicherheit tödlich endende Handlungen werden verstehbar, wenn es für die handelnde Person eine vorgestellte Zukunft jenseits des Todes gibt. Den Attentätern, die mit voller Absicht andere töten und dabei selbst getötet werden, handeln in dem Glauben, dass sie eine gute Tat vollbringen, für die sie nach ihrem Tod im Jenseits belohnt werden. Sie sind davon überzeugt, dass der Tod nicht das Ende für sie ist. Ein weiteres Beispiel ist, dass man Armut, Mühen und Not klaglos auf sich nimmt, wenn man glaubt, dass es einem im Jenseits umso besser gehen wird. Diejenigen, die zu Lebzeiten nicht damit rechnen können, dass sich die Verhältnisse für sie bessern, lassen sich mit der Aussicht auf eine Welt nach ihrem Tod trösten und so von einem Aufbegehren oder Aufstand abhalten. Die Antwort auf die Frage, warum Menschen zu Attentätern werden und warum sie klaglos Armut und Unterdrückung hinnehmen, liefert ihr Glauben an eine transzendentale Zukunft,

Tab. 4.7 Transcendental-future Time Perspective Inventory (TFTPI) (Zimbardo & Boyd, 2008, S. 70) *

Aussagen
1. Nur mein Körper wird sterben
2. Mein Körper ist eine vorübergehende Bleibe für mein eigentliches Selbst
3. Der Tod ist lediglich ein neuer Anfang
4. Ich glaube an Wunder
5. Die Evolutionstheorie erklärt, wie der Mensch entstanden ist
6. Der Mensch hat eine Seele
7. Die Wissenschaft kann nicht alles erklären
8. Nach meinem Tod werde ich für mein Verhalten im Leben zur Rechenschaft gezogen werden
9. Es gibt von Gott gegebene Gesetze, nach denen der Mensch leben sollte
10. Ich glaube an übersinnliche Wesen

[*] Der Score für Frage 5 muss invertiert werden (5 wird zu 1 usw.), dann werden die Scores für alle Fragen zusammen gezählt und die Summe durch 10 geteilt. Ein hoher Gesamtwert bedeutet eine hohe Ausprägung der transzendentalen Zukunftsperspektive

die Belohnungen bereithält und in der man es besser haben wird als im diesseitigen Leben. Es ist vergleichbar einem Belohnungsaufschub, bei dem man bereit ist, sehr lange darauf zu warten.

4.2   Die erlebte Gegenwart

Die erlebte Gegenwart wird im allernächsten Moment zur erinnerten Vergangenheit. Doch wie weit erstreckt sie sich überhaupt? Wann genau hört sie auf? Man weiß aus zahlreichen psychophysikalischen Experimenten, dass es kritische Abstände und Dauern gibt, jenseits derer der Mensch nicht mehr unterscheiden kann, ob etwas noch ungleichzeitig ist und ob ein Intervall länger ist als ein anderes. Kann er noch erkennen, ob etwas genau jetzt oder schon vergangen ist? William James (1890) hatte der Gegenwart mehr als nur eine punktuelle Dauer zugestanden. „The ‚now' we experience as present at any time is not punctate, but rather includes a small but extended interval of time" (Andersen & Grush, 2009, S. 278). James hatte dieses „now" als „specious present", d. h. scheinbare bzw. fiktive Gegenwart, bezeichnet und deren Dauer auf wenige Sekunden bis maximal eine Minute geschätzt. Jahrzehnte später hat Fraisse der Gegenwart zwei bis drei, höchstens fünf Sekunden zugestanden, was er poetisch untermalt hat: „Meine Gegenwart ist ein Tick-tack-Geräusch der Uhr, drei Takte eines Walzerrhythmus, ein Satz, den ich höre, der Schrei eines vorüber fliegenden Vogels…. Alles Übrige ist vergangen oder gehört noch der Zukunft an" (Fraisse, 1985, S. 88).

Grondin (2020) hat vom psychologischen Moment gesprochen, den er mit einem inneren Fenster verglich, in dem sensorische Eindrücke miteinander verschmolzen werden. Dieser Moment dauert nach seiner Schätzung weniger als 50 Millisekunden. Was darüber liegt und eben nicht verschmilzt, wird als Sukzession und nicht als gleichzeitig (co-temporal) wahrgenommen. Kasten (2001) hat die Dauer der Gegenwart auf etwa drei Sekunden geschätzt, was er damit begründet hat, dass sich die Dauer eines Intervalls von drei Sekunden noch ziemlich zutreffend angeben lässt, während die Schätzungen bei längeren Zeitabständen ungenauer werden. Der Eindruck eines kontinuierlichen Zeitablaufs entsteht durch eine inhaltliche Verknüpfung der Drei-Sekunden-Abschnitte. Wie schnell die Zeit zu vergehen scheint, hängt davon ab, wie viel Information in den Drei-Sekunden-Zeitfenstern enthalten ist. Die Zeit vergeht subjektiv umso schneller, je mehr Informationen sich in den Fenstern befinden.

Die Vorstellung eines fest umrissenen Fassungsvermögens, das die Gegenwart repräsentiert, ist allzu einfach, denn diese Kapazität ist nicht absolut, sondern hängt von dem Zeitintervall zwischen den Reizen, deren Zahl und deren Organisation ab. So fehlt einer Aufeinanderfolge sinnloser Silben, wie sie in der experimentellen Gedächtnisforschung beliebt gewesen sind, jede Struktur. „Eselsbrücken" sind ein Versuch, eine Struktur zu schaffen. Strukturen erleichtern nicht nur das Begreifen und Behalten, sondern sie ermöglichen auch ein Zusammenfassen einzelner Elementen zu größeren Einheiten (Chunks). Durch Chunking lassen sich mehr Inhalte in der flüchtigen Gegenwart unterbringen.

Was ist *der richtige Augenblick*? Es gibt Momente, in denen man handeln und nicht länger zögern sollte, ehe es schließlich zu spät ist und eine Chance unwiderruflich vertan wurde. In archaischen Gesellschaften war es der Priester oder Schamane, der den richtigen Augenblick kannte und verkündete. Man war davon überzeugt, dass es davon abhing, ob z. B. die Ernte reich und der Fischfang erfolgreich sein wird. Im richtigen Moment zu handeln galt als entscheidend für den Erfolg. Eine Planung mit vielen Handlungsschritten war hier nicht erforderlich, denn es zählte allein der richtige Moment, in dem gehandelt werden musste. Und weil es jemanden gab, der diesen richtigen Moment wusste, brauchte man sich nicht selbst darüber den Kopf zu zerbrechen. Der richtige Augenblick ist ein ganz bestimmter Moment in der Gegenwart, wo etwas getan werden muss, damit die Zukunft gut verläuft.

Kasten (2001) hat die Gegenwart als ein vielfältiges Gemisch von Inhalten, darunter Gedanken, Gefühlen, Erinnerungen, Empfindungen, Vorstellungen, Ängsten und Wünschen beschrieben. Die Inhalte können positiv oder negativ konnotiert sein.

Hedonisten sehen die Gegenwart eher positiv, Fatalisten eher negativ (vgl. Tab. 4.1). Eine zwischen Fatalismus und Hedonismus wechselnde Gegenwartsperspektive hat Albert Camus in dem Essay „Der Mythos des Sisyphos" geschildert. Es geht um die Absurdität der Existenz des Menschen. In der absurden Welt gibt es keine Hoffnung auf eine wunderbare Zukunft, niemand rechnet mit der Zukunft, gewiss ist nur der Tod. Umso mehr kommt es darauf an, die Gegenwart in vollen Zügen zu genießen. „Dem absurden Lebensgefühl folgt ...eine Lebenslust, deren Erfüllung sich nicht auf den Sankt-Nimmerleins-Tag verschieben lässt. Der absurde Mensch hat es eilig. Seine Zeit ist jetzt" (Radisch, 2022, S. 156).

Gegenwarts-Hedonisten legen großen Wert auf eine selbst bestimmte Zeitverwendung (Böltken et al., 1999). Die von Hörning et al. (1991) als „Zeitpioniere" bezeichneten Menschen sind gegenwartsorientiert, sie scheren sich nicht um die Zukunft. Sie wollen ihr Leben jetzt genießen und nicht erst irgendwann später, weil es dann passieren könnte, dass die Gegenwart verstreicht, ohne dass man sie ausgekostet hat. Sie wollen keiner auferlegten Zeitstruktur unterworfen sein, sondern frei sein, wann und wo zu tun und zu lassen, was sie selbst wollen. In dieser Haltung drückt sich ein extremer Individualismus aus. Nur junge mobile Singles, bei denen die von Küster (1999) beschriebene Kategorie der an Personen gebundenen Zeit nicht ins Gewicht fällt, können sich einen solchen Lebens- und Zeitstil leisten. Dagegen würden Gemeinschaften und Gesellschaften ohne soziale Zeitskalen, die individuelle Handlungsspielräume beschränken, nicht funktionieren.

Die persönliche Zeit, deren Anteil am individuellen Zeitbudget stark variiert, lässt sich ganz unterschiedlich füllen. Die einen geben sich dem Müßiggang hin, die anderen sind auf der Suche nach spannenden Erlebnissen. Sie begeben sich mitunter bewusst in lebensgefährliche Situationen und stürzen sich in waghalsige Unternehmungen. Sie klettern steile Felswände hoch oder betätigen sich als Fallschirmspringer oder greifen zu Drogen, die außergewöhnliche Bewusstseinszustände eröffnen. Valsiner (2021) hat das Phänomen als „existential life dramatization" charakterisiert (S. 10). Es sind Unternehmungen, die insofern „existential" sind, als sie, wenn sie misslingen, tödlich enden können. Die Gegenwart wird dramatisiert, die sich dadurch vom üblichen Alltag mit seinen immer wieder kehrenden, sattsam bekannten Verhaltensroutinen abhebt. Das „existential life dramatization" ähnelt dem „Sensation Seeking". Es unterscheidet sich vom Flow-Erleben, das Czikszentmihalyi (1986) als eine besondere psychophysische

Gesamtverfassung charakterisiert hat, für die ein Zeit vergessenes Aufgehen in einer Tätigkeit, die man vollkommen beherrscht, typisch ist. Der Unterschied ist, dass es Könner sind wie z. B. Rennfahrer, die das, was sie tun, voll beherrschen, sodass ihnen, wenn nichts Unvorhergesehenes dazwischenkommt, kaum eine Gefahr droht. Der „Flow" setzt sich nicht aus einzelnen Schritten, die Veränderungen markieren, zusammen, sondern ist zu einer Einheit verschmolzen. Es gibt darin keine Zeit, denn es ändert sich nichts.

Es gibt mehrere Gründe, warum Menschen auf die Gegenwart fixiert sind. Ein Grund ist der Eindruck, in einer instabilen Gesellschaft zu leben, was die Zukunft als unheilvoll erscheinen lässt: „Sie arbeiten hart und sparen für schlechte Zeiten. Doch plötzlich schießt die Inflationsrate in die Höhe und entwertet ihr Geld. … warum sollten sie also in die Zukunft investieren?" (Zimbardo & Boyd, 2009, S. 120). Ein weiterer Grund sind Süchte wie Ess-, Nikotin-, Drogen- und Alkoholsucht, die ein augenblickliches Hochgefühl verheißen. Für die Süchtigen zählt nur der lustvolle Moment, ihre Zeitperspektive ist extrem verkürzt. Eine empirische Bestätigung hat die Untersuchung von Petry et al. (1998) geliefert, die Heroinsüchtige, die sich in einer Entzugsklinik befanden, mit einer Kontrollgruppe nicht süchtiger Personen verglichen haben. Ein klares Ergebnis war, dass Drogensucht mit einer stark verkürzten Zukunftsperspektive und einer Fixierung auf das Hier und Jetzt korreliert. Dieses Ergebnis war zu erwarten. Wichtig ist, was daraus geschlossen wurde, dass nämlich Anti-Drogen-Kampagnen so angelegt sein müssen, dass sie die Fixierung auf eine hedonistische Gegenwart schwächen und den Aufbau einer Zukunftsorientierung unterstützen. Den mangelnden Erfolg vieler der zahlreichen und durchaus aufwendigen Maßnahmen und Anti-Drogen-Kampagnen haben Zimbardo und Boyd (2009) damit erklärt, dass sie es nicht vermocht haben, eine verfestigte hedonistische Gegenwartsperspektive zu lockern und eine Zukunftsperspektive aufzubauen.

Zu erwähnen ist in diesem Zusammenhang das Konzept der Achtsamkeit. Achtsam sein beinhaltet, sich auf den aktuellen Moment zu konzentrieren und die Aufmerksamkeit auf das gegenwärtige Erleben zu richten, ein Konzentrieren auf den Moment. Die erworbene Kompetenz der Aufmerksamkeitslenkung stärkt die Kontrolle über die Gedanken und Affekte. „Es geht um die bewusste Wahrnehmung dessen, was jetzt ist" (Wittmann, 2012, S. 54). Es ist eine vorübergehende starke Gegenwartsorientierung, ein „state", ein aktueller Zustand, und kein „trait", d. h. ein stabiles überdauerndes Persönlichkeitsmerkmal wie eine ausgeprägte habituelle Gegenwartsperspektive.

Hedonisten erleben die Gegenwart als lustvoll, als ein „verweile doch, du bist so schön". Doch es gibt auch Menschen, die der Gegenwart nichts Positives abgewinnen können. Für sie ist die Gegenwart eine „fatalistic present" (Zimbardo &

Boyd, 1999). Typisch ist hier die Haltung: „Da sowieso alles kommt, wie es kommt, ist es egal, was ich tue".

Man hält sich nicht für handlungsfähig und selbstwirksam, sondern empfindet sich als hilflos und fremdbestimmt. Besonders ausgeprägt ist die fatalistische Haltung bei Menschen auf der Flucht, die ihre vertraute Heimat verlassen haben oder verlassen mussten, die für sie nur noch Erinnerung ist. Die Gegenwart ist für sie nichts als eine Übergangsphase, die sie möglichst schnell hinter sich bringen wollen. Ihre Gedanken sind auf eine Zukunft gerichtet, in der sie Sicherheit und Schutz finden und wieder ein normales Leben führen können. Das Motiv der Flucht und die Suche nach Geborgenheit hat der Künstler Ebrahim Ehrari in vielen seiner Bilder künstlerisch zum Ausdruck gebracht. Eines davon ist in Abb. 4.2 wieder gegeben.

Für Menschen auf der Flucht ist die Gegenwart eine Phase, von der sie hoffen, dass sie schnell vorbei geht. Dass Menschen, die keine lebenswerte Gegenwart haben, bedauernswerte Wesen sind, hat der Schriftsteller Joseph Roth in seinen Erzählungen sowie in seinem Roman „Die Kapuzinergruft" geschildert: „Ich kannte den Trubel, der dort zu herrschen pflegte, jene besondere Art von Lärm, den die plötzlich heimatlos Gewordenen verursachen, die Verzweifelten, alle jene, die eigentlich keine Gegenwart haben, sondern die gerade noch auf

Abb. 4.2 Auf der Flucht
(Farbradierung „Wohin?"
von Ebrahim Ehrari,
Privatbesitz)

dem Weg aus der Vergangenheit in die Zukunft begriffen sind, aus einer vertrauten Vergangenheit in eine höchst ungewisse Zukunft, Schiffspassagieren in jenem Augenblick ähnlich, in dem sie vom festen Land aus in ein fremdes Schiff über einen schwankenden Steg schreiten" (Roth, 1972, S. 57 f.).

Die Gegenwart wird direkt erlebt. Im unendlichen Raum des Universums gibt es keine Gegenwart und keine Gleichzeitigkeit, was außerhalb des Erfahrungshorizonts des Menschen liegt und seine Vorstellungskraft übersteigt. „Gegenwart bezieht sich als Begriff aufs Lokale, nicht aufs Globale" (Rovelli, 2018, S. 159). Das „Lokale" ist die Lebenswelt der Menschen, in der es eine Gegenwart gibt, die ein Moment ist, der so schön ist, dass man sich wünscht, dass er länger anhält, oder der so unerfreulich oder unerträglich ist, dass man hofft, dass er rasch vorüber geht.

4.3   Die Vergangenheitsperspektive

Das früher Gewesene, darunter die Vorstellungen von dem Kind, das sie einmal gewesen sind, geht nicht verloren. Es wird, wenn auch unvollständig und modifiziert, im individuellen episodischen Gedächtnis aufbewahrt. Es entsteht eine Vergangenheitsperspektive, die weitaus mehr ist als nur eine Art „Nachschlagewerk", denn sie die Grundlage der Ich-Identität (Lynch, 1972). Was wir sind, beruht wesentlich auf den im Gedächtnis repräsentierten Erfahrungen, die wir im unseren bisherigen Leben gemacht haben. Die Ich-Identität lässt sich relativ einfach mit der Frage: „Wer bin ich?" erschließen. Die Antworten werden mit großer Wahrscheinlichkeit etwas über das Alter, das Geschlecht, den Beruf, den Bildungsweg, die Familiensituation, über Vorlieben und Freizeitaktivitäten, über die Zugehörigkeit zu Gruppen und Vereinen sowie zum Wohnort, den Herkunftsort und die Herkunftsfamilie aussagen. Die Bündelung und Organisation sämtlicher Informationen ergibt die psychische Struktur der *synchronen* Ich-Identität (synchron = zusammen, gleichzeitig) (Fuhrer, 2008). Die Fähigkeit zu lernen und ein Gedächtnis, in dem das Gelernte bewahrt wird und als Erinnertes hervorgeholt werden kann, gehören zu den anthropologischen Grundlagen der menschlichen Entwicklung und Sozialisation (Schneewind & Pekrun, 1994).

Die individuelle Vergangenheit lässt sich nicht einfach abschütteln. Ein literarisches Beispiel dazu findet sich in dem Roman „Stiller" von Max Frisch. Der Protagonist will einen völlig neuen Anfang machen und ein neues, von seiner Vergangenheit völlig losgelöstes und nicht beschwertes Leben beginnen, indem er sich eine neue Identität zulegt, doch das erweist sich als nicht möglich. Er kann sich nicht entkommen, auch wenn er seinen Namen ändert. Er muss der bleiben, der er ist.

Ähnlich wie zwischen einer näheren und einer ferneren Zukunft lässt sich zwischen einer soeben verstrichenen und einer schon länger zurückliegenden Vergangenheit unterscheiden, wobei die Trennlinie zwischen näher und ferner subjektiv ist. In den Gedächtnis-Modellen wird zwischen unterschiedlichen Systemkomponenten: dem sensorischen, dem Arbeits- und dem Langzeitgedächtnis, unterschieden (Tab. 4.8). Wie alle Modelle ist es eine stark vereinfachte Darstellung der Wirklichkeit, denn die Komponenten interagieren während der Informationsverarbeitung ständig (Tulving, 2002; Rubin, 2006).

Wahrnehmen bedeutet die Aufnahme von Informationen durch Reizung der Sinnesorgane, die im sensorischen Gedächtnis wenige Millisekunden lang festgehalten werden. Engpässe bei der Informationsverarbeitung machen eine Selektion erforderlich, sodass nur ein Teil der dort angelangten Informationen weiterverarbeitet wird. Inwieweit diese schließlich ins Langzeitgedächtnis gelangen und dort gespeichert werden, hängt wiederum von der Informationsverarbeitung im Arbeitsgedächtnis ab. In Abb. 4.3 wird die fortgesetzte Selektion mit einer immer kleiner werden Klammer veranschaulicht. Davon ausgehend, dass Zeit durch die Aufeinanderfolge von Ereignissen entsteht, bedeutet eine Selektion von Ereignissen (Informationen) eine Reduktion von Zeit. Man wird nicht mehr von einem anfänglichen Zuviel erdrückt, der Zeitdruck wird erträglich.

Das Langzeitgedächtnis setzt sich neben dem prozeduralen Gedächtnis: dem Handlungswissen bzw. Know-how, wie man etwas macht, aus dem semantischen Gedächtnis, das Wörter, Fakten und Bedeutungen und das Allgemeinwissen umfasst, und dem episodischen Gedächtnis, das Erinnerungen an Erlebnisse der individuellen Biografie enthält und deshalb auch als autobiografisches Gedächtnis bezeichnet wird, zusammen (Blümelhuber 2005). Die individuell erlebte Vergangenheit wird, wenn auch nur unvollständig und hin und wieder neu interpretiert, im episodischen Gedächtnis aufbewahrt. Dass Aufzeichnungen, Dokumente, Tagebücher, Bilder und Bücher externe Wissensspeicher sind, bedarf keiner Erläuterung. Sie halten sowohl die individuelle als auch die kulturelle Vergangenheit

Tab. 4.8 Gedächtnissysteme (Buchner & Brandt, 2017)

Systeme	Stufen der Informationsverarbeitung
Sensorisches Gedächtnis	Schnittstelle zwischen Wahrnehmung und Gedächtnis
Arbeitsgedächtnis	Kurzfristige Speicherung und Bearbeitung der Informationen
Langzeitgedächtnis	Dauerhafte Speicherung von Information

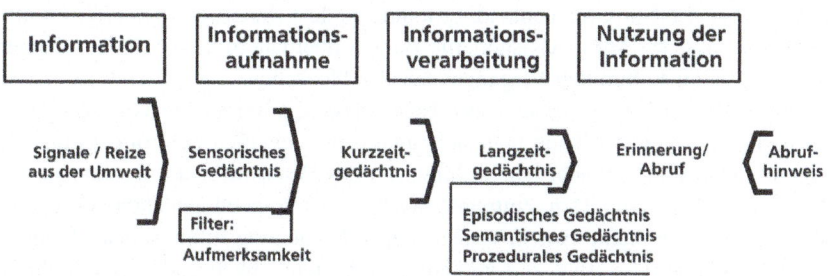

Abb. 4.3 Modell des Gedächtnisses (Blümelhuber, 2005, S. 144)

fest. Tagebücher bewahren davor, dass man das einmal Erlebte vergisst, man kann es nachlesen und sich so wieder in Erinnerung rufen. Bücher sind Teil der Kultur. Sie sind ein so wertvolles Gut, dass man sich leicht ausmalen kann, dass Noah außer Tieren und Menschen auch Bücher vor der großen Flut gerettet hat (Abb. 4.4).

Demandt (2015) hat die ältesten, immer noch bestehenden steinernen Bauten als Erinnerungsträger bezeichnet. Er verweist auf die Pyramiden, Obelisken und Tempel aus dem 3. Jahrtausend in Ägypten und die Zyklopenmauern aus der

Abb. 4.4 Bücherrettung (mit freundlicher Genehmigung von Rainer Ehrt)

mykenischen Zeit in Griechenland. „Monumentale Erinnerungsträger waren all-zeit Bauwerke" (S. 468). Als steinerne Bauten überdauern sie große Zeiträume. Sie gehören zur kulturellen Vergangenheit der Menschen.

Huber (2022) hat von einer episodischen Triade gesprochen: dem Was, dem Wo und dem Wann. Oft kann man sich noch genau an einen Ort erinnern und an das, was man dort gemacht hat, wohingegen das Wann meistens weniger genau erinnert werden kann. Den Zeitpunkt weiß man nur noch ungefähr. Orte und deren Atmosphäre kann man sich noch eher in Erinnerung rufen, was auch damit zusammenhängt, dass etwas mit größerer Wahrscheinlichkeit und auch detaillier-ter erinnert wird, wenn es mit Gefühlen verbunden gewesen war. Die Atmosphäre von Orten ist ein gefühlsmäßiger Gesamteindruck. Entscheidend, ob man sich an einen Ort erinnert, ist, was man dort gemacht und wie man sich dabei gefühlt hat.

Wie gut das Gedächtnis funktioniert, hängt immer auch von der Intaktheit der Hirnstrukturen ab. Bei Roth (2021) heißt es dazu: „Die Amygdala spielt hier-bei eine wichtige Rolle, denn sie ordnet den sachlichen Geschehnissen positive und negative Bewertungen zu, speichert sie für kurze Zeit und beeinflusst eben-falls unbewusst arbeitende Zentren der Verhaltenssteuerung. Auch schickt sie dem dorsalen Striato-Pallidum als dem Ort des Handlungsgedächtnisses und dem Hip-pocampus als dem Organisator des erinnerungsfähigen Gedächtnisses Signale zu" (S. 91).

Erinnerungen sind mitunter erst wieder verfügbar, wenn sie durch einen Abruf-vorgang aktiviert werden. Abrufhinweise wie z. B. Bilder aus früheren Zeiten sind hilfreich, durch sie wird das im Langzeitgedächtnis Gespeicherte wieder zugänglich (Abb. 4.5).

Erinnerungen sind lückenhaft und ungenau. Sie werden abhängig vom jewei-ligen Blickwinkel und situativen Einflüssen rekonstruiert oder sogar konstruiert. Loftus und Palmer (1974) haben dazu ein Experiment durchgeführt. Sie frag-ten sich, wie genau man sich an die Details eines komplexen Ereignisses wie einen Verkehrsunfall erinnert, den man beobachtet hat. Die Versuchsteilnehmer bekamen einen Videofilm von einem Autounfall gezeigt, der nur vier Sekunden dauerte. Anschließend sollten sie die Geschwindigkeit der Autos schätzen. Nach dem Zufallsprinzip wurden zwei Gruppen gebildet. Die Teilnehmer der ersten Gruppe sollten sagen, wie schnell die Autos waren, als sie *ineinander krachten,* die Teilnehmer der zweiten Gruppe, wie schnell die Autos waren, als sie sich *berührten.* Die geschätzten durchschnittlichen Geschwindigkeiten waren signifi-kant unterschiedlich. Die Bilder waren identisch gewesen, aber die Assoziationen zu „ineinander krachen" und „einander berühren" haben offensichtlich bewirkt, dass die wahrgenommenen Geschwindigkeiten unterschiedlich erinnert wurden. Nach einer Woche wurden die Versuchsteilnehmer erneut befragt. Sie sollten jetzt

Abb. 4.5 Eine Familie im Jahr 1909 (Privatarchiv)

sagen, ob in dem Film nach dem Unfall zersplittertes Glas herum gelegen hatte. Obwohl es in dem Film kein zersplittertes Glas gegeben hatte, berichteten doppelt so viele Teilnehmer aus der ersten Gruppe, zersplittertes Glas gesehen zu haben (Tab. 4.9). Es sind Erinnerungen an etwas, was gar nicht da gewesen war.

Die Sicht auf die Vergangenheit kann sich verändern und Vergangenes kann auch erfunden werden, wenn es aus der gegenwärtigen Sicht plausibel erscheint. Das heißt auch: Die Vergangenheitsperspektive ist nichts Abgeschlossenes, sie ist veränderbar. Die Gedächtnissysteme interagieren. Erinnerungen können umgedeutet werden. Auch wenn eine böse Tat eine böse Tat bleibt, so können doch die Umstände, die dazu beigetragen haben, neu interpretiert werden. Verzeihen beinhaltet eine Trennung zwischen einer geschehenen Tat und dem Täter. Die Tat

Tab. 4.9 Antworten auf die Frage: „Haben sie zersplittertes Glas gesehen?" nach dem Tuning (Loftus & Palmer, 1974, S. 587)

Antwort	*„ineinander gekracht"*	*„berührt"*
Ja	16	7
Nein	34	43
Insgesamt	50	50

bleibt wie sie ist, doch der Täter bekommt die Chance sich zu bewähren. „Durch das Verzeihen werden die Last und die Macht der prinzipiell unveränderbaren Vergangenheit gemildert" (Reichenbach, 2020, S. 161).

Eine belastete Vergangenheit muss nicht für alle Zeit „ein Klotz am Bein" sein. Doch sie hinterlässt Spuren. „Wir fangen noch einmal von vorn an", ist, die Chance zu bekommen, es besser zu machen, wenn es noch nicht geklappt hat. Andererseits ist es eine Illusion, wenn man glaubt, noch einmal wirklich von vorne anfangen zu können, denn die Zeit lässt sich nicht völlig zurückdrehen. „Jeder Schritt, den man tut, ist für immer", heißt es bei Jäckel (2012, S. 9). So bleibt ein misslungener Start oder eine anfangs schlechte Leistung im Gedächtnis. Ein Neuanfang ist so kein wirklicher Anfang mehr, nur ein erneuter Versuch.

Nicht nur böse Taten wiegen schwer. Auch traumatische Erlebnisse sind belastend (Zimbardo et al., 2013). Sie können der Vergangenheitsperspektive ein ungeheures Gewicht verleihen, sie sind – metaphorisch gesprochen – wie ein Berg, den man nicht wegschieben und auch nicht umgehen kann. Je größer und gewaltiger dieser Berg ist, umso mehr dominiert in der individuellen Zeitperspektive die Vergangenheit. Man muss z. B. ständig an die Flucht, an Kriegserlebnisse oder eine böse Tat, die man zutiefst bereut, denken, oder man hört nicht auf, über früher getroffene falsche Entscheidungen zu grübeln, oder man erlebt eine unerfreuliche Gegenwart und denkt deshalb an bessere und glorreiche Zeiten zurück. Man flüchtet in eine Vergangenheit, in der alles besser war. Georgi Gospodinow hat in seinem Roman „Zeitzuflucht" eine Welt geschildert, in der man in die Vergangenheit zurückkehren kann.

Neben der individuellen Vergangenheit, die der Mensch in seinem episodischen Gedächtnis aufbewahrt, und der familiären Vergangenheit, über die es Berichte, Briefe, Fotos und Dokumente gibt, existiert noch ein überindividuelles „kollektives Gedächtnis", die Gedächtnisleistung einer Gruppe oder Gesellschaft, die sich auf eine gemeinsame soziale bzw. kulturelle Vergangenheit bezieht, die weit über die Lebenszeit eines einzelnen Menschen hinaus in die Vergangenheit zurück reicht (Assmann, 1997). Wie man mit den Erzeugnissen der Vergangenheit verfährt und sie als Wissen im semantischen Gedächtnis speichert, ist auch eine Frage, wie man mit der gebauten Umwelt „as something organized in time" (Lynch, 1972, S. 167 f.) umgeht. Wie ausgeprägt das Interesse ist, Bauwerke aus vergangenen Zeiten zu erhalten und sie so zu belassen, wie sie sind, hängt von der ihnen zugemessenen kulturellen Bedeutung und der Bereitschaft ab, für deren Schutz und Erhaltung Geld und Zeit zu investieren. Das Interesse, sie als kulturelles Erbe zu bewahren, zeigt, dass sich die Vergangenheitsperspektive der Menschen nicht nur auf ihre persönliche, sondern auch auf ihre kulturelle Vergangenheit erstreckt.

Was das Gedächtnis als Speicher von Erinnerungen betrifft, bahnt sich mit den neuen Technologien ein weit reichender Wandel an. Die Digitalisierung hat neue Wege der Übermittlung und Speicherung von Informationen eröffnet. Die Verfügbarkeit über das Internet, einem riesigen Wissensspeicher, verschafft dem Menschen einen Zugang zum Wissen außerhalb seines semantischen Gedächtnisses. Digitale Geräte sind ein „extended memory system". Sie sind nützlich. Die Bemerkung von Barnier (2010): „My uses of the iPhone as an extended memory system, especially one that compensates for current limitations inside my head" (S. 295), macht den Nutzen offensichtlich. Ein umfassendes externes Gedächtnis, auf das man leicht zugreifen kann, verschafft dem Menschen einen umfassenden „world view" und den Zugriff auf eine riesige Informationsmenge und dann auch noch eine kognitive Entlastung: Man muss nicht mehr alles behalten, denn man kann jederzeit „nachschlagen". Das kommt den Menschen, die Oswald (2019) als „Cognitive Misers" (kognitive Geizhälse) bezeichnet hat, entgegen: die Neigung, so wenig wie möglich an Denkleistung aufzuwenden. Diese Sparsamkeit hat eine neurobiologische Basis. Wie Roth (2021) berichtet hat, geht jegliche Art von Veränderungen im Fühlen, Denken und Handeln im Gehirn mit Veränderungen in neuronalen Netzwerken einher. Diese Änderungen sind stoffwechselphysiologisch teuer, was sich in dem Gefühl bemerkbar macht, belastet und gestresst zu sein. Kognitive Geizhälse sind weniger gestresst. Die zeitliche Strukturierung kann man hier und da dem Smartphone überlassen, das einen daran erinnert, dass jetzt etwas Bestimmtes getan werden muss. Der Mensch wird so immer mehr von einem externen Gedächtnis abhängig. Er füllt seine internen Gedächtnissysteme nicht mehr mit seinen eigenen Erfahrungen, was seine persönliche Vergangenheitsperspektive verarmen lässt. Dadurch wird sich zwangsläufig seine Zeitperspektive verändern.

4.4   Zeitperspektiventherapie

Der gegenwärtige Moment, die erinnerte Vergangenheit und die vorgestellte Zukunft machen die Zeitperspektive aus, die Nuttin (1964) als kognitive Gesamtschau charakterisiert hat. „Gesamtschau" bedeutet, dass man nicht bei den einzelnen Elementen verharrt, sondern diese in einen Zusammenhang bringt. Es entsteht so – gestaltpsychologisch formuliert – eine Gestalt oder Figur, die mehr oder weniger gut proportioniert ist. Gelungen ist die Zeitperspektive als ideale Gestalt, wenn sie sich beschreiben lässt als „a vivid sense of the present, well connected to future and past" (Lynch, 1972, S. 240). Diese Konstellation ist jedoch nicht immer gegeben und zwar dann nicht, wenn sich die Aufmerksamkeit allzu sehr bis fast ausschließlich auf nur einen Abschnitt richtet. Der Zeitperspektive fehlt dann die Balance. Das ist der Fall, wenn man immerzu in einer lustvollen Gegenwart verweilen möchte oder wenn man von der Vergangenheit nicht loskommt und ständig über längst Vergangenes grübelt oder wenn man zwanghaft die nächsten Handlungsschritte bis ins kleinste plant und darüber die Gegenwart aus den Augen verliert. Ein berühmter Fall ist Goethes Faust. Nach zehn Jahren intensiver Forschungtätigkeit stellt er fest, dass er den Momenten in seinem Leben, die schön gewesen wären, viel zu wenig Beachtung geschenkt hat. Seine Klage ist bekannt:

"Habe nun, ach! Philosophie,

Juristerei und Medizin,

Und leider auch Theologie

Durchaus studiert, mit heißem Bemühn.

Da steh ich nun, ich armer Tor!

Und bin so klug als wie zuvor, ...

Zwar bin ich gescheiter als all die Laffen,

Doktoren, Magister, Schreiber und Pfaffen;

Mich plagen keine Skrupel noch Zweifel,

Fürchte mich weder vor Hölle noch Teufel –

Dafür ist mir auch alle Freud entrissen..."

Quelle: Goethes Werke, Zehnter Teil. Faust, Der Tragödie erster Teil, S. 17. Herausgegeben von W. Niemeyer. Berlin: (Deutsches Verlagshaus Bong & Co, o. J.).

Alle Freude ist Faust entrissen worden. Die Erkenntnis, dass er die Gegenwart versäumt hat, macht ihm schwer zu schaffen. Wenn Faust später sagt: „Verweile doch, du bist so schön", will er, was er zuvor nie gemacht hat, einen gegenwärtigen Moment genießen. Dafür ist er sogar bereit, von seinem unermüdlichen Streben nach Erkenntnissen abzulassen. Als er dann diesen wunderbaren Augenblick auskostet, wird ihm bewusst, dass sein starker Drang nach Erkenntnissen ihn unaufhörlich vorangetrieben und ihn daran gehindert hat, einmal innezuhalten und die Gegenwart bewusst zu erleben.

Hinzukommt noch: Wird die Gegenwart zu wenig erlebt, weil man „immer strebend sich bemüht", kann sich auch keine Vergangenheitsperspektive, die sich aus Erinnerungen speist, herausbilden.

Auch eine übermäßige Fixierung auf Vergangenes führt zu einem Ungleichgewicht, was Gadamer (1969) anschaulich geschildert hat. „Nur wer Abschied nehmen kann, wer lassen kann, was hinter ihm liegt oder ihm unerreichbar entzogen ist, wer sich nicht an das Vergangene als etwas, was er nicht lassen kann, festklammert, vermag überhaupt eine Zukunft zu haben. … Wir kennen das gleiche aus der Neurosenlehre der modernen Tiefenpsychologie, die uns lehrt, wie den Menschen das Nichtloskommen von etwas für seine eigenen Möglichkeiten nicht frei werden lässt" (Gadamer, 1969, im Reprint von 1993, S. 295).

Depressiven Menschen fehlt die Zukunftsperspektive, Zwangsneurotiker sind ständig damit beschäftigt, die Vergangenheit zu ordnen und die Zukunft bis ins Kleinste zu planen und alles genauestens festzulegen, sodass sie darüber die Gegenwart versäumen. Das Gegenteil trifft für extreme Hedonisten zu, die nicht über die gegenwärtigen lustvollen Momente hinausdenken. Dass sie mit künftigen frustrierenden Erlebnissen rechnen müssen und sich möglicherweise die Zukunft „verbauen", kommt ihnen nicht in den Sinn.

Eine negativ erinnerte Vergangenheit, die auf häufigen Misserfolgserlebnissen, kritischen Lebensereignissen und traumatischen Erlebnissen beruhen kann, sowie eine negativ bewertete hoffnungslose Zukunft oder auch eine gänzlich fehlende Zukunftsperspektive fördern depressive Verstimmungen. Traumatische Erlebnisse wie Misshandlungen, Vergewaltigungen, Verkehrsunfälle und Kriegserlebnisse können so unauslöschlich und beherrschend sein, dass man sie nicht bewältigen kann und nicht von ihnen loskommt. Negative Erfahrungen wie Ablehnungen und Zurückweisungen, verpasste Gelegenheiten, Fehler und Verluste sind der Nährboden für eine „negative past", die in einen Gegenwartsfatalismus münden kann. Depressionen oder chronisch depressive Verstimmungen sind keine Seltenheit. Schätzungsweise 20 % der Menschen in Deutschland waren 2022 laut Bundesgesundheitsministerium irgendwann in ihrem Leben davon betroffen, Frauen häufiger als Männer, ältere öfter als jüngere Menschen[2]. Angesichts der möglichen negativen Auswirkungen einer nicht balancierten Zeitperspektive stellt sich die Frage nach therapeutischen Ansätzen. Zimbardo und Mitarbeiter haben eine Zeitperspektiventherapie vorgeschlagen, die darauf abzielt, eine Balance herzustellen. Nach Ansicht von Zimbardo und Boyd (2009) ist es kontraindiziert, sich

---

[2] https://www.bundesgesundheitsministerium.de/themen/praevention/gesundheitsgefahren/depression.html.

zu sehr in der Vergangenheit zu vergraben und zwar nicht im Sinne einer Zeitzuflucht, weil man die Gegenwart als negativ erlebt, sondern mit der Absicht, bei
den Ursachen der gegenwärtigen psychischen Probleme und Symptome anzuset-
zen, denn es könnte dadurch die Vergangenheits-Fixierung noch weiter verstärkt
werden und die Zukunft völlig aus dem Blick geraten. Ein wiederholtes Durchleben von Traumata kann sogar schädlich sein, weil Traumatisierte das ohnehin
ständig tun. Menschen, die an Depressionen leiden, neigen zum Grübeln, sie starren ständig in ihre Vergangenheit, um die Ursachen der Depression aufzuspüren,
was indessen die Depression noch verstärkt und verlängert (Nolen-Hoeksemas,
1991). Der Kommentar von Zimbardo und Boyd dazu lautet: „Der Schlüssel zur
Linderung von Depressionen liegt nicht in der Entwirrung des gordischen Kno-
tens der Vergangenheit, sondern im Akzeptieren und Planen einer ungewissen
Zukunft. Das Aufrechterhalten von negativen rückwärtsgewandten Einstellungen
ist keine gute Strategie" (S. 245).

Dass eine Fixierung auf nur einen Abschnitt der Zeitperspektive deren Ausgewogenheit verhindert, lässt sich mit dem Konzept der Aufmerksamkeitsökonomie
erklären (Blümelhuber, 2005): Die Aufmerksamkeit ist begrenzt. Wer seine
gesamte Aufmerksamkeit auf die Vergangenheit richtet, hat die knappe Ressource dafür aufgebraucht, sodass für die Zukunft nichts mehr übrigbleibt. In
einer Ökonomie der Aufmerksamkeit gewinnt all das, was die Aufmerksamkeit
auf sich zieht. Es gilt „esse est percipi", d. h. „Sein ist Wahrgenommen werden"
(Blümelhuber, 2005, S. 145).

Nach van Beek et al. (2011) geht es in der Zeitperspektiventherapie nicht
nur allgemein darum, eine Balance zustande zu bringen, sondern darüber hinaus, fähig zu werden, aus der Vergangenheit zu lernen, sich in der Gegenwart
einzurichten und zukünftige Ziele auszumachen und zu verfolgen.

Dass zeittherapeutische Interventionen sinnvoll sein können, haben Zimbardo
und Mitarbeiter (2013) in einer Längsschnittstudie nachgewiesen. Klienten waren
drei Gruppen: ehemalige Soldaten, die an posttraumatischen Störungen litten,
Depressive und Angstneurotiker. Zu Beginn füllten alle den Zimbardo Time
Perspective Inventory aus (vgl. Tab. 4.2). Um die Schwere der Symptoma-
tik zu ermitteln, wurden die Klienten zur Feststellung der Baseline etlichen
Tests unterzogen: dem Burns Depression Checklist (BDI), dem Burns Anxiety
Inventory (BAI) und der Posttraumatic Stress Disorder Checklist for Military
(PCL-M) getestet. Erfasst wurden die Veränderungen ab dem Beginn der The-
rapie. Innerhalb von sechs Monaten waren bei allen drei Gruppen signifikante
Verbesserungen festzustellen, am deutlichsten bei denen, die an Depressionen
gelitten hatten (Abb. 4.6). Der therapeutische Erfolg erwies sich als anhaltend.
Als Erfolg wurde auch verbucht, dass nur sechs Prozent der Klienten die Therapie
abgebrochen hatten.

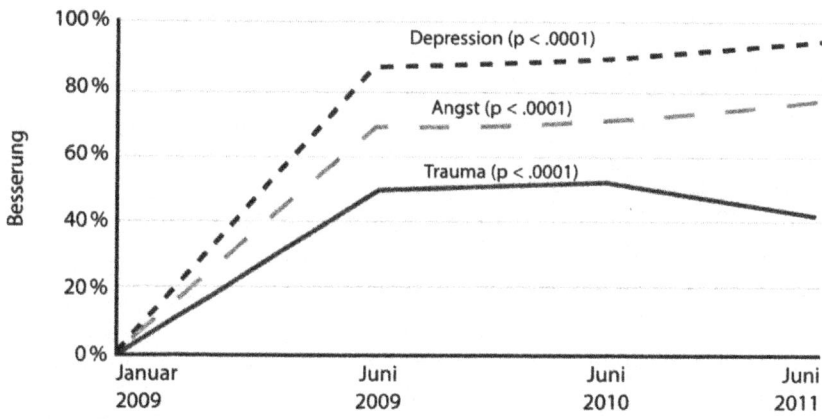

Abb. 4.6 Ergebnisse der Zeitperspektiventherapie (Zimbardo et al., 2013, S. 119)

Während Zimbardo und Mitarbeiter ihre Klienten von der Fixierung auf ihre Vergangenheit befreien wollten, haben MacLeod und O'Connor (2018) den Blick auf die Zukunftsperspektive gerichtet. Sie stellten fest, dass Gefühle von Hoffnungslosigkeit, Angst und Depression mit einem pessimistischen Denken über die Zukunft korrelieren. Eine unausgewogene Zeitperspektive kann demzufolge unterschiedliche Gründe haben, sodass sich die Zeitperspektiventherapie auf die jeweiligen *individuellen* Dysfunktionalitäten richten muss (Abb. 4.7).

Ein zu starkes Verhaftetsein mit einer negativen Vergangenheit rührt an den Kern des Menschen, seiner Ich-Identität. Die diachrone Identität: die Gewissheit, über die Zeit hinweg immer der gleiche Mensch geblieben zu sein (Fuhrer, 2008), beruht in diesem Fall auf einer negativen Basis. Die persönliche Vergangenheit ist mehr als nur ein Abschnitt, in dem man vielerlei mehr oder weniger prägende Erfahrungen gemacht hat, an die man sich später erinnert, sie macht den Menschen zu dem, was er ist und wie er sich sieht. Eine negative Vergangenheitsperspektive korreliert negativ mit den Merkmalen Selbstkontrolle, Ausgewogenheit und Verantwortlichkeit, eine „positive past" hat den gegenteiligen Effekt (van Beek et al., 2011).

Eine Frage ist jedoch, ob nicht auch hier und da oder überhaupt statt einer therapeutischen Intervention nicht einfach das Vergessen gefördert werden sollte, um die Fixierung auf eine negative Vergangenheit zu beenden. Vergessen kann, wie Safranski (2015) meint, segensreich sein. Eine Metapher mag das veranschaulichen. Negative Erfahrungen, die niederdrücken, lassen sich mit einem

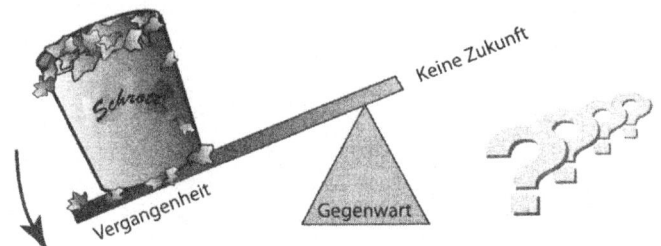

Seelische Not

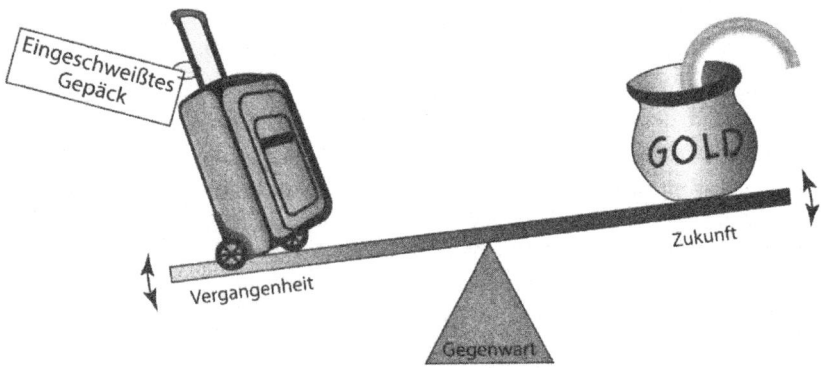

Die Zeitperspektiven-Therapie findet statt

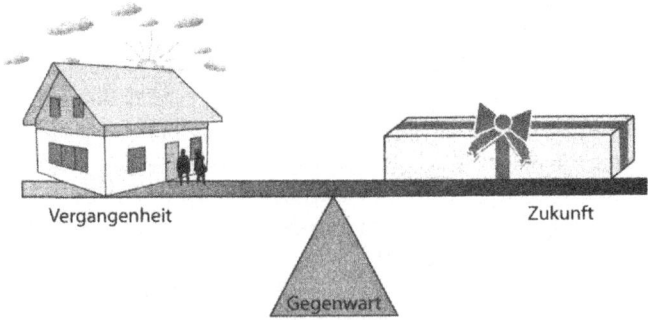

Ausbalancierte Zeitperspektive

Abb. 4.7   Ausbalancierung der Zeitperspektive (Zimbardo et al., 2013, S. 113)

überquellenden Müllcontainer vergleichen, der auf einer Waage steht. Sein schweres Gewicht zieht die Waage nach unten. Die Zukunft, die ein Gegengewicht bilden könnte, existiert nicht. Die Therapie funktioniert so, dass der ganze negative Schrott in einen handlichen Koffer gepackt wird, den man leichter tragen kann als einen schweren Müllcontainer, den man noch nicht einmal heben kann. Mit diesem leichten Gepäck kann man viel leichter vorankommen. Doch Psychotherapeuten seien schnell dabei, das heilsame Vergessen als Verdrängen zu deuten, sie „schicken ihre Klienten gerne zurück in die vermeintlichen frühkindlichen Urszenen, aus denen man dann nur schwer wieder herausfindet" (Safranski, 2015, S. 48).

Eine abschließende Frage ist, wie Menschen mit unterschiedlichen Zeitperspektiven miteinander auskommen. Individuell unterschiedliche Zeitperspektiven können in sozialen Beziehungen zu Konflikten, Missverständnissen und Auseinandersetzungen führen. So versteht der gegenwartsfixierte Hedonist nicht, warum die zukunftsfixierte Partnerin ausschließlich an ihr berufliches Fortkommen denkt. Es ist so, als ob unterschiedliche Sprachen gesprochen würden. Die eine spricht z. B. die Sprache „positive Zukunftsperspektive", der andere „lustvolle Gegenwart". Der Ansatz für eine Lösung besteht nach Zimbardo und Boyd (2009) darin, die Unterschiedlichkeit und Unvereinbarkeit der individuellen Zeitperspektiven als Ursache des Streits zu erkennen und zu akzeptieren, dass man sich in dieser Hinsicht unterscheidet.

Der Mensch verändert sich

5

Änderungen finden ständig statt, es gibt keinen Stillstand. Das zeigt die geologische Zeitskala der beim Präkambrium einsetzenden Erdgeschichte, in der die Einteilung der geologischen Zeitalter nach weltweit erkennbaren und zeitlich eingegrenzten Merkmalen z. B. dem ersten oder letzten Auftreten einer Spezies erfolgt. Die Dinosaurier waren rund 150 Mio. Jahre „tonangebend" auf der Erde, ohne die Erde, wie es dann der Homo Sapiens gemacht hat, im beträchtlichen Umfang umzugestalten. Die Menschen eigneten sich die Erde an, was Graumann (1996) als anthropologisch historische Umweltaneignung bezeichnet hat. Sie schufen technische Kulturen, in denen sie sich eingerichtet haben (Heßler 2012). Seitdem finden nicht nur in der natürlichen Umwelt ohne Zutun der Menschen Veränderungen statt, sondern auch in der von ihnen angeeigneten Umwelt. Hinzukommt noch die Veränderung des Menschen selbst. Nichts bleibt gleich. Überall entsteht Zeit.

Die Entwicklungspsychologie erforscht, beschreibt und erklärt die Veränderungen des Menschen über die Zeit seines Lebens hinweg (unter anderem Oerter, 1977; Rossmann, 2004; Lohaus & Vierhaus, 2019). Auch die Neurowissenschaft befasst sich mit Frage, wie wir werden, was wir sind. Der individuelle Gen-Satz, die epigenetischen Regulationsmechanismen, vorgeburtliche Einflüsse, die frühen Bindungserfahrungen sowie die nachfolgenden Sozialisationsprozesse und individuellen Erfahrungen mit der Umwelt bestimmen die Persönlichkeitsentwicklung (Roth, 2021). Genau genommen ist die Entwicklungspsychologie eine „Zeitpsychologie", indem sie explizit Veränderungen erforscht. Die körperlichen, kognitiven, emotionalen, sozialen und motivationalen Veränderungen erfolgen nicht immer synchron. So kann z. B. die kognitive und motivationale Entwicklung der schon weiter fortgeschrittenen körperlichen Entwicklung hinterherhinken

Abb. 5.1 Kindergeburtstag
(eigenes Foto)

oder umgekehrt. Die Lebensalter-Skala dient als Maßstab. Markierungen sind
Geburtstage. Kinder freuen sich auf dieses Ereignis (Abb. 5.1).

Ältere Menschen sind dagegen eher bemüht, den Prozess des Alterns zu verlangsamen. Auch wenn hier vielerlei Versuche unternommen werden, indem
auf Mittel zurückgegriffen wird, die einem das Gefühl, immer noch fit und
nicht alt und nach wie vor beweglich zu sein, bescheren, werden die Menschen dennoch unweigerlich älter. Weit reichende Eingriffe in den menschlichen
Körper sind inzwischen möglich, die nicht in erster Linie in therapeutischer,
sondern in verbessernder Absicht stattfinden (Straub 2020). Maßnahmen des „human enhancement" (enhancement: Steigerung, Verbesserung) sollen bewirken,
die natürlichen Einschränkungen durch Maßnahmen, mit denen die körperlichen
und kognitiven Fähigkeiten erhalten werden sollen, zu kompensieren und das
aktive gesunde Leben zu verlängern (Heilinger 2016). Es gibt inzwischen vielerlei
Programme, die an verschiedenen Stellen des Körpers ansetzen. Auch die Sing-
stimme, die altersbedingten Veränderungen unterliegt, wie einem verringerten
Atemvermögen und einem verkleinerten Stimmumfang, lässt sich trainieren[1].

---

[1] Ein Beispiel ist das von Elisabeth Bengtson-Opitz (2008) entwickelte Programm: Anti-
Aging für die Stimme. Ein Gesangs-Handbuch für gesunde und glockenreine Stimmen.
Hamburg: Timon.

Sozialisation und Erziehung sind darauf gerichtet, aus gegenwartsorientierten Kindern im Laufe der Jahre zukunftsorientierte Erwachsene zu machen (Schneewind & Pekrun, 1994). Hier ist nicht die Rede von einem human enhancement, sondern von einer natürlichen und kulturell geprägten Entwicklung. Der Stand der *motivationalen* Entwicklung lässt sich daran ablesen, dass das Kind fähig ist, auf eine sofortige Belohnung zu verzichten und auf eine Wunscherfüllung in der Zukunft zu warten.

Im fünften Kapitel geht es um den sich verändernden Menschen, was einen direkten Zeitbezug beinhaltet, und im Anschluss daran um die Frage, inwieweit die Zeit kontinuierlich fortschreitend linear oder im Grunde zyklisch ist.

5.1 Die menschlichen Lebensalter

Das Zeitbewusstsein entwickelt sich über die Lebensalter hinweg (Kasten, 2001). In den ersten zwei Jahren, der sensumotorische Phase, hängt das Zeiterleben unmittelbar mit dem Gegenstands- und Raumerleben zusammen. Das Kleinkind macht seine ersten Zeiterfahrungen in Verbindung mit seinen Aktivitäten, durch die es erfährt, dass Dinge anders aussehen, wenn man sie bewegt. Sie verändern sich, wenn man sie dreht und wendet, aufhebt und fallen lässt. Das Kind bekommt eine sofortige Rückmeldung. Zu Beginn des zweiten Lebensjahres ist es noch völlig eingebunden im Hier und Jetzt. Dann beginnt es allmählich zu begreifen, dass etwas unterschiedlich lange dauern kann, es kann jetzt zwischen Ereignissen, die noch andauern und solchen, die schon abgeschlossen sind, unterscheiden. Mit vier Jahren können die meisten Kinder eine korrekte zeitliche Reihenfolge mit „vorher" und „danach" herstellen. Zunächst gelingt es ihnen nur, zwischen zwei Dimensionen wie der Zeitdauer und der Entfernung oder der Zeitdauer und der Geschwindigkeit einen Zusammenhang zu erkennen. Zwischen dem siebten und dem zwölften Lebensjahr bildet sich die Zeitperspektive heraus und die Fähigkeit eines bewussten Umgehens mit Zeit. Von nun an kann den Kindern, wie Kasten (2001) gemeint hat, eine gewisse Eigenverantwortlichkeit im Umgang mit Zeit zugestanden werden.

Die Menschen denken nicht zuletzt auch deshalb über die Zeit nach, weil ihnen bewusst ist, dass ihre Lebensspanne begrenzt ist. Und auch weil die Pflichten und Anforderungen sowie die Leistungsfähigkeit je nach Lebensphase unterschiedlich sind, müssen sie sich mit dem Älterwerden auseinandersetzen. Das Lebensalter wird auf einer absoluten Skala gemessen. Es wird, von den allerersten Lebensjahren abgesehen, in denen man noch die Wochen und dann die Monate zählt, in Jahren ausgedrückt. Doch ob jemand „noch sehr jung" oder

„schon recht alt" ist, hängt auch davon ab, mit wem er sich vergleicht oder ver- glichen wird. Zum Beispiel gilt in einer Gruppe Ähnlich-Altriger das jüngste Mitglied noch als sehr jung oder die noch gar nicht alte Marschallin in der Oper „Der Rosenkavalier" fühlt sich im Vergleich zu ihrem jungen Liebhaber alt. Die objektive Skala des Lebensalters wird im sozialen Kontext so von einer relativen, auf interpersonalen Vergleichen beruhenden Skala überlagert.

Die Veränderungen des Menschen im Laufe seines Lebens zeigen sich an seiner körperlichen Erscheinung. Die allmählichen, fast unmerklichen Verände- rungen treten deutlicher zutage, wenn man das Kontinuum in Stufen unterteilt. Eine Dreiteilung findet man bereits in der griechischen Mythologie und zwar in der Geschichte von der Sphinx, die alle Vorübergehenden, so auch Ödipus, fragt, welches Wesen am Morgen vierfüßig, am Mittag zweifüßig und am Abend dreifü- ßig ist. Ödipus wusste die Antwort: Es ist der Mensch in seinen drei Lebensaltern, der im ersten Lebensjahr krabbelt, dann aufrecht geht und im Alter den Stock braucht, auf den er sich stützt. Bei einer Einteilung in nur drei Lebensalter – statt in zehn Stufen wie bei der in Abb. 5.3 dargestellten Lebenstreppe – treten die Veränderungen deutlich hervor. Die im öffentlichen Raum vor einem Altenwohn- heim aufgestellte Figurengruppe „Die drei Lebensalter" der Bildhauerin Doris Waschk-Balz lässt die Unterschiede zwischen den Lebensphasen Jugend, mitt- leres Lebensalter und höheres Alter unübersehbar hervortreten. Das jugendliche Mädchen ist in ein Buch vertieft, die junge Frau hat einen Apfel in der Hand, die ältere Frau macht einen nachdenklichen Eindruck (Abb. 5.2).

Das Lebensalter kommt in der körperlichen Erscheinung direkt zum Ausdruck. Nicht so sichtbar sind die Entwicklungsschritte in der kognitiven, emotionalen, sozialen und motivationalen Entwicklung. Weithin bekannt sind die Experimente von Piaget, der sich mit der Erforschung der Art des Denkens im Verlauf der Kindheit befasst hat. Er hat vier Stufen der kognitiven Entwicklung (Intelligenz- Entwicklung) unterschieden Tab. 5.1). Die Dauer dieser Stufen variiert, sie werden aber alle durchlaufen, wobei die jeweils vorangegangenen das Fundament für die darauffolgenden Stufen sind.

In der sensumotorischen Phase zählt nur der Augenblick. Das neugeborene Kind verfügt über angeborene Reflexe und Reaktionen. Die Zeitperspektive reicht nicht über die Gegenwart hinaus. In der präoperationalen Phase sind Kinder zwar schon zu sprachlich-symbolischen Operationen in der Lage, dennoch blei- ben sie eng an das konkret Wahrnehmbare gebunden. Was die Zeitperspektive betrifft, ist das Denken in dieser Phase noch überwiegend auf den augenblickli- chen Zustand gerichtet, während sich in der nachfolgenden konkret-operationalen Phase Denkoperationen von dem augenblicklichen Geschehen zu lösen begin- nen. Das Denken ist nach wie vor auf konkrete Handlungen und unmittelbare

Abb. 5.2 Drei Lebensalter
(Foto Doris Waschk-Balz)

Abb. 5.3 Lebenstreppe: die Stufenalter des Menschen https://commons.wikimedia.org/
wiki/File:Stufenalter_des_Menschen_19Jh.jpg?uselang=de

Stufe	Alter	Stufenbezeichnung
1	0–2 Jahre	Sensumotorische Phase
2	2–6 Jahre	Präoperationale Phase
3	7–11 Jahre	Konkret-operationale Phase
4	ab 12 Jahren	Formal-operationale Phase

Tab. 5.1 Stufen der kognitiven Entwicklung nach Piaget (Lohaus & Vierhaus, 2019, S. 28)

Wahrnehmungen bezogen, die Abstraktionsfähigkeit ist noch gering. Zu den Handlungen werden zunehmend kognitive Schemata gebildet, die von der tatsächlichen Handlung unabhängig werden, was ein vorgestelltes Handeln, ein „als ob" ermöglicht. Vorstellungen ermöglichen eine Zukunftsperspektive. In der formaloperationalen Phase können Kinder mit abstrakten Symbolen operieren, z. B. bei mathematischen Aufgaben das Ersetzen konkreter Zahlen mit Buchstaben. Sie können jetzt verschiedenen Lösungswegen gedanklich nachgehen, und sie werden fähig, sich ein „Wenn-dann" vorzustellen, ein Grundelement des Zeiterlebens und der Zeitperspektive.

Die sich verändernden Denkstrukturen sind bei Piaget das Kriterium der Einteilung von Entwicklungsstufen. Eine deutliche Veränderung ist die Fähigkeit, kognitive Schemata zu bilden, mit denen, ohne dass überhaupt gehandelt wird, operiert werden kann. Es ist ein gedankliches Probehandeln. Voraussetzung ist dabei ein funktionierendes Gedächtnis, gemessen an der Anzahl unabhängiger Schemata, die zu einem gegebenen Zeitpunkt aktiviert werden können. Eine zunehmende Automatisierung und eine erhöhte Geschwindigkeit der Informationsverarbeitung bewirken eine weitere Steigerung der kognitiven Fähigkeiten (Lohaus & Vierhaus, 2019).

Weil sich im Kindes- und Jugendalter innerhalb weniger Jahre im Vergleich zu den späteren Lebensjahren sehr viel verändert und weil die früheren Lebensphasen stets die späteren Phasen beeinflussen, was Entwicklungsstörungen und problematisches Verhalten durch nicht bewältigte voran gegangene Lebensphasen erklärbar macht, wurde den frühen Lebensjahren in der Entwicklungspsychologie besondere Aufmerksamkeit zuteil, was sich in einer feineren Differenzierung der Kindheitsphase ausdrückt. Allein in den ersten 12 Lebensjahren wird unterschieden zwischen den Phasen (vgl. Rossmann, 2004): das Neugeborene, erstes und zweites Lebensjahr, Vorschulalter, Schulalter (zwischen dem 6. bis zum 12. Lebensjahr), Jugendalter (ab dem 12. Lebensjahr).

Diese Einteilung ist kein bloßer Formalismus, was deutlich wird, wenn man auf die Theorie der psychosozialen Entwicklung von Erikson (1971) Bezug

Tab. 5.2 Entwicklungsphasen in der Theorie der psychosozialen Entwicklung (Erikson, 1971, S. 150 f.)

Altersstufe	Psychosoziale Krise
Säuglingsalter	Urvertrauen gegen Urmisstrauen
Kleinkinderalter	Autonomie gegen Scham und Zweifel
Spielalter	Initiative gegen Schuldgefühl
Schulalter	Werksinn gegen Minderwertigkeitsgefühl
Adoleszenz	Identität gegen Identitätsdiffusion
Frühes Erwachsenenalter	Intimität gegen Isolierung
Erwachsenenalter	Generativität gegen Selbstabsorption
Höheres Erwachsenenalter	Integrität gegen Lebensüberdruss

nimmt, der die Lebensphasen nach den jeweils darin zu lösenden Entwicklungsaufgaben bzw. zu bewältigenden psychosozialen Krisen bestimmt hat. Die gesamte Lebensspanne hat er in acht Phasen unterteilt, wobei die späteren Stufen nur „erklommen" und gemeistert werden können, wenn die Entwicklungsaufgaben in den vorangegangenen Phasen gelöst wurden (Tab. 5.2).

Das höhere Erwachsenenalter lässt Erikson mit 60 Jahren beginnen. „Integrität" meint, dass der Mensch den Verlauf seines Lebens akzeptiert und nicht mit sich hadert, weil er findet, dass er ganz anders hätte leben sollen, und dass er nicht zu einem Gegenwarts-Fatalisten wird, der sein Leben für nicht mehr lebenswert ansieht. Besonders eingehend hat sich Erikson mit dem Jugendalter und der in dieser Phase auftauchenden psychosozialen Krise „Identität und Identitätsdiffusion" beschäftigt, wobei er sich auf Fallberichte junger Patienten zwischen 16 und 24 Jahren gestützt hat. Symptome einer nicht bewältigten Entwicklungsaufgabe im Jugendalter sind ein gestörtes Zeiterleben, das Gefühl von Zeitstress und der Eindruck, dass das Leben geschieht, ohne dass man dazu beiträgt, sowie eine extrem verkürzte Zeitperspektive. Das Gefühl, nicht selbst bestimmt handeln zu können und ein Spielball äußerer Kräfte zu sein, sodass man sich auch keine Ziele setzt, die man erreichen will, beeinträchtigen das Selbstwertgefühl zusätzlich und behindern die Herausbildung einer stabilen psychischen Struktur der Ich-Identität. Die Identitätsdiffusion verändert das Zeiterleben: Wenn es nicht gelingt, sämtliche Informationen über sich selbst und die eigene Geschichte zu bündeln und zu organisieren, lässt sich keine Folge der Erlebnisse und Vorkommnisse mehr ausmachen; die Vergangenheitsperspektive ist ohne Struktur.

Als kritische Lebensereignisse werden die Ereignisse bezeichnet, die zu einer vorübergehenden oder auch länger dauernden Destabilisierung der Persönlichkeit führen können (Filipp & Aymanns, 2018). Dass diese kritischen Lebens*ereignisse* mit Zeit zu tun haben, leuchtet unmittelbar ein, denn es sind *Ereignisse*, die Zeit erzeugen. Kritische Lebensereignisse wie eine schwere Erkrankung, der Tod einer nahe stehenden Person, ein Unfall, eine Scheidung, Arbeitslosigkeit, Verlust der Heimat, ein unfreiwilliger Wohnortwechsel, die Erschütterung des Selbstwertgefühls usw. sind oftmals Zäsuren, d. h. besonders tiefe Einschnitte. Anders als die biologisch-entwicklungsbedingten psychosozialen Krisen sind sie weitaus weniger oder auch gar nicht voraussagbar. Es sind von heftigen Emotionen begleitete einschneidende negativ erlebte Veränderungen (Filipp & Aymann, 2018).

Die Lebensalter haben schon seit Jahrhunderten viele Künstler inspiriert. Sie haben die Zeit, die der Mensch von seiner Geburt an bis hin zu seinem Tod durchläuft, in unterschiedlichen Formen dargestellt (vgl. Abb. 5.2). Hans Baldung Grien, ein Schüler Albrecht Dürers, hat 1544 hat die Lebensspanne in sieben Lebensalter unterteilt, denen er jeweils eine Frauengestalt zugeordnet hat. Der Wandel ist auf einen Blick zu erkennen. Bekannt sind die Selbstbildnisse von Albrecht Dürer, der sein erstes überliefertes Selbstbildnis mit 13 Jahren gezeichnet hat. In den folgenden Jahren hat er sich immer wieder porträtiert. Anders als bei Baldung Griens sieben Personen unterschiedlichen Alters handelt es bei Dürers Selbstbildnissen um eine diachrone Folge: Es ist immer derselbe Mensch, der porträtiert wird, nur die Zeitpunkte variieren. Im 16. Jahrhundert begann die Lebenstreppendarstellung mit an- und absteigenden Stufen Mode zu werden (Abb. 5.3). „For at least three centuries, from about 1600 to 1900, it was the most widespread and popular image of aging and the life course throughout the Western world" (Ehmer, 1996, S. 53). Als im 19. Jahrhundert dank der Erfindung der Lithografie und leistungsfähiger Schnellpressen der Bilderbogen zum Massenmedium wurde, fanden die Bilder der Lebensalter als Treppe, auf der ein Mann oder eine Frau oder ein Paar hinaufsteigt und oben angelangt wieder herabsteigt, eine enorme Verbreitung (Schenda, 1984). Man sah nicht nur ein in Stufen eingeteiltes menschliches Leben vor sich, sondern bekam auch noch mitgeteilt, wo sich die höchste Treppenstufe befindet und was den oben stehenden Mann und die oben stehende Frau kennzeichnet und voneinander unterscheidet. Bei männlichen Personen war der soziale Status, bei weiblichen Personen die Schönheit ein vorrangiges Merkmal. Der Mann, der oben angekommen war, hatte den höchsten gesellschaftlichen Stand erreicht, die Frau war zu diesem Zeitpunkt eine makellose Schönheit (Valsiner, 2021). Die Treppe bestand meistens aus neun bis zehn Stufen. Hinzu kamen noch Spruchbänder wie z. B. (vgl. Abb. 5.3):

Es wird das Leben in zehn Stufen seit langer Zeit schon eingeteilt,

Die sich euch hier in Bildern zeigen, wenn gern der Blick darauf verweilt.

Die Treppe, die den Lebenslauf des Menschen symbolisiert, verläuft nur in eine Richtung, sie hat einen eindeutigen Gipfelpunkt, der die Mitte des Lebens markiert. Von da an geht es Stufe um Stufe abwärts.

Hier lässt sich eine Verbindung zur Abb. 1.1 herstellen, auf der eine junge Frau durch einen Torbogen hindurch geht, und eine ältere Frau davor sitzt, von der man den Eindruck hat, dass sie sich ausruht. Die junge Frau steigt voller Schwung die Lebenstreppe hinauf, die ältere Frau ist im Begriff, sie hinab zusteigen, wobei sie sich zwischendurch ausruht.

Die Lebenstreppendarstellungen waren nicht nur kurze Zeit Mode. Sie wurden in großer Zahl in unterschiedlichen Varianten geschaffen (Joerißen, 1984). Sie regten die Fantasie an, was so weit ging, dass man den Stufen Tiere zuordnete, wobei es je nach Geschlecht unterschiedliche Tiere waren. Ehmer (1996) hat in der St. Annen-Kirche in Annaberg solche Zuordnungen entdeckt (Tab. 5.3). Männer im 40. Lebensjahrzehnt sind z. B. Löwen vergleichbar, die Frau wird auf dieser Altersstufe vom Pfau verkörpert – das Stereotyp des starken Mannes und der schönen Frau. Die individuellen Unterschiede sind heutzutage beträchtlich (Kasten, 2001). Eine solche Diversität gab es zu der Zeit, als die Lebenstreppendarstellungen verbreitet waren, noch nicht in diesem Ausmaß. Die auf der Lebenstreppe herunter steigenden Menschen entsprachen dem Altersstereotyp.

Die Lebensphase des Alters, des Katers und der Ente sowie des Esels und der Fledermaus (vgl. Tab. 5.3) gerät zunehmend ins gesellschaftliche Blickfeld, denn der Anteil der Älteren in der Bevölkerung wächst. Im Jahr 1950 waren rund 10 % der Einwohner in Deutschland 65 Jahre und älter, in Jahr 2016 ist der Anteil rund doppelt so hoch (Statistisches Bundesamt et al., 2018). Die älteren Menschen sind zahlreicher und sichtbarer geworden, was wie zu erwarten die

Tab. 5.3
Lebenstreppenstufen mit zugeordneten Tiersymbolen (Ehmer, 1996, S. 66)

Lebensjahrzehnt	Männer	Frauen
10	Kalb	Wachtel
20	Ziegenbock	Taube
30	Widder	Elster
40	Löwe	Pfau
50	Fuchs	Henne
60	Wolf	Gans
70	Hund	Geier
80	Kater	Ente
90	Esel	Fledermaus

gerontologische Forschung beflügelt hat (Kruse & Wahl, 2010; Wahl & Heyl, 2015 usw.).

Das Thema der „alternden Gesellschaft" wirft neue und auch viele Fragen auf. Zugleich verändern sich die Sichtweisen. Was unter Altersbildern zu verstehen und wie sie wirken, hat Borscheid (2020) beschrieben: „Altersbilder sind zunächst kulturelle Phänomene, also von Menschen und für Menschen geschaffen. Sie sind keine Standbilder; eher laufende, bewegte Bilder, zugleich aber auch relativ feste sprachliche und bildliche Wegweiser sowie Gebrauchsanweisungen für den Umgang mit Älteren. Sie sind Muster, die sich von Kultur zu Kultur sowie von Epoche zu Epoche verändern" (S. 7). Das Bild des alten Menschen ist ambivalent. Zum einen werden die Älteren als Garanten der Erfahrung und als „Wissensspeicher" gesehen, zum anderen im Zusammenhang mit der erwerbsgesellschaftlichen Entpflichtung, der „Entberuflichung des Alters", als Belastung für die Gesellschaft (Borscheid, 2020).

Das Älterwerden geschieht meistens unmerklich. Es gibt jedoch Momente, in denen es den Menschen plötzlich in den Sinn kommt, dass sie nicht mehr jung sind. So geschieht es der Marschallin in der Oper „Der Rosenkavalier" von Richard Strauß, die sich Gedanken über das Älterwerden macht:

„Die Zeit, die ist ein sonderbar' Ding.

Wenn man so hin lebt, ist sie rein gar nichts.

Aber dann auf einmal,

da spürt man nichts als sie:

sie ist um uns herum, sie ist auch in uns drinnen.

In den Gesichtern rieselt sie, im Spiegel da rieselt sie,

in meinen Schläfen fließt sie.

Und zwischen mir und dir da fließt sie wieder.

Lautlos, wie eine Sanduhr.... ",

Quelle: Hugo von Hofmannsthal (1924). Gesammelte Werke. Vierter Band. Der Rosenkavalier. Komödie für Musik. Berlin: S. Fischer, S. 174 f.

Zum Nachdenken hat die Marschallin der Vergleich mit dem sehr viel jüngeren Liebhaber gebracht. Die Theorie des sozialen Vergleichs besagt, dass wir etwas über uns selbst erfahren, indem wir uns mit anderen vergleichen (Aronson et al., 2008). Man stellt Vergleiche an, wenn man verunsichert ist, wenn es keinen greifbaren objektiven Maßstab gibt, an dem man sich orientieren könnte, wenn man sein Selbstwertgefühl schützen möchte oder wenn man herausfinden will, was man erreichen könnte. Aronson et al. haben zwischen einem Abwärts- und einem Aufwärtsvergleich differenziert. Den Abwärtsvergleich stellt man mit Menschen an, die in Bezug auf eine Eigenschaft nicht so gut sind wie man selbst. Es ist eine das Selbstwertgefühl schützende Strategie. Mit einem Aufwärtsvergleich kann man herauszufinden, was man künftig vielleicht erreichen könnte. Ein Aufwärtsvergleich ist zukunftsorientiert, ein Abwärtsvergleich ist es nicht.

Jäckel (2012) hat festgestellt, dass die weniger aktiven Älteren denen, die auch im „Ruhestand" noch sehr beschäftigt sind, oftmals mit Misstrauen und Ablehnung begegnen. Es scheint so, also ob sie einen Abwärtsvergleich anstellen, um ihr Selbstwertgefühl zu schützen. Bei älteren Menschen heißt es im Übrigen häufig „noch", bei Kindern dagegen „schon". Man kann etwas *noch* oder man kann etwas *schon*. So heißt es z. B. „Er nimmt trotz seines fortgeschrittenen Alters noch am Triathlon teil" oder „Sie kann schon bis drei zählen". Mit diesem Noch oder Schon werden ebenfalls soziale Vergleiche angestellt.

Wie nehmen ältere Menschen, bei denen die noch zu erwartende Lebenszeit vergleichsweise kurz ist, die Zukunft wahr? Wie weit reicht ihre Zukunftsperspektive? Festzustellen ist, dass sich etliche Menschen im Alter verstärkt ihrer eigenen Vergangenheit zuwenden und sich mit ihrer Herkunft und der Geschichte ihrer Vorfahren befassen. Es kann eine konstruktive Auseinandersetzung sein, indem z. B. die erlebte „negative past" noch einmal aus einem anderen Blickwinkel beleuchtet und aufgearbeitet wird. Davon abgesehen kann es sich um eine Veränderung der Zeitperspektive handeln, indem deren Teile neu gewichtet werden.

Mit der Erkenntnis, dass die verbleibende Lebenszeit begrenzt ist, ist ein Disponieren können über eine weiter in der Zukunft liegende Zeit eine Illusion (Gadamer, 1969). Die antizipierte Zukunft ist ein komplexes Konzept, das mehrere Dimensionen umfasst. „Perceptions of future time (PFT) are defined as a multidimensional construct that involves a broad set of time-associated cognitions related to finitude, pace, and valence of an individual's remaining time in life" (Lang & Damm, 2018, S. 310). Das gleichzeitige Erleben von Knappheit und Fülle an Zeit ist ein Paradox: Der ältere Mensch erlebt, dass die Zeit, die er noch am Leben sein wird, knapp ist. Umso mehr will er die Zeit nutzen und füllen. Er wird gegenwartsorientierter, wenn er damit rechnen muss, dass sich die Dinge in Zukunft verschlechtern werden. Die Konzentration auf eine positive Gegenwart kann ein Gegengewicht zu einer erwarteten unerfreulichen Zukunft bilden (Lang & Damm, 2018).

Die Antizipation der eigenen Zukunft ist eine einzigartige menschliche Fähigkeit, denn sie ermöglicht vorausschauendes Handeln und Vorstellungen über die eigene Befindlichkeit in den kommenden Jahren, wenn man älter sein wird. Davon ausgehend haben Lang et al. (2013) eine Untersuchung durchgeführt, in der sie auf die Daten des nationalen sozioökomischen Panels zurückgegriffen haben, einer großen repräsentativen Stichprobe Erwachsener unterschiedlichen Alters, die in einem Zeitraum von elf Jahren sechs mal nach ihrer augenblicklichen Lebenszufriedenheit und nach ihrer vorgestellten Lebenszufriedenheit in fünf Jahren gefragt wurden. Als Maß für die aktuelle Lebenszufriedenheit dienten die Antworten auf die Frage „Wie zufrieden sind Sie derzeit mit Ihrem Leben, alles in allem?", was auf einer Skala von 0 (völlig unzufrieden) bis 10 (völlig zufrieden) beantwortet werden sollte. Im Anschluss an die Angabe ihrer aktuellen Lebenszufriedenheit wurden die Teilnehmer gefragt, wie sie ihre zukünftige Lebenszufriedenheit einschätzen: „Und wie glauben Sie, werden Sie sich in fünf Jahren fühlen?" Die Jüngeren, die 18-bis 39-Jährigen, schätzten ihre künftige Lebenszufriedenheit als höher ein als ihre gegenwärtige, bei den Älteren, den über 65-Jährigen, war es umgekehrt, sie sind mit der Gegenwart zufriedener als mit ihrer vorgestellten Zukunft. Die Gegenwart ist für sie die bessere Zeit. Die jüngeren Erwachsenen blicken dagegen optimistischer in die Zukunft als die Älteren. Das Ergebnis von Lang und Mitarbeitern ist ein Beispiel dafür, dass sich der Mensch im Laufe seines Lebens, während er die Lebenstreppe hinauf und hinab steigt, nicht nur körperlich verändert, sondern auch in seinen Sichtweisen, Erwartungen und Bewertungen sowie in seiner Zeitperspektive: der Bedeutung, die seine Vergangenheit, Gegenwart und Zukunft, für ihn hat.

5.2   Lineare und zyklische Zeit

Menschen erleben die Zeit als linear. Es gibt nur eine Richtung. Ein treffendes literarisches Beispiel dazu findet sich in der Erzählung „Tynset" von Wolfgang Hildesheimer:

> *„… grauer Herbsthimmel. Früher, da war der Himmel blau, aber das Blau ist verwaschen, fadenscheinig geworden…ich steige wieder ein in das Verstreichen der Zeit, es ist zwischen elf und zwölf Uhr nachts, ich erledige mein tägliches Pensum an Altern, ich nehme diese dünnen Fäden wieder auf, um ein Seil daraus zu drehen, ein Seil, das mich vorwärts zieht – vorwärts und abwärts und hinab, dorthin, wo mein Weg enger wird, immer enger, wo die Möglichkeiten welken und abfallen…" (Hildesheimer, 1967, S. 39).*

In dieser Erzählung gibt es nur eine Richtung, es geht immer vorwärts und zugleich – wie im zweiten Abschnitt der Lebenstreppe – abwärts.

Dass es neben der linearen Zeit auch eine zyklische Zeit gibt, zeigen natürliche Abläufe wie Tag und Nacht, Ebbe und Flut und die Jahreszeiten, die immer wiederkehren. Beide Auffassungen: der Zeit als linear oder zyklisch, schließen sich folglich nicht aus (Nowotny, 1989). Die lineare Zeit kommt in den Stufen der Lebenstreppe und in der Schilderung von Hildesheimer zum Ausdruck. Die zyklische Zeit hat Friedrich Nietzsche als die ewige Wiederkunft des Gleichen beschrieben, ein unendliches Wiederholen von Ereignissen.

In den Szenen unter der Lebenstreppe kommen beide Auffassungen zum Ausdruck. Die lineare Zeit endet in der Szene des Jüngsten Gerichts, die zyklische Zeit wird von Adam und Eva verkörpert, den Ureltern, deren Nachkommen zu einem neuen Treppenaufstieg aufbrechen. Im einen Fall wird das Lebensende des einzelnen Menschen betont, dem sich zwar eine transzendente Zukunft anschließt, die himmlisch oder höllisch sein kann, doch im diesseitigen Leben gibt es für ihn, der am Ende des Abstiegs angekommen ist, keine Fortsetzung. Im anderen Fall, der Szene von Adam und Eva im Paradies, wird ein „es geht mit der nächsten Generation weiter" angedeutet. Auf den Bildern wölbt sich über dem Paradies der Lebensbaum, an dem viele Äpfel hängen. Am unteren Rand der aufsteigenden Treppe sieht man ein Kinderbettchen mit einem neugeborenen Kind darin. Sobald es laufen kann, wird das Kind beginnen, die Treppe hinaufzusteigen. Es ist eine Metapher für die zyklische Zeit, ein immer wieder kehrender Neuanfang. Hier sei Safranski (2015) erwähnt, der vom „Pathos der Nullpunktsituation" gesprochen hat. „Wir fangen ... neu an. Was kann sich nicht alles daraus ergeben!" (S. 41).

Die lineare Zeit ist individualistisch, im Fokus ist der einzelne Mensch, dessen Leben irgendwann endet. Das im hohen Alter gemalte Selbstbildnis der Malerin Hildegard Marion Böhme, in dem das bald zu erwartende Lebensende unmissverständlich zum Ausdruck kommt, ist ein Beispiel für eine lineare Zeit (Abb. 5.4).

Die zyklische Zeit wird in der Szene mit Adam und Eva verkörpert. Auch wenn sie gestorben sind, geht es weiter; ein neuer Zyklus zeichnet sich ab. Dazu passt der Spruch aus dem Theaterstück „Wilhelm Tell" von Friedrich Schiller: „Das Alte stürzt, es ändert sich die Zeit, und neues Leben blüht aus den Ruinen" (Abb. 5.5). „Der zyklische Ablauf der astronomisch bedingten Ereignisse auf der Erde – der Gang der Sonne über 24 h, die Mondphasen, die Jahreszeiten – ist in religiöser und spiritueller Sicht vieler archaischer Kulturen der Hinweis darauf, dass ... auf den Tod ein neuer Anfang folgt" (Wittmann, 2012, S. 162).

„Wiederholt sich das Geschehen, so sprechen wir von zyklischer Zeit. In der Musik ist dies das Rondo. Verändert es sich unumkehrbar in gleichbleibender Richtung, so nennen wir die Zeit linear... Dass und wie Zyklik und Linearität vereinbar sind, zeigt das Modell des Wagens: Die Wiederkehr jeder Position des

Abb. 5.4 Selbstbildnis der Malerin Hildegard Marion Böhme (aus der Sammlung Peter Engel, mit freundlicher Genehmigung des Sammlers)

Abb. 5.5 Zyklische Zeit (eigenes Foto)

laufenden Rades verbildlicht die zyklische Zeit, die Fahrt auf dem Wege die lineare… Auch die Tageszeiten verlaufen linear vom Morgen bis zum Abend, sie wiederholen sich jedoch von Tag zu Tag" (Demandt, 2015, S. 18 f.).

Im Jungbrunnen drückt sich der Wunsch nach einer individuellen zyklischen Zeit aus, dem Noch-einmal-beginnen-Können. So war der Jungbrunnen ein beliebtes Motiv der Maler im Spätmittelalter und in der Renaissance gewesen (Demandt, 2015). Es ist der Wunsch nach einer Wiederkehr des Jungseins, einem individuellen Noch-einmal. Nach einem Bad im Jungbrunnen kann man die Lebenstreppe noch einmal hinaufgehen. Es ist zweifellos ein Wunschtraum, denn der einzelne Mensch macht das nur einmal.

Die lineare Zeit wird zu einem Ausschnitt aus einer übergreifenden zyklischen Zeit, wenn man den Blickwinkel erweitert. Man stelle sich einen Kometen vor, der alle zwei Tausend Jahre von der Erde aus zu erblicken ist. Die Menschen sehen, wenn er an der Erde vorbeifliegt, nur einen winzigen Ausschnitt aus seiner elliptischen Bahn, der ihnen linear erscheint. Es gibt ein zweites Sinnbild: die bereits erwähnten sich drehenden Räder eines Fahrzeugs, das sich in eine Richtung fortbewegt. Beide Bilder machen Sinn: lineare und zyklische Zeit schließen sich nicht aus – im Gegenteil.

Ende

Die Psychologie der Zeit befasst sich mit einem nicht direkt wahrnehmbaren Phänomen, auf das aus wahrgenommenen Veränderungen geschlossen wird. Zeit gibt es nur, wenn sich etwas verändert. Stillstand wäre gleichbedeutend mit Zeitlosigkeit. Die Aufeinanderfolge von Ereignissen und deren Dauer sind Zeitmerkmale. Ereignisse finden immer irgendwo statt, d. h. das Wo und das Wann hängen eng zusammen, was nicht nur im Universum gilt, sondern sich auch in den Begriffen Raumzeit und Zeitraum widerspiegelt. Die Zeitpsychologie kann sich deshalb nicht auf eine ausschließende Analyse der Auswirkungen von Zeit auf den Menschen beschränken, denn wie Zeit erlebt und genutzt wird, hängt immer auch von der Art der Ereignisse und der jeweiligen Umgebung ab. Es geht in der Zeitpsychologie deshalb nicht nur darum, in psychophysikalischen Experimenten im Forschungslabor, in dem die reale Umwelt außen vor gelassen wird, zu erkunden, wann unmittelbar aufeinanderfolgende Reize noch als ungleichzeitig und bei Verringerung des Abstands als gleichzeitig wahrgenommen werden oder wie die wahrgenommene Dauer von der objektiven Dauer eines Ereignisses abweicht, sondern es geht vor allem um die Bedeutung der zeitlichen Dimension in realen Umwelten. Ein zutreffendes Einschätzen der Dauer eines Vorgangs ist z. B. im Straßenverkehr sehr wichtig, weil es fatale Folgen haben kann, wenn man die Dauer eines Bremswegs unterschätzt. Oder man belastet die Umwelt, indem man, weil man Zeit sparen will, mit dem Pkw und nicht mit der Bahn fährt, weil man glaubt, dass die Bahn mehr als doppelt so lange braucht, was aber gar nicht zutreffen muss.

Ein Buch über Zeitpsychologie soll sensibilisieren, indem die Bedeutung der vierten Dimension im alltäglichen Erleben und Handeln bewusst wird, die sich im Unterschied zum dreidimensionalen Raum der unmittelbaren Wahrnehmung

A. Flade, *Zeitpsychologie*, https://doi.org/10.1007/978-3-658-43033-7_6

entzieht und die deshalb auch leicht übersehen wird. Verhaltensweisen, die vorher nicht erklärbar waren oder die nicht zutreffend attribuiert wurden, werden verstehbar, wenn man den Zeitfaktor einbezieht. So wird einem plötzlich klar, dass Stress oftmals *Zeit*stress ist. Wie jeder Stress kann dieser die psychische Gesundheit untergraben.

Durch Einbeziehung des Zeitfaktors erweitert sich das Spektrum therapeutischer Interventionen. Eine Depression, deren Ursache eine fehlende Zukunftsperspektive ist, kann statt mit Antidepressiva besser mit einer Zeitperspektiventherapie behandelt werden.

Dass sich fortwährend etwas verändert, ist so selbstverständlich, dass man sich normalerweise darüber kaum Gedanken macht. Obwohl es Veränderungen sind, aus denen auf Zeit geschlossen wird, taucht der Zeitfaktor in den theoretischen Modellen, die das menschliche Erleben und Verhalten erklären wollen, oft gar nicht oder nur am Rande auf. Der Einfluss der Zeit reicht indessen weit. Was wir sind, beruht wesentlich auf den im Gedächtnis repräsentierten Erfahrungen, die wir in der Vergangenheit gemacht haben. Die Zeit beeinflusst so die Persönlichkeitsentwicklung und Ich-Identität, die psychische Struktur, in der die individuelle, die soziale und kulturelle, die Orts- und die diachrone Identität gebündelt und organisiert sind. Darüber hinaus bestimmen vergangene Erfahrungen das Umweltverhalten und die Bereitschaft, sparsam mit den natürlichen Ressourcen umzugehen. So wird die Natur nur wertgeschätzt und geschützt, wenn man sie kennt.

Unterschiedliche nicht synchronisierte Zeitskalen können eine Ursache von Stress sein. Man eilt und hetzt und gibt sich womöglich die Schuld, dass man es nicht besser hinbekommt. Die Anforderungen können, gemessen an der zur Verfügung stehenden Zeit, zu hoch sein. Doch auch, weil man langsamer und gründlicher ist und deshalb nicht fertig wird oder weil man es nicht hinbekommt, sein Alltagsleben zeitlich besser und effektiver zu organisieren, entsteht Stress. Was auch immer die Ursachen sein mögen: Zeitknappheit bis hin zum Zeitstress sind Ausdruck der Bedeutung des Zeitfaktors im Lebensalltag. Wie hilfsbereit ein Mensch ist, hängt auch davon ab, ob er unter Zeitdruck ist. Wie konfliktfrei Gemeinschaften und die Gesellschaft insgesamt sind, ist abhängig von zeitlichen Vorgaben und der Kompatibilität diverser Zeitskalen, die im Lebensalltag auftauchen. Und auch, dass Warteräume ein angenehmes und anregendes Ambiente haben sollten, lässt sich zeitpsychologisch begründen: Sie vermögen die leere Zeit zu füllen und sie haben eine Atmosphäre, die geradezu zum Verweilen einlädt. Warum bestimmte Umwelten erholsamer sind als andere wird in erster Linie auf räumliche Merkmale zurückgeführt. Dass dabei auch das Zeiterleben eine Rolle spielen könnte, wird kaum gesehen. Wenn, wie in einem Krankenhaus Patienten, die von ihrem Krankenhausbett aus dem Fenster auf grüne Natur blicken können, schneller gesunden als die Patienten, die eine graue Wand vor sich haben, wird das auf den Erholeffekt grüner Natur zurückgeführt. Doch warum hat grüne Natur diesen Effekt? Nach der Aufmerksamkeitserholungstheorie zieht der Anblick grüner Natur die unwillkürliche Aufmerksamkeit auf sich, für die keinerlei mentale Anstrengung nötig ist. Derweil kann sich der eine kognitive Anstrengung erfordernde Mechanismus der gerichteten Aufmerksamkeit erholen. Eine auf die Zeit bezogene Erklärung ist, dass grüne Natur gegenüber einer monotonen grauen Wand Veränderungen enthält, welche die Zeit subjektiv schneller vergehen lassen und quälender Langeweile vorbeugt.

Veränderungen finden in der Lebenswelt des Menschen sowohl ohne seine Beteiligung als auch mit seiner Mitwirkung statt. So gäbe es ohne seine aktive Rolle keine technische Kultur. Er kann selbst Veränderungen herbeiführen und auf diese Weise Zeit erzeugen. Wie stark das Verlangen nach Veränderungen ist, bringt die Suche nach neuen, abwechslungsreichen und intensiven Sinneseindrücken zum Ausdruck. Dass viele Menschen auf der Suche danach sind, zeigt der boomende Tourismus. Man reist in andere Länder, um Neues und Exotisches zu erleben. Zentrales Motiv ist der „Tapetenwechsel", ein „being away", das Veränderungen verheißt. Geschieht nichts oder kaum etwas, ist die Folge eine sensorische, perzeptuelle und kognitive Deprivation sowie der Eindruck von Stillstand und schwer erträglicher Langeweile. Ereignisse stimulieren die Sinnesorgane und setzen kognitive Prozesse in Gang. Sie sind notwendig für die Gehirnaktivität, das psychische Wohlbefinden, die Leistungsfähigkeit, Kreativität, Inspiration und Motivation.

Wie die drei Teile der Zeitperspektive: die reale Gegenwart, die erinnerte Vergangenheit und die vorgestellte Zukunft, gewichtet werden, ist individuell unterschiedlich. Wenn einer der Teile allzu sehr dominiert, fehlt der Zeitperspektive die Balance. Für Menschen mit einem ausgeprägten hedonistischen Lebensstil zählt allein die Gegenwart, die ein Maximum an Lust bieten soll. Wenn traumatische Erfahrungen in der Vergangenheit einen Menschen nicht loslassen oder wenn er an Depressionen leidet, weil er für sich keine Zukunft sieht, die ihn zum Planen und zu Handlungen motiviert, fehlt die Balance ebenfalls. Mit einer Zeitperspektiventherapie, die, wie es scheint, bislang noch kaum angewendet wird, ließe sich eine ausgewogene Zeitperspektive herstellen, die sich aus einer positiv bewerteten Vergangenheit, einer als lustvoll erlebten Gegenwart und einer optimistischen, nicht von Angst besetzten Zukunftsorientierung zusammensetzt.

Vieles spricht so für eine Grundsteinlegung einer umweltpsychologisch orientierten Psychologie der Zeit, deren Ziele zum einen die systematische Erforschung des Einflusses der Zeit auf den Menschen in realen Umwelten sind sowie zum anderen – im Zuge eines „to give psychology away" – die Vermittlung eines vermehrten Zeitbewusstseins, das dazu verhelfen kann, Handlungseinschränkungen, Stress und mangelndes Wohlbefinden bis hin zu psychischen Erkrankungen als zeitbedingt zu erkennen und daraus Schlüsse zu ziehen, wie sich das Zeitbewusstsein, der Umgang mit Zeit und auch die individuelle Zeitperspektive verändern lassen. Beispiele für Fragen, die das Zeitempfinden, den Umgang mit Zeit und die Zeitperspektive, betreffen, die man sich selbst stellen kann, sind: Woran liegt es, dass ich in dieser Umgebung die Zeit als bleiern empfinde? Warum habe ich den Eindruck, dass mir die Zeit davonläuft? Wo könnte ich Zeit einsparen? Bin ich zu sehr mit meiner Vergangenheit beschäftigt? Verliere ich die Zukunft aus dem Blick, weil ich zu viel Wert auf ein lustvolles Hier und Jetzt lege? Man kann sich weitere Fragen ausdenken. Das Fazit ist: Die „vierte Dimension" hat auf das individuelle Erleben und Handeln und auf das Zusammenleben und die Gesellschaft einen immensen Einfluss.

Literatur

Achtziger, A., & Gollwitzer, P. M. (2018). Motivation und Volition im Handlungsverlauf. In J. Heckhausen & H. Heckhausen (Hrsg.). *Motivation und Handeln* (5. Aufl., S. 355–388). Springer.

Altman, I. (1975). *The environment and social behavior: Privacy, personal space, territoriality and crowding.* Brooks/Cole.

Altman, I., & Rogoff, B. (1987). World views in psychology: Trait, interactional, organismic and transactional perspectives. In D. Stokols & I. Altman (Hrsg.), *Handbook of environmental psychology* (Bd. 1, S. 7–40). Wiley.

Andersen, H. K., & Grush, R. (2009). A brief history of time-consciousness: Historical precursors to James and Husserl. *Journal of the History of Philosophy, 47,* 277–307.

Appleyard, D. (1970). Styles and methods of structuring a city. *Environment and Behavior, 2,* 100–117.

Arneill, A. B., & Devlin, A. (2002). Perceived quality of care: The influence of the waiting room environment. *Journal of Environmental Psychology, 22,* 345–360.

Aronson, E., Wilson, T. D., & Akert, R. M. (2008). *Sozialpsychologie* (6. Aufl.). Pearson Studium.

Asendorpf, J. B. (2019). *Persönlichkeitspsychologie für Bachelor.* Springer-Lehrbuch.

Assmann, J. (1997). *Das kulturelle Gedächtnis, Schrift, Erinnerung und politische Identität in frühen Hochkulturen.* Beck.

Avni-Babad, D., & Ritov, I. (2003). Routine and the perception of time. *Journal of Experimental Psychology: General, 132,* 543–550.

Bachmaier, H. (2005). Nachwort. In H. Bachmaier (Hrsg.), *Texte zur Theorie der Komik* (S. 121–134). Reclam.

Bamberg, S. (1996). Zeit und Geld. Empirische Verhaltenserklärung mittels Restriktionen am Beispiel der Verkehrsmittelwahl. *ZUMA Nachrichten, 38,* 7–33.

Barnier, A. J. (2010). Memories, memory studies and my iPhone: Editorial. *Memory Studies, 3*(4), 293–297.

Beck, K., & Wuttke, E. (2005). Ökonomische Kompetenz. In D. Frey, L. von Rosenstiel & C. Graf Hoyos (Hrsg.), *Wirtschaftspsychologie* (S. 279–283). Beltz/PVU.

Bell, P. A., Greene, T. C., Fisher, J. D., & Baum, A. (2001). *Environmental psychology* (5. Aufl.). Taylor & Francis Group.

Benfield, J. A., Nurse Rainbolt, G., Bell, P. A., & Donovan, G. H. (2015). Classrooms with nature views: Evidence of differing student perceptions and behaviors. *Environment and Behavior, 47*, 140–157.

Berto, R. (2005). Exposure to restorative environments helps restore attentional capacity. *Journal of Environmental Psychology, 25*, 249–259.

Block, R. A., Grondin, S., & Zakay, D. (2018). Prospective and retrospective timing processes: Theories, methods, and findings. In A. Vatakis, F. Balci, M. DiLuca & A. Correa (Hrsg.), *Timing, and time perception. Procedures, measures, applications* (S.32–52). Brill open.

Blümelhuber, C. (2005). Informationsüberlastung. In D. Frey, L. von Rosenstiel, & C. Graf Hoyos (Hrsg.), *Wirtschaftspsychologie* (S. 143–148). Beltz/PVU.

Blum, W. (2016). *Die Erfindung der Zeit*. Edition Fackelträger.

Blumen, O. (1994). Gender differences in the journey to work. *Urban Geography, 15*, 223–245.

Böltken, F., Schneider, N., & Spellerberg, A. (1999). Wohnen– Wunsch und Wirklichkeit. *Informationen zur Raumentwicklung, Heft, 2*, 141–156.

Boesch, E. E. (1998). *Sehnsucht. Von der Suche nach Glück und Sinn*. Huber.

Bollnow, O. F. (1963). *Mensch und Raum*. Kohlhammer.

Boltz, M. G. (1995). Effects of event structure on retrospective duration judgments. *Perception & Psychophysics, 57*(7), 1080–1096.

Bornstein, M. H. (1979). The pace of life revisited. *International Journal of Psychology, 14*, 83–90.

Bornstein, M. H., & Bornstein, H. G. (1976). The pace of life. *Nature, 259*, 557–559.

Borscheid, P. (2004). *Das Tempo-Virus : Eine Kulturgeschichte der Beschleunigung*. Campus.

Borscheid, P. (2020). Altersbilder im Wandel. Zeitpolitisches Magazin, 17. *Jahrgang, Ausgabe, 37*, 7–10.

Boyd, H. N., & Zimbardo, P. G. (1997). Constructing time after death. The transcendental –future time perspective. *Time & Society, 6*, 35–54.

Brandstätter, V., Hennecke, M., & M. (2018). Ziele. In J. Heckhausen & H. Heckhausen (Hrsg.), *Motivation und Handeln* (5. Aufl., S. 331–354). Springer.

Bronfenbrenner, U. (1996). Ökologische Sozialisationsforschung. In L. Kruse, C. F. Graumann, & E.-D. Lantermann (Hrsg.), *Ein Handbuch in Schlüsselbegriffen* (S. 76–79). Psychologie Verlags Union.

Brüderl, J., & Preisendörfer, P. (1995). Der Weg zum Arbeitsplatz: Eine empirische Untersuchung zur Verkehrsmittelwahl. In A. Diekmann & A. Franzen (Hrsg.), *Kooperatives Umwelthandeln* (S. 69–88). Ruegger.

Bucher, A. A. (2007). *Psychologie der Spiritualität*. Beltz/PVU.

Buchner, A., & Brandt, M. (2017). Gedächtniskonzeptionen und Wissensrepräsentationen. In J. Müsseler & M. Rieger (Hrsg.), *Allgemeine Psychologie* (3. Aufl., S. 401–436). Springer.

Büchner, G. (2022). *Woyzeck*. Reclam (Erstveröffentlichung 1879).

Bundesministerium für Umwelt, Naturschutz, nukleare Sicherheit und Verbraucherschutz (BMUV). (2022). *Umweltbewusstsein in Deutschland 2020*. Berlin.

Bundesministerium für Verkehr und digitale Infrastruktur. (2016). *Verkehr und Mobilität in Deutschland*. Berlin.

Bundesministerium für Digitales und Verkehr. (Hrsg.). (2022). *Verkehr in Zahlen 2022/2023, 51. Jahrgang.*

Busch, W. (1877). *Bildergeschichten. Julchen.* Fr. Bassermann.

Camus, A. (1961). *Der Fremde.* Rowohlt (Erstveröffentlichung Paris: Librairie Gallimard 1953).

Crompton, A. (2006). Perceived distance in the city as a function of time. *Environment and Behavior, 38,* 173–182.

Czikszentmihalyi, C. (1986). *Jenseits von Langeweile und Angst.* Klett-Cotta.

Damasio, A. (2011). *Selbst ist der Mensch. Körper, Geist und die Entstehung des menschlichen Bewusstseins.* Siedler.

Darley, J. M., & Batson, C. D. (1973). From Jerusalem to Jericho: A study of situational and dispositional variables in helping behavior. *Journal of Personality and Social Psychology, 27,* 100–108.

Demandt, A. (2015). *Zeit. Eine Kulturgeschichte.* Ullstein.

de Saint-Exupéry, A. (1956). *Der kleine Prinz* (50. Aufl.) Karl Rauch (Erstveröffentlichung „Le Petit Prince" 1943).

Deubel, K., Engeln, A., & Köpke, S. (1999). Mobilität älterer Frauen und Männer. In A. Flade & M. Limbourg (Hrsg.), *Frauen und Männer in der mobilen Gesellschaft* (S. 241–254). Leske + Budrich.

Deutscher Bundestag (Hrsg.). (1998). *Konzept Nachhaltigkeit. Vom Leitbild zur Umsetzung.* Deutscher Bundestag, Referat Öffentlichkeitsarbeit.

Dieckmann, F., Flade, A., Schuemer, R., Stroehlein, G., & Walden, R. (1998). *Psychologie und gebaute Umwelt.* Institut Wohnen und Umwelt.

Dobler, G., & Riedl, P. P. (2017). Einleitung. In G. Dobler (Hrsg.), *Muße und Gesellschaft* (S. 1–17). Mohr Siebeck.

Dovey, K. (1985). Home and homelessness. In I. Altman & C. M. Werner (Hrsg.), *Home environments* (S. 33–64). Plenum Press.

Durrande-Moreau, A., & Usunier, J.-C. (1999). Time styles and the waiting experience. An exploratory study. *Journal of Service Research, 2,* 173–186.

Ehmer, J. (1996). The „life stairs": Aging, generational relations, and small commodity production in central Europe. In T. K. Hareven (Hrsg.), *Aging and generational relations over the life course: A historical and cross-cultural perspective* (S. 53–74). De Gruyter (reprint 2012).

Ehrlinger, J., Gilovich, T., & Ross, L. (2005). Peering into the bias blind spot: Peoples's assessments of bias in themselves and others. *Personality and Social Psychology Bulletin, 31,* 680–692.

Elias, N. (2004). *Über die Zeit. Herausgegeben von M. Schröter.* Suhrkamp (deutsche Erstausgabe 1984).

Ellegård, K. (2019). Introduction. The roots and diffusion of time geography. In K. Ellergard (Hrsg.), *Time geography in the global context: An anthropology* (S. 1–18). Routledge.

Ende, M. (1995). *Momo oder die seltsame Geschichte von den Zeitdieben und von dem Kind, das den Menschen die gestohlene Zeit zurück brachte.* Thienemanns (Erstveröffentlichung 1973).

Erikson, E. H. (1971). *Identität und Lebenszyklus.* Suhrkamp.

Eurelings-Bontekoe, E. H. M., Brouwers, E. P. M., & Verschuur, M. J. (2000). Homesickness among foreign employees of a multinational high-tech company in the Netherlands. *Environment and Behavior, 32,* 443–456.

Filipp, S.-H., & Aymanns, P. (2018). *Kritische Lebensereignisse und Lebenskrisen* (2. Aufl.). Kohlhammer.

Fischer, M., & Stephan, E. (1996). Kontrolle und Kontrollverlust. In L. Kruse, C. F. Graumann, & E.-D. Lantermann (Hrsg.), *Ökologische Psychologie. Ein Handbuch in Schlüsselbegriffen* (S. 166–175). Psychologie Verlags Union.

Flade, A. (2013). *Der rastlose Mensch. Konzepte und Erkenntnisse der Mobilitätspsychologie.* Springer.

Flade, A. (2020). *Wohnen in der individualisierten Gesellschaft. Psychologisch kommentiert.* Springer.

Flade, A. (2021). Verhäuslichung. Zum Verlust von Sozialkontakten und Handlungsräumen. *Transforming Cities, Heft, 1,* 30–33.

Fleischer, F. (1996). Folgenabschätzung und -bewertung (Impact Assessment). In L. Kruse, C. F. Graumann, & E.-D. Lantermann (Hrsg.), *Ökologische Psychologie. Ein Handbuch in Schlüsselbegriffen* (S. 245–252). Psychologie Verlags Union.

Fraisse, P. (1985). *Psychologie der Zeit.* Reinhardt (Erstveröffentlichung „Psychologie du temps" 1957).

Friedman, W. J., & Janssen, S. (2010). Aging and the speed of time. *Acta Psychologica, 134,* 130–141.

Frisch, M. (1954). *Stiller.* Suhrkamp.

Frisch, M. (1967). *Mein Name sei Gantenbein.* Suhrkamp.

Frisch, M. (1984). *Tagebuch 1946 bis 1949.* Suhrkamp.

Füchsle, T., Trommsdorff, G., & Burger, C. (1980). Entwicklung eines Messinstruments zur Erfassung der Zukunftsorientierung. *Diagnostica, 26,* 186–197.

Fuhrer, U. (1996). Person-Umwelt-Kongruenz. In L. Kruse, C. F. Graumann, & E.-D. Lantermann (Hrsg.), *Ökologische Psychologie. Ein Handbuch in Schlüsselbegriffen* (S. 143–153). Psychologie Verlags Union.

Fuhrer, U. (2008). Ortsidentität, Selbst und Umwelt. In E.-D. Lantermann & V. Linneweber (Hrsg.), *Grundlagen, Paradigmen und Methoden der Umweltpsychologie* (S. 415–442). Hogrefe.

Fuhrer, U., & Kaiser, F. G. (1993). Ortsbindung: Ursachen und deren Konsequenzen für die Wohn- und Siedlungsgestaltung. In H. J. Harloff (Hrsg.), *Psychologie des Wohnungs- und Siedlungsbaus. Psychologie im Dienste von Architektur und Stadtplanung* (S. 57–73). Verlag für Angewandte Psychologie.

Gadamer, H..G. (1969). Über leere und gefüllte Zeit. Abgedruckt. In W. Ch. Zimmerli & M. Sandbothe (Hrsg.), (1993) *Klassiker der modernen Zeitphilosophie* (S. 281–297). Wissenschaftliche Buchgesellschaft.

Gifford, R. (2007). *Environmental psychology: Principles and practice* (4. Aufl.). Optimal Books.

Glicksohn, J. (1992). Subjective time estimation in altered sensory environments. *Environment and Behavior, 24,* 634–652.

Glatzer, W. (1996). Messung der Lebensqualität. In L. Kruse, C. F. Graumann, & E.-D. Lantermann (Hrsg.), *Ökologische Psychologie. Ein Handbuch in Schlüsselbegriffen* (S. 240–244). Psychologie Verlags Union.

Gollwitzer, P. M., & Crosby, C. (2018). Planning out future action, affect, and cognition. In G. Oettingen, T. S. Sevincer, & P. M. Gollwitzer (Hrsg.), *The psychology of thinking about the future* (S. 335–361). The Guilford Press.

Gospodinov, G. (2022). *Zeitzuflucht*. Aufbauverlag.

Graumann, C. F. (1975). Die ökologische Fragestellung – 50 Jahre nach Hellpachs „Psychologie der Umwelt". In G. Kaminski (Hrsg.), *Umweltpsychologie* (S. 21–25). Ernst Klett.

Graumann, C. F. (1996). Aneignung. In L. Kruse, C. F. Graumann, & E.-D. Lantermann (Hrsg.), *Ökologische Psychologie. Ein Handbuch in Schlüsselbegriffen* (S. 124–130). Psychologie Verlags Union.

Greitemeyer, T., Jonas. E., Frey, D., & Fischer, P. (2005). Erwartungen. In D. Frey, L. von Rosenstiel, & C. Graf Hoyos (Hrsg.), *Wirtschaftspsychologie* (S. 78–83). Beltz/PVU.

Grondin, S. (2010). Timing and time perception: A review of recent behavioral and neuroscience findings and theoretical directions. *Attention, Perception & Psychophysics, 72*, 561–582.

Grondin, S. (2020). *The perception of time: Your questions answered*. Routledge, Taylor & Francis Group.

Harris, P. B., & Houston, J. M. (2010). Recklessness in context. Individual and situational correlates to aggressive driving. *Environment and Behavior, 42*, 44–60.

Hartig, T., Mitchell, R., de Vries, S., & Frumkin, H. (2014). Nature and health. *Annual Review of Public Health, 35*, 207–228.

Heckhausen, J., & Heckhausen, H. (2018). Motivation und Handeln: Einführung und Überblick. In J. Heckhausen & H. Heckhausen (Hrsg.), *Motivation und Handeln* (5. Aufl., S. 2–11). Springer.

Heckhausen, H. (1964). Entwurf einer Psychologie des Spielens. *Psychologische Forschung, 27*, 225–243.

Heilinger, J.-C. (2016). Grenzen des Menschen. Zu einer Ethik des Enhancement. In Bundeszentrale für politische Bildung (Hrsg.), *Der Neue Mensch. Aus Politik und Zeitgeschichte, 66. Jahrgang, Ausgabe, 37–38*, 22–26.

Hellpach, W. (1924). Psychologie der Umwelt. In E. Abderhalden (Hrsg), *Handbuch der biologischen Arbeitsmethoden* (Abt. VI: Methoden der experimentellen Psychologie, Teil C). Urban & Schwarzenberg.

Henckel, D. (2009). Stad(t)tnacht? *Zeitpolitisches Magazin. 6. Jahrgang, Ausgabe, 15*, 4–5.

Hershfield, H. E., & Bartels, D. M. (2018). The future self. In G. Oettingen, T. S. Sevincer, & P. M. Gollwitzer (Hrsg.), *The psychology of thinking about the future* (S. 89–109). The Guilford Press.

Hertog, T. (2023). *Der Ursprung der Zeit*. Fischer.

Herzog, T. R. (1989). A cognitive analysis of preference for urban nature. *Journal of Environmental Psychology, 9*, 24–43.

Heßler, M. (2012). *Kulturgeschichte der Technik*. Campus.

Hildesheimer, W. (1967). *Tynset*. Fischer.

Hildesheimer, W. (1991). *Die Uhren. Theaterstück*. Suhrkamp.

Hörning, K. H., Gerhardt, A., & Michailow, M. (1991). *Zeitpioniere. Flexible Arbeitszeiten – neuer Lebensstil* (2. Aufl.). Suhrkamp.

Hofstätter, P. R. (1972). *Psychologie (Schlagworte Psychophysik, Konflikt)*. Fischer.

Huber, L. (2022). *Das rationale Tier. Eine kognitionsbiologische Spurensuche*. Suhrkamp.

Husserl, E. (1893–1917). *Zur Phänomenologie des inneren Zeitbewusstseins.* Zit. bei Anderson & Grush, a.a.O.

Huxley, A. (2014). *Schöne neue Welt* (9. Aufl.). Fischer Taschenbuch (Erstveröffentlichung „Brave New World" 1932).

Jäckel, M. (2012). *Zeitzeichen. Einblicke in den Rhythmus der Gesellschaft.* Beltz Juventa.

Jahoda, M., Lazarsfeld, P. F., & Zeisel, H. (1975). *Die Arbeitslosen von Marienthal.* Suhrkamp.

James, W. (1890). *Principles of Psychology.* Henry Holt. (Abdruck von Kapitel 15: The perception of time, in W. Ch. Zimmerli & M. Sandbothe (Hrsg.), Klassiker der modernen Zeitphilosophie. 1993, S. 31–66. Darmstadt: Wissenschaftliche Buchgesellschaft).

Jean, P. (1962). *Werke, fünfter Band, darin Vorschule der Ästhetik, herausgegeben von Norbert Miller.* Wissenschaftliche Buchgesellschaft.

Joerißen, P. (1984). *Lebenstreppe und Lebensalterspiel im 16. Jahrhundert. In Schriften des Rheinischen Museums-Amtes Nr. 23: Die Lebenstreppe. Bilder der menschlichen Lebensalter* (S. 25–38). Rheinland.

Kamitsis, I., & Francis, A. J. P. (2013). Spirituality mediates the relationship between engagement with nature and psychological wellbeing. *Journal of Environmental Psychology, 36,* 136–143.

Kaplan, R., & Kaplan, S. (1989). *The experience of nature. A psychological perspective.* Cambridge University Press.

Kasten, H. (2001). *Wie die Zeit vergeht. Unser Zeitbewusstsein in Alltag und Lebenslauf.* Wissenschaftliche Buchgesellschaft.

Kitchin, R. M. (1994). Cognitive maps: What are they and why study them? *Journal of Environmental Psychology, 14,* 1–19.

Knapp, R. H., & Garbutt, J. T. (1958). Time imagery and the achievment motive. *Journal of Personality, 26,* 426–434.

Konersmann, R. (2015). *Unruhe der Welt* (3. Aufl.). Fischer.

Korpela, K. M. (1992). Adolescents' favourite places and environmental self regulation. *Journal of Environmental Psychology, 12,* 249–258.

Kruse, A., & Wahl, H.-W. (2020). *Zukunft Altern. Individuelle und gesellschaftliche Weichenstellungen.* Spektrum.

Kübel, S. L., & Wittmann, M. (2020). Zeitwahrnehmung. In S. Schinkel et al. (Hrsg.), *Zeit im Lebenslauf. Ein Glossar* (S. 359–363). Transcript.

Küster, C. (1999). Die Zeitverwendung für Mobilität im Alltag. In A. Flade & M. Limbourg (Hrsg.), *Frauen und Männer in der mobilen Gesellschaft* (S. 185–206). Leske +Budrich.

Lalli, M. (1992). Urban-related identity: Theory, measurement, and empirical findings. *Journal of Environmental Psychology, 12,* 285–303.

Lang, F. R., & Damm, F. (2018). Perceiving future time across adulthood. In G. Oettingen, T. S. Sevincer, & P. M. Gollwitzer (Hrsg.), *The psychology of thinking about the future* (S. 310–331). The Guilford Press.

Lang, F. R., Weiss, D., Gerstorf, D., & Wagner, G. G. (2013). Forecasting life satisfaction across adulthood: Benefits of seeing a dark future? *Psychology and Aging, 28,* 249–261.

Lange, H., Hanfstein, W., & Lörx, S. (1995). *Gas geben? Umsteuern? Bremsen? Die Zukunft von Auto und Verkehr aus der Sicht der Automobilarbeiter.* Lang.

Langner, L. (1854). *Leopold Fröhlich's Universal-Reise-Taschenbuch* (7. Aufl.). Grieben.

Levine, R. (1998). *Eine Landkarte der Zeit. Wie Kulturen mit Zeit umgehen.* Piper.

Lewis, C. (1980). *Alice im Wunderland* (6. Aufl.). Insel Taschenbuch (Erstveröffentlichung „Alice in Wonderland" 1865).

Libuda-Köster, A., & Sellach, B. (2017). Hausaufgabenbetreuung von Eltern in der Familie. *Statistisches Bundesamt, Wie die Zeit vergeht* (S. 355–364).

Lichtenberger, E. (2002). *Die Stadt. Von der Polis zur Metropolis.* Wissenschaftliche Buchgesellschaft.

Loftus, E., & Palmer, J. (1974). Reconstruction of automobile destruction. *Journal of Verbal Learning and Verbal Behavior, 13,* 585–589.

Lohaus, A., & Vierhaus, M. (2019). *Entwicklungspsychologie des Kindes- und Jugendalters für Bachelor* (4. Aufl.). Springer.

Ludwig, G. (2014). *Der lange Schatten von Tschernobyl.* Edition Lammerhuber.

Lüdtke, H. (2000). *Zeitverwendung und Lebensstile* (2. Aufl.). LIT.

Lynch, K. (1960). *Image of the city.* MIT Press.

Lynch, K. (1972). *What time is this place?* The MIT Press.

MacLeod, A. K., & O'Connor, R. C. (2018). Positive future-thinking, well being, and mental health. In G. Oettingen, T. S. Sevincer, & P. M. Gollwitzer (Hrsg.), *The psychology of thinking about the future* (S. 199–213). The Guilford Press.

Madux, J. E., & Kleiman, E. M. (2018). Self efficacy. In G. Oettingen, T. S. Sevincer, & P. M. Gollwitzer (Hrsg.), *The psychology of thinking about the future* (S. 174–198). The Guilford Press.

Marin, G. (1987). Attributions for tardiness among Chilean and United States students. *The Journal of Social Psychology, 127,* 69–75.

Markus, H. R., & Kitayama, S. (1991). Culture and the self: Implications for cognition, emotion, and motivation. *Psychological Review, 98,* 224–253.

Martin, S. H. (2002). The classroom environment and its effects on the practice of teachers. *Journal of Environmental Psychology, 22,* 139–156.

Mehrabian, A., & Russell, J. A. (1974). *An approach to environmental psychology.* The MIT Press.

Milfont, T. L., Wilson, J., & Diniz, P. K. C. (2012). Time perspective and environmental engagement: A meta-analysis. *International Journal of Psychology, 47,* 325–334.

Milgram, S., Liberty, H. J., Toledo, R., & Wackenhut, J. (1986). Response to intrusion into waiting lines. *Journal of Personality and Social Psychology, 51,* 683–689.

Miller, R. (1988). Zeiterleben. In R. Asanger & G. Wenniger (Hrsg.), *Handwörterbuch der Psychologie* (4. Aufl., S. 869–872). Psychologie Verlags Union.

Mischel, W. (2015). *Der Marshmallow-Test: Willensstärke, Belohnungsaufschub und die Entwicklung der Persönlichkeit.* Siedler.

Morgenstern, Ch. (1913). *Galgenlieder nebst dem 'Gingganz"* (11. Aufl.). Bruno Cassirer.

Morgenstern, Ch. (1922). *Palmström. Zeitgedichte. 42. Bis* (49. Aufl.). Bruno Cassierer.

Mückenberger, U. (2017). *Kommunale Zeitpolitik für Familien.* Nomos.

Nasar, J. L., & Bokharaei, S. (2017). Impressions of lighting in public squares after dark. *Environment and Behavior, 49,* 227–254.

Nasar, J. L., & Fisher, B. (1993). "Hot-spots" of fear and crime: A multi-method investigation. *Journal of Environmental Psychology, 13,* 187–206.

Nasar, J. L., & Jones, K. M. (1997). Landscapes of fear and stress. *Environment and Behavior, 29,* 291–323.

Nolen-Hoeksema, S. (1991). Responses to depression and their effects on the duration of depressive episodes. *Journal of Abnormal Psychology, 100,* 569–582.

North, A. C., & Hargreaves, D. J. (1999). Can music move people? The effects of musical complexity and silence on waiting time. *Environment and Behavior, 31,* 136–149.

Novy, K. (1991). Neue Wohnformen: Zum Zusammenhang von sozialen, ökologischen, gestalterischen und organisatorischen Innovationen. In K. E. Becker, J. Schmidt, & K. Waltenbauer (Hrsg.), *Umwelt – Widersprüche, Konflikte und Lösungen. Forum Bauen und Leben* (Bd. 7, S. 37–62). Domus.

Nowotny, H. (1989). *„Eigenzeit“: Entstehung und Strukturierung eines Zeitgefühls.* Suhrkamp.

Nuttin, J. R. (1964). The future time perspective in human motivation and learning. *Acta Psychologica, 23,* 60–83.

Oerter, R. (1977). *Moderne Entwicklungspsychologie* (17. Aufl.). Ludwig Auer.

Oswald, M. (2019). *Strategisches Framing. Eine Einführung.* Springer VS.

Ornstein, R. E. (1997). *On the experience of time.* Westview.

Parsons, R., Tassinary, L. G., Ulrich, R. S., Hebl, M. R., & Grossman-Alexander, M. (1998). The view from the road: Implications for stress recovery and immunization. *Journal of Environmental Psychology, 18,* 113–140.

Pascal, B. (1956). *Gedanken.* Reclam (Erstveröffentlichung „Pensées" 1670).

Petry, N. M., Bickel, W. K., & Arnett, M. (1998). Shortened time horizons and insensitivity to future consequences in heroin addicts. *Addiction, 93,* 729–738.

Piaget, J. (1955). *Die Bildung des Zeitbegriffs beim Kinde.* Rascher (zit. bei Rossmann, a.a.O.).

Piaget, J. (1972). *Psychologie der Intelligenz* (5. Aufl.). Walter.

Radisch, I. (2022). *Camus. Das Ideal der Einfachheit. Eine Biographie* (5. Aufl.). Rowohlt Taschenbuch.

Ransmayr, C. (2016). *Cox oder Der Lauf der Zeit. Roman.* Fischer.

Ratcliffe, E., & Korpela, K. M. (2018). Time- and self-related memories predict restorative perceptions of favorite places via place identity. *Environment and Behavior, 50,* 690–720.

Reheis, F. (2022). Einfach die Welt retten? Nachhaltigkeit als zeitpolitische Aufgabe. *Zeitpolitisches Magazin, 19. Jahrgang, Ausgabe, 41,* 30–35.

Reichenbach, R. (2020). *Grenzen der interpersonalen Verständigung. Eine Kommunikationskritik.* Psychosozial-Verlag.

Riedl, P. P.(2017). Rastlosigkeit und Reflexion. Zum Verhältnis von vita activa und vita contemplativa in Goethes Festspiel Pandora (1808). In G. Dobler (Hrsg.), *Muße und Gesellschaft* (S. 243–265). Mohr Siebeck.

Renn, O. (2005). Technikfolgenabschätzung. In D. Frey, L. von Rosenstiel, & C. Graf Hoyos (Hrsg.), *Wirtschaftspsychologie* (S. 339–344). Beltz/PVU.

Rossmann, P. (2004). *Einführung in die Entwicklungspsychologie des Kindes- und Jugendalters. 4. Nachdruck.* Huber.

Roth, G. (2021). *Über den Menschen.* Suhrkamp.

Roth, J. (1972). *Die Kapuzinergruft.* Kiepenheuer und Witsch.

Rovelli, C. (2018). *Die Ordnung der Zeit* (1. Aufl.). Rowohlt Taschenbuch.

Rubin, D. C. (2006). The basic-systems model of episodic memory. *Perspectives on Psychological Science, 1,* 277–311.

Ruppenthal, S. (2010). Vielfalt und Verbreitung berufsbedingter, räumlicher Mobilität im europäischen Vergleich. *Bevölkerungsforschung aktuell, 31.* Heft, 2, 2–7.

Safranski, R. (2015). *Zeit. Was sie mit uns macht und was wir aus ihr machen.* Hanser.

Sartre, J.-P. (1986). *Geschlossene Gesellschaft.* Rowohlt (Erscheinungsjahr 1944).

Schenda, R. (1984). Die Alterstreppe- Geschichte einer Popularisierung. In P. Joerißen (Hrsg.), *Schriften des Rheinischen Museumsamtes Nr. 23: Die Lebenstreppe. Bilder der menschlichen Lebensalter* (S. 11–24). Verlag Rheinland.

Schiller, F. (2004). *Wilhelm Tell.* Reclam (Erstveröffentlichung 1804).

Schivelbusch, W. (2015). *Geschichte der Eisenbahnreise. Zur Industrialisierung von Raum und Zeit im 19. Jahrhundert* (6. Aufl.). Fischer Taschenbuch.

Schmid, H. (2020). *Uchronia. Designing time.* Birkhäuser.

Schneewind, K. A., & Pekrun, R. (1994). Theorien der Erziehungs- und Sozialisationspsychologie. In K. A. Schneewind (Hrsg.), *Psychologie der Erziehung und Sozialisation* (S. 3–39). Hogrefe.

Schneider, N. F., Limmer, R., & Ruckdeschel, K. (2002). *Mobil, flexibel, gebunden. Familie und Beruf in der mobilen Gesellschaft.* Campus.

Schönhammer, R. (1991). *In Bewegung. Zur Psychologie der Fortbewegung.* Quintessenz.

Schönhammer, R. (2009). *Einführung in die Wahrnehmungspsychologie. Sinne, Körper, Bewegung.* Facultas.wuv Universitätsverlag.

Skalweit, A. (1906). *Die ostpreußische Domänenverwaltung unter Friedrich Wilhelm I. und das Retablissement Litauens.* Duncker & Humblot.

Sobol-Kwapinska, M., Przepiorka, A., & Zimbardo, P. P. (2019). The structue of time perspective: Age-related differences in Poland. *Time & Society, 28,* 5–32.

Sommer, R. (1983). *Social design. Creating buildings with people in mind.* Prentice Hall.

Stamps, A. E. (2000). *Psychology and the aesthetics of the built environment.* Kluwer Academic Publisher.

Stamps, A. E. (2007). Mystery of environmental mystery. Effects of light, occlusion, and depth of view. *Environment and Behavior, 39,* 165–197.

Statistisches Bundesamt (2017). *Wie die Zeit vergeht. Analysen zur Zeitverwendung in Deutschland. Beiträge zur Ergebniskonferenz der Zeitverwendungserhebung 2012/2013.* Statistisches Bundesamt.

Statistisches Bundesamt, Wissenschaftszentrum Berlin für Sozialforschung & Soziooekonomisches Panel (Hrsg.). (2018). *Datenreport.* Bundeszentrale für politische Bildung.

Stengel, M. (2005). Arbeitszeit. In D. Frey, L. von Rosenstiel, & C. Graf Hoyos (Hrsg.), *Wirtschaftspsychologie* (S. 22–27). Beltz/PVU.

Stokols, D. (1990). Instrumental and spiritual views of people-environment relations. *American Psychologist, 45,* 641–646.

Straub, J. (2020). *Vom Prothesengott zur Psychoprothese. über Psychotherapie und Selbstoptimierung.* Psychosozial-Verlag.

Strüver, A. (2018). Am laufenden (Fitnessarm-)Band. In S. Bauriedl & A. Strüver (Hrsg.), *Smart City. Kritische Perspektiven auf die Digitalisierung in Städten* (S. 139–153). Transcript.

Suedfeld, P. (1991). Polar psychology. An overview. *Environment and Behavior, 23,* 653–665.

Suedfeld, P., Landon, P. B., & Ballard, E. J. (1983). Effects of reduced stimulation on divergent and convergent thinking. *Environment and Behavior, 15,* 727–738.

Szpunar, K. K., Shrikanth, S., & Schacter, D. L. (2018). Varieties of future-thinking. In G. Oettingen, T. S. Sevincer, & P. M. Gollwitzer (Hrsg.), *The psychology of thinking about the future* (S. 52–67). The Guilford Press.

Tanner, C. (1999). Constraints on environmental behavior. *Journal of Environmental Psychology, 19,* 145–157.

Taut, B. (1925). *Die neue Wohnung. Die Frau als Schöpferin* (3. Aufl.). Klinkhart & Biermann.

Tolstoj, L. (1910). *Die Kosaken. Eine kaukasische Novelle aus dem Jahre 1852* (vom Verfasser genehmigte Ausgabe von R. Löwenfeld). Eugen Diederichs.

Trojanow, I. (2017). *Macht und Widerstand*. Fischer Taschenbuch.

Trommsdorff, G., Burger, C., & Füchsle, T. (1980). Geschlechtsdifferenzen in der Zukunftsorientierung. *Zeitschrift für Soziologie, 9,* 366–377.

Tulving, E. (2002). Episodic memory: From mind to brain. *Annual Review of Psychology, 53,* 1–25.

Ullrich, S. (2001). *Die Geschichte des Magdeburger Domplatzes: Darstellung der bauhistorischen und städtebaulichen Planung, Entwicklung und Nutzung des Magdeburger Domplatzes im Laufe der Jahrhunderte bis zur Gegenwart.* Stadtplanungsamt Magdeburg.

Ulrich, R. S. (1984). View through a window may influence recovery from surgery. *Science, 224,* 420–421.

Usunier, J.-C., & Valette-Florence, P. (2007). The time styles scale. A review of developments and replications over 15 years. *Time & Society, 16,* 333–366.

Valsiner, J. (2021). *General human psychology.* Springer.

Van Beek, W., Berghius, H., Kerkhof, A., & Beekman, A. (2011). Time perspective, personality and psychopathology: Zimbardo's time perspective inventory in psychiatry. *Time & Society, 20,* 364–374.

Von Hofmannsthal, H. (1924). *Der Rosenkavalier. Komödie für Musik. Gesammelte Werke* (Vierter Band). S. Fischer.

Virilio, P. (1978). *Fahren, fahren, fahren ...* Merve.

Virilio, P. (1980). *Geschwindigkeit und Politik. Ein Essay zur Dromologie.* Merve.

Wahl, H.-W. (2000). Ökologische Intervention. Ergebnisse der ökogerontologischen Forschung. In H.-W- Wahl & C. Tesch-Römer (Hrsg), *Angewandte Gerontologie in Schlüsselbegriffen* (S. 203–208). Kohlhammer.

Wahl, H.-W., & Heyl, V. (2015). *Gerontologie. Einführung und Geschichte.* Kohlhammer.

Walden, R. (2008). *Architekturpsychologie: Schule, Hochschule und Bürogebäude der Zukunft.* Pabst.

Walden, R. (Hrsg.). (2015). *Schools for the future. Design proposals from architectural psychology.* Springer.

Walmsley, D. J., & Lewis, G. J. (1989). The pace of pedestrian flows in cities. *Environment and Behavior, 21,* 123–150.

Ward Thompson, C. W., Aspinall, P., & Montarzino, A. (2008). The childhood factor: Adult visits to green places and the significance of childhood experience. *Environment and Behavior, 40,* 111–143.

Weber, M. (1904/1905). Die protestantische Ethik und der Geist des Kapitalismus. *Archiv für Sozialwissenschaft und Sozialpolitik, 20*(1904, 1–54), *21*(1905, 1–110). Online verfügbar bei archive.org.

Wells, H. G. (2027). *Die Zeitmaschine.* Anaconda (Erstausgabe The time machine 1895).

White, P. A. (2017). The three-second "subjective present": A critical review and a new proposal. *Psychological Bulletin, 143,* 735–756.

Wirtz, P., & Ries, G. (1992). The pace of life – reanalysed: Why does walking speed of pedestrians correlate with city size? *Behaviour, 123,* 77–83.

Wittmann, M. (2012). *Gefühlte Zeit: Kleine Psychologie des Zeitempfindens.* Beck.

Wittmann, M. (2022). Zeit und Existenz: Wenn die Zeit knapp wird. In A. Nassehi, S. Anderl, & P. Felixberger (Hrsg), *Jetzt wird's knapp. Kursbuch, 212,* 30–42.

Wittmann, M., & Lehnhoff, S. (2005). Age effects in perception of time. *Psychological Reports, 97,* 921–935.

Zaleski, Z. (1996). Future anxiety: Concept, measurement, and preliminary research. *Personality and Individual Differences, 21,* 165–174.

Zaleski, Z., Sobol-Kwapinska, M., Przepiorka, A., & Meisner, M. (2019). Development and validation of the Dark Future scale. *Time & Society, 28,* 107–123.

Zimbardo, P. G., & Boyd, J. N. (1999). Putting time in perspective: A valid, reliable individual-differences metric. *Journal of Personality and Social Psychology, 77,* 1271–1288.

Zimbardo, P., & Boyd, J. (2009). *Die neue Psychologie der Zeit und wie sie Ihr Leben verändern wird.* Spektrum Akademischer Verlag.

Zimbardo, P. G., Keough, K. A., & Boyd, J. N. (1997). Present time perspective as a predictor of risky driving. *Personality and Individual Differences, 23,* 1007–1023.

Zimbardo, P. G., & Ruch, F. L. (1975). *Psychology and life* (9. Aufl.). Scott, Foresman and Company.

Zimbardo, P. G., Sword, R. M., & Sword, R. K. M. (2013). *Die Zeitperspektiventherapie: Posttraumatische Belastungsstörungen behandeln.* Huber.

Zuckerman, M. (1994). *Behavioral expressions and biosocial bases of sensation seeking.* Cambridge University Press.

GPSR Compliance

The European Union's (EU) General Product Safety Regulation (GPSR) is a set of rules that requires consumer products to be safe and our obligations to ensure this.

If you have any concerns about our products, you can contact us on ProductSafety@springernature.com

In case Publisher is established outside the EU, the EU authorized representative is:

Springer Nature Customer Service Center GmbH
Europaplatz 3
69115 Heidelberg, Germany

The manufacturer's authorised representative in the EU is Springer
Nature Customer Service Centre GmbH, Europaplatz 3, 69115 Heidelberg,
Germany. If you have any concerns regarding our products, please
contact ProductSafety@springernature.com

Printed and bound by CPI Group (UK) Ltd, Croydon, CR0 4YY
28/04/2026
02098509-0001